dtv
premium

Helena Klitsie

# Die Logik des Glücks

## Vom Abenteuer einer spirituellen Suche

Aus dem Niederländischen von
Erdmute Klein

Deutscher Taschenbuch Verlag

Deutsche Erstausgabe
August 2003
Deutscher Taschenbuch Verlag GmbH & Co. KG, München
www.dtv.de

Titel der niederländischen Originalausgabe:
Liefde's Logica
Erschienen bei Uitgeverij Maarten Muntinga, Amsterdam, 2001
Deutschsprachige Ausgabe:

Umschlagkonzept: Balk & Brumshagen
Umschlaggestaltung: Stephanie Weischer unter Verwendung von Fotografien
von © zefa/Pinto sowie © Getty Images/Paul Harris
Satz: Fotosatz Reinhard Amann, Aichstetten
Gesetzt aus der Sabon 10,5/13˙ (QuarkXPress)
Druck und Bindung: Kösel, Kempten
Gedruckt auf säurefreiem, chlorfrei gebleichtem Papier
Printed in Germany · ISBN 3-423-24364-3

*Alle Lust will Ewigkeit, will tiefe, tiefe Ewigkeit.*
FRIEDRICH NIETZSCHE, Also sprach Zarathustra, III

*Einen Fluss braucht man nicht anzuschieben, er fließt von selbst.*
GAUTAMA BUDDHA

# I

Ich hielt es nicht aus, liebster Vikram, ich musste für kurze Zeit auf die Flucht. Auf die Flucht vor Kalkutta, vor dem Klima, vor der Armut und Verschmutzung, vor der Grausamkeit, vor deiner Familie, vor den Schwarzmagiern, eigentlich vor ganz Indien.

Wie, um Himmels willen, soll ich es anstellen, zwölf Monate im Jahr in Kalkutta zu wohnen?

Die Stadt müsste verboten werden. Sie ist lebensgefährlich, unwirtlich und unmenschlich. Dennoch wohnen da rund fünfzehn Millionen Menschen, und du bist einer davon. Und wenn ich nicht Acht gebe, bin ich die Nächste. Denn ja, Vikram, natürlich will ich gern bei dir sein, ich will dich sogar heiraten. Zum ersten Mal in meinem Leben will ich jemanden heiraten. Aber, guter Gott, warum musst du unbedingt dort wohnen!

Vielleicht könnte ich mich mit der Zeit daran gewöhnen, dort mit dir zu leben, wäre es nicht so, dass deine Familie auch noch gegen uns arbeitet. Und wie! Schlicht und einfach ignoriert zu werden, damit könnte ich leben, schließlich kenne ich die Leute kaum.

Aber die Schwarzmagier, die sie gegen uns einsetzen, das ist etwas anderes. Sabotage mithilfe der Schwarztantriker, Rache auf Abstand. Und ich habe mich noch so für die Tantriker interessiert. Nicht wegen des Sex, mit dem sie im Westen für gewöhnlich in Verbindung gebracht werden – diese Phase hatte ich lange hinter mir –, sondern tatsächlich wegen ihrer magischen Fähigkeiten. Wegen ihres Anarchismus und ihrer Widerspenstigkeit. Insgeheim vielleicht auch wegen ihrer Schwarzheit.

Allerdings hatte ich nicht damit gerechnet, dass diese eines bösen Tages gegen mich eingesetzt werden würde. Und ausgerechnet von der Familie meines Geliebten. Einzig und allein, weil ich dich liebe und bei dir sein will. Einzig und allein, weil ich eine weiße Frau mit einem christlichen kulturellen Hintergrund bin.

Ich hatte es für eine Weile satt, ich sehnte mich nach Amsterdam, ich brauchte wieder eine Dosis meiner eigenen Kultur. Allerdings glaube ich, dass ich momentan eine Überdosis kriege. Ich lese wieder Nietzsche. Ich habe nach so viel östlicher Spiritualität ein Bedürfnis nach antireligiöser Philosophie.

Während meines Philosophiestudiums hatte ich Nietzsche immer links liegen gelassen. Denn obwohl ich ihn bewunderte, mochte ich ihn nicht. Nicht weil er Gott zum Tode verurteilt hat; Gott existierte für mich damals auch schon nicht mehr. Auch nicht weil er Hitler Argumente geliefert haben soll; ich wusste, dass man Philosophie für alle Zwecke missbrauchen kann. Nein, ich lehnte ihn ab, weil er so negativ ist, so gottvergessen schwarz. So schwarz wie Kalkutta, so schwarz wie eure Hausgöttin Kali, so schwarz wie die dämonischen Magier, die Tantriker.

Nietzsche wird der Philosoph mit dem Hammer genannt, weil er so viele heilige Kühe schlachtete. Ich fand damals, dass er in erster Linie seine eigene Seele abgeschlachtet hatte.

Allerdings begreife ich ihn jetzt etwas besser. Fünfzehn Jahre Studium östlicher Philosophie haben mich gelehrt, dass er nicht so falsch lag mit seinem Ausruf »Gott ist tot« und dass er demzufolge allen Grund hatte, so negativ zu sein.

Ich lese *Also sprach Zarathustra*, das Buch, in dem er den Propheten spielt. Dort fand ich eine Aussage, die mir vieles verdeutlichte: »Wenn es Götter gäbe, wie könnte ich ertragen, keiner zu sein? Also gibt es sie nicht.« Vielsagend, findest du nicht? Er ist einfach eifersüchtig!

Seiner eigenen Logik zufolge muss es sie sehr wohl geben, denn er konnte es nicht ertragen, selbst keiner zu sein, und ging daran zugrunde. Ein paar Seiten weiter bestätigt er dies nochmals, wenn er sagt: »Ich würde nur an einen Gott glauben, der zu tanzen verstünde.«

Hätte er nur Nataraj gekannt, euren Gott Shiva, den kosmischen Tänzer. Denselben Nataraj, der auch mich – aus demselben Grund – damals verführte, nach Indien zu gehen. Ja, an tanzende Götter wollte auch ich gern glauben.

Armer Nietzsche, er wurde einfach zu früh geboren. Er kannte die östliche Philosophie zwar, schätzte sie sogar außerordentlich, wusste jedoch nicht genug von ihr. Schade, denn mit seinem enormen Talent hätte er mit Sicherheit etwas sehr Schönes daraus gemacht.

Das Interesse an östlicher Philosophie begann sich damals eben erst zu entwickeln. Die ersten englischen Übersetzungen philosophisch-religiöser Sanskrittexte tröpfelten zu jener Zeit erstmals in die westliche Kultur.

Allerdings konnte man damals noch keine Flugtickets nach Delhi kaufen, und es flitzten auch noch keine Gurus rund um den Erdball. Doch die hätten Nietzsche wahrscheinlich nur abgeschreckt, denn er anerkannte keine einzige Autorität. Darum auch verurteilte er unseren Gott zum Tode.

Nun sind wir hier im Westen unseren Gott also los, Vikram. Und sind wieder eifrig auf der Suche nach ihm. Für mich war das nicht der Anlass, nach Indien zu gehen, aber ich bin Gott dort wohl begegnet, und ich habe mich auf ihn eingelassen. Nun habe ich durch deine Familie, durch Kalkutta, für eine Weile absolut genug davon. Ich schaffe es im Augenblick auch ohne Götter. Ich will mit dir glücklich sein. Mein Gott war immer der der Liebe, in welcher Form auch immer. Liebe zu dir, Liebe zu den Göttern, welchen Unterschied macht es?

Nietzsche hat auch darüber etwas sehr Schönes gesagt: »Wir lieben das Leben nicht, weil wir ans Leben, sondern weil wir ans Lieben gewöhnt sind.«

Ich will dir erklären, warum ich so oft in dein Land gereist bin, Vikram, und wonach ich auf der Suche bin. Das ist eine lange Geschichte, die ich jetzt gern in aller Ruhe einmal für mich selbst, vor allen Dingen aber für dich zu Papier bringen will, damit du meine Beweggründe besser begreifen lernst – und mich selbst. Denn es ist nicht allein der Kulturunterschied, der unsere Beziehung nicht immer eben einfach macht. Es ist auch meine lange, ruhelose Geschichte, die ich manchmal selbst nur ungenügend begreife und die du noch nicht kennst.

Ich will auch versuchen, dir deutlich zu machen, welchem Glauben ich eigentlich anhänge. Zwei Glaubensrichtungen auf einem Kissen, da schläft der Teufel dazwischen, sagte meine katholische Mutter immer. Aber für eine solche Verurteilung braucht man nicht katholisch zu sein. Deine Kultur tut das in noch viel stärkerem Maße. So stark, dass ich nicht nur nicht toleriert werde, sondern mit denselben Glaubensmitteln gehindert werde. Doch wie unterschiedlich sind unsere Religionen eigentlich, Vikram?

Unsere Kastenzugehörigkeit, um bei der indischen Terminologie zu bleiben, unterscheidet sich jedenfalls himmelweit. Du bist in der Vorstellung deiner Kultur ein *vaishya* und ich ein Outcast. Was wir jedoch gemeinsam haben, ist die Tatsache, dass wir alle beide kräftig durcheinander gerüttelt wurden. Ich habe so viel Zeit in Indien verbracht und mich so in die Philosophie und Kultur deines Landes vertieft, dass sie ein Teil meines Selbst geworden ist.

Du wurdest in einer Stadt geboren, die nicht nur von den Engländern gegründet, sondern damals sogar noch durch sie verwaltet wurde. Dieser Zustand sollte nach deiner Geburt noch zwei Jahre andauern. Und der Wechsel fand nur auf dem Papier statt, wohlgemerkt, denn englischer Geist dominiert die Stadt bis zum heutigen Tag.

Du wurdest auf ein englisches Internat in Darjeeling geschickt, genannt das »Eton des Ostens«. Was für ein Glück, dass die Engländer die Hitze in Kalkutta nicht so gut aushielten, denn dadurch bist du in einer so atemberaubend schönen und gesunden Umgebung groß geworden, dass du davon bis zum Ende deines Lebens profitieren wirst.

Allerdings wirst du auch bis zum Ende deines Lebens den Einfluss der englischen Erziehung in dir erfahren. Du erzähltest mir, dass ihr westliche Musik hören und Shakespeare aufführen musstet. Ihr wurdet bestraft, wenn ihr Bengali gesprochen habt, und man hat euch Heiden genannt.

Es rührt mich, wenn ich dich in *kurta* und *dhoti* über den tadellos gemähten Rasen des hyperenglischen Calcutta-Clubs gehen sehe. In vielen dieser Clubs waren Inder früher nicht zugelassen, außer natürlich als Bedienung. Im Fall des Calcutta Swimming Club waren sie es überdrüssig; sie stürmten den Club und besetzten das Schwimmbad. Nicht weil sie so gern schwammen – die meisten Inder können noch nicht einmal schwimmen –, sondern um die Arroganz der Engländer zu brechen.

Ich wurde auch wütend, als du mir erzähltest, dass der Politiker und Historiker Lord Macaulay eine neue Rasse Inder züchten wollte: »Indisch in Blut und Farbe, aber englisch in Geschmack, Auffassung, Moral und Intellekt.«

Das Schreckliche ist, dass dies den Engländern beinahe gelungen wäre. Da stehen die Inder dann im eleganten Dreiteiler in diesem abscheulichen Calcutta-Club und trinken in der Gluthitze ihren Scotch. Und wehe, wenn du dummerweise offene Schuhe trägst. Dann wirst du einfach nicht eingelassen. Ich kriege dann immer eine kaum zu bezwingende Lust, nackt auf den Tischen zu tanzen. Aber auch ohne eine solche Ausschweifung bilde ich bereits eine ernsthafte Bedrohung für deinen Ruf, also werde ich sie dir ersparen.

Aber das ist alles nur äußerlich. Eine jahrtausendealte, enorm starke Kultur hämmert man auch mit roher Gewalt nicht innerhalb von ein paar Jahrhunderten wieder heraus. Und doch …

Ich muss an deine Geschichte von dem Maharadscha mit den zwei Häusern denken. Eines, in dem alles englisch war, außer dem Maharadscha, und eines, in dem alles indisch war, außer dem Maharadscha.

Du wurdest genauso in die Mangel genommen wie ich, Vikram, bloß aus anderen Gründen und mit einem anderen Resultat. Es gab eine Zeit, da war meine Bewunderung für deine Kultur grenzenlos, und ich betrachtete die meine mit Misstrauen. Diese Sicht ist ein Stück nuancierter geworden, seitdem ich in Kalkutta lebe. Bevor ich dich kennen lernte, mied ich die Städte, soweit es ging, und beschränkte mich auf Kultur, Natur und das spirituelle Leben.

Ich bewunderte eine Kultur, die so alt ist, dass ihr Ursprung kaum mehr zurückzuverfolgen ist, und die nichtsdestotrotz noch immer springlebendig und vital ist. Allerdings stimmt in dieser Kultur vieles genauso wenig wie in meiner.

Indien, das himmelschreiende, überwältigende, korrupte, fantastische, dreckige, gewaltige, widerwärtige, wunderschöne Indien, das mich schon fünfzehn Jahre in seinem Bann hält und das mich durch deine Gegenwart wohl auch weiterhin in seinem Bann halten wird.

Indien, das ich verflucht und angebetet habe und das ich bis ans Ende meiner Tage verfluchen und anbeten werde. Indien, das heute, an ebendem Tag, dass ich dies schreibe, drei Atombombenversuche in der schönen Wüste von Rajasthan durchgeführt hat und dadurch wieder den Beweis liefert, dass es seine mächtige alte Tradition vergessen hat. Die Parole, die die Militärs in der Wüste gebrauchten, um Delhi wissen zu lassen, dass alles nach Wunsch verlaufen war, lautete: »Der Buddha hat gelächelt.«

Das nenne ich ein Sakrileg, Vikram. Der Buddha, Mutter Indiens schönster Sohn! Der Buddha ist notabene der Einzige, der ausdrücklich in seine Lehre aufgenommen hat, dass Waffenhandel nicht gut ist. Und ausgerechnet er wird hier missbraucht.

Es ist für mich als westliche Frau nicht einfach, dich zu verstehen, deine Motive zu ergründen und mich in die Gewohnheiten und Bräuche deiner bizarren Kultur einzufinden. Ich versuche, dich nicht allzu sehr mit meiner Amsterdamer Freimütigkeit zu konfrontieren, aber einfach ist das nicht, Vikram. Die Unterschiede sind wirklich sehr groß. Zu groß vielleicht.

Gegenpole sind wir in vielerlei Hinsicht. Ich bin eine freie Frau aus einer Stadt, in der alles erlaubt zu sein scheint. Die Stadt mit dem berüchtigten *red light district*, in deren Mitte ich wohne. Die Stadt mit den berühmten *Coffieshops* und den nichts verhüllenden Pornoläden. Die Stadt der Schwulen, Transsexuellen und Transvestiten. Die Stadt, in der zum Erstaunen der Touristen Menschen so gut wie nackt durch die Straßen flanieren, wenn sie sich danach fühlen, ohne dass sie, wie in deinem Land, zu arm sind, um Kleider zu kaufen, oder weil die Religion ihnen dies vorschreibt.

Jetzt, wo du meine prächtige, freie, fröhliche Stadt gesehen hast, verstehst du möglicherweise besser, warum ich es in Kalkutta kaum aushalte. Kalkutta ist eine hässliche, Furcht erregende Stadt, in jeder Hinsicht erstickend. Nicht allein durch das Klima dort und die Verschmutzung, sondern auch durch die Sitten. Kali, die Schreckliche, herrscht über diese Stadt. Kali, die Göttin des Todes und der Vernichtung.

Die Verschmutzung hat solche Ausmaße angenommen, dass, läge Kalkutta in den USA, die Behörden längst den permanenten Notstand ausgerufen hätten und den Menschen empfehlen würden, ihre Häuser nicht zu verlassen.

Bereits mehr als zwanzig Jahre schwingen die Kommunisten dort das Zepter, korrupter als je zuvor und alle Kultur als bürgerlich abqualifizierend. Kalkuttas Kultur, auf die die Bengalen einst so stolz waren, und die tonangebend für das moderne Indien war, besteht nicht mehr. Sie wurde von den Kommunisten platt gewalzt.

Die Stadt steht da wie ein Gefängnis mit dicken Mauern. Ich

traue mich nicht hinein. Wenn ich unvermutet doch hineinmuss, komme ich elend und wie gelähmt nach Hause und muss wie eine alte Frau ein Stündchen ruhen.

Es ist mir einmal passiert, dass ich auf der Chowringhee in einem Taxi saß und plötzlich felsenfest davon überzeugt war, mich in der Hölle zu befinden. Die endlosen Ströme von gammligen, Kohlenmonoxid ausspuckenden Taxis, Lastwagen und überfüllten Bussen, der Gestank, die Hitze, der Krach, die Schmierigkeit, die verkrüppelten Bettler mit ihren verdreckten Kindern, die verwitterten, verfallenen Gebäude entlang der Straße, die von Auspuffgasen gelbgrau verfärbte Luft. Ich war mir sicher: So ungefähr musste die Hölle aussehen.

Es ist eine höllische, überfüllte Stadt, in der allein der Flugplatz verlassen ist; niemand will dorthin. Ein Freund sagte mir, er wolle niemals nach Kalkutta, weil er Angst habe, er müsse sich dort andauernd in einer Menschenschlange fortbewegen. Dadurch gab er übrigens zu erkennen, dass er Indien nicht kannte, denn Inder stehen oder laufen niemals in Reihen. Es ist ein Land mit einer Milliarde Anarchisten.

In Kalkutta wohnen Millionen Menschen buchstäblich auf der Straße. Einmal beging ich den Fehler, für die Kinder in einer bestimmten Straße Süßigkeiten zu kaufen. Jetzt muss ich oft einen großen Umweg machen, denn ohne Süßigkeiten lassen sie mich nicht mehr durch.

Darüber hinaus wird man dadurch gefangen gehalten, dass man seinen Zugfahrschein einen Monat im Voraus bestellen muss, und dann heißt es abwarten, ob man überhaupt einen kriegt. Ein spontaner Ausflug ist nicht möglich.

Auch die Straßen erlauben einem kaum eine Fahrt an die frische Luft. Wenn es nicht so ärgerlich wäre, könnte ich lachen über die Behörden, die überall in und um Kalkutta Verkehrsschwellen haben aufwerfen lassen. In Kalkutta und ganz Bengalen bilden die Straßen selbst inzwischen eine einzige große Verkehrsschwelle.

Vielleicht muss ich sie noch entdecken, diese frühere *City of Palaces*, diese *City of Joy*, allerdings wird das ein bisschen schwierig, solange ich mich kaum hineinwage.

Auch du hast einen Hass auf die Stadt, obwohl du sie wahrscheinlich vermissen wirst, wenn es uns gelingen sollte, ihr zu entkommen. Jeder Inder vermisst früher oder später seine eigene Kultur.

Ich hatte den Einfall gehabt, wieder einmal Nietzsche zu lesen, als ich kurz nach meiner Rückkehr nach Amsterdam meine alte Freundin Anne traf. Wir gruben Erinnerungen aus über eine Geschichte, die sie mir früher einmal erzählt hatte, eine Geschichte, die so anrührend ist und die für mich persönlich so große Konsequenzen hatte, dass ich sie dir als Erstes erzählen muss.

Ich hatte seit meinem Studienabschluss nichts mehr von Anne gehört, bis zu dem Augenblick, da sie mich plötzlich anrief und fragte, ob ich bei ihr vorbeikommen könne, sie wolle mit mir reden.

Anne begann Philosophie zu studieren, nachdem sie einen beinahe tödlichen Autounfall gehabt hatte. Sie flog durch die Windschutzscheibe, wobei sie ein Auge ganz verlor und das andere so stark verletzt wurde, dass sie nur noch 20 Prozent Sehfähigkeit besaß.

Dieses Ereignis führte dazu, dass sie begann, über ihr Leben nachzudenken. Es führte sie schließlich zur Philosophie, zur Weisheit. Als ich Kurse über hinduistische und buddhistische Philosophie gab, sagte ich gelegentlich zu den Teilnehmern, dass nichts ausschließlich nur negativ ist, auch wenn es manchmal so aussehen mag.

Leiden kann der erste Schritt auf dem Weg zur Weisheit sein. Dadurch, dass wir leiden, verliert das Leben seine Selbstverständlichkeit. Es führt dich dazu, Fragen zu stellen, zumindest wenn du nicht bitter wirst oder zu Alkohol oder Drogen greifst.

Es lässt dich nach Trost und Linderung, nach dem Sinn des Lebens suchen. Nicht selten landest du dann bei der Philosophie. Oder bei Gott.

Aber Anne hat die Götter nicht nötig. Sie ist selbst weise geworden. Die Philosophie hat ihr geholfen.

Während meines Studiums hatte ich nicht viel Kontakt mit ihr. Nicht, dass ich sie nicht nett fand, im Gegenteil, aber unsere Interessen waren unterschiedlich. Ich hatte mich bereits damals tief in die Metaphysik versenkt, während Anne mehr in der Kulturphilosophie Erkenntnis suchte.

Ich glaubte zwar nicht an Gott, aber noch viel weniger an Relativismus, Zynismus oder Nihilismus. Die Metaphysik sprach über das Absolute, das Sein, das Transzendente und was dergleichen schöne Begriffe mehr sind für etwas, das die Religionen Gott nennen. Schön abstrakt, sodass die Emotionen nicht angesprochen werden. Ich fühlte mich davon angezogen wie die Motte vom Licht.

Anne und ich unterschieden uns zwar stark in unseren philosophischen Auffassungen, doch führten wir gelegentlich lebendige Diskussionen. Das ist das Schöne an der Philosophie: Sie macht einem deutlich, dass es einzig und allein um Auffassungen geht. Die eine ist nicht viel mehr wert als die andere. Es geht um die Kraft der Argumente. Und das ist sicherlich kein Grund, um einander nicht zu verstehen oder unsympathisch zu finden. Darauf beruht die Stärke der Philosophie.

Anne schätzt Philosophen wie Nietzsche noch immer, und deswegen ist ihre Geschichte umso merkwürdiger.

Anne wusste, dass ich nach Beendigung meines Studiums auf Reisen gegangen war. Zuerst nach Berlin, dann nach Asien. Sie wusste, dass ich vor allem oft in Indien gewesen war. Dass ich hinduistische und buddhistische Philosophie studiert und eine Menge weiser Menschen aufgesucht hatte. Sie war damals eben zurück aus Indien, wo sie etwas so Unbegreifliches erlebt hattte, dass sie darüber mit mir reden wollte.

Die indische Touristikbranche wirbt für ihr Land mit dem Slogan: »Indien ist kein Urlaub, Indien ist eine Erfahrung.« Das hat sich für Anne als absolut wahr herausgestellt, genauso wie Indien für mich selbst jedes Mal eine überwältigende Erfahrung war.

Da Anne beinahe blind war, konnte sie nicht allein reisen. Wenn sie aus dem Licht kommend ins Dunkle ging oder umgekehrt, konnte sie während der ersten Minuten so gut wie nichts sehen. Dadurch war sie permanent auf Begleitung angewiesen. Die bot sich an in Form einer Freundin, die ihren indischen Guru besuchen wollte.

Viele Leute aus dem Westen gehen in Indien auf die Suche nach Gott, Vikram. Sie haben ihren eigenen Weg verloren und irren in deinem Land herum, dem spirituellsten Land der Welt, wo Gott noch an jeder Straßenecke zu finden sein soll.

In gewisser Weise stimmt das. Wenn ich von deinem Haus zur nächsten Straße gehe, passiere ich bereits zwei Bäume, die als Tempel hergerichtet sind und vor denen Junge wie Alte mit aneinander gelegten Händen eine ehrerbietige Verbeugung machen. Einer dieser Bäume hat einen Ast, der stark einem Shiva-Lingam gleicht, Shivas Phallus, der in einer Vagina ruht. Ein Symbol, das in ganz Indien abgebildet und angebetet wird. Dass der Ast sich dort befindet, muss nach Auffassung der Hindus Shivas Werk persönlich sein, und demzufolge ist der Baum heilig. So geht das in Indien.

Bei uns ist nichts mehr heilig, bei euch kann selbst der Ast an einem Baum heilig sein. In keinem Land der Erde spielt die Religion noch immer eine so große, alles durchdringende Rolle wie in deinem Land. Unser Gott hingegen wurde von Nietzsches Hammer totgeschlagen. Aber wir scheinen ihn zu vermissen. Gegenwärtig lassen viele Menschen nichts unversucht, um ihn wieder zu finden, im Bewusstsein, dass Gott sich natürlich nicht so einfach totschlagen lässt und schon gar nicht von diesem oder irgendeinem anderen Deutschen, und wäre er ein noch so bedeutender Philosoph. Also suchen sie Orte auf, wo er noch zu finden sein soll.

Wer reist, wird weise, und wer weise ist, bleibt zu Hause, sagte Konfuzius.

Annes Freundin war noch nicht weise, und Anne selbst war begeistert über die gebotene Chance. Also gingen sie auf Reisen. Die Freundin zum Guru, Anne nach Indien. Sie war schon froh, dass jemand sie mitnahm in ein unbekanntes, exotisches Land. Dass die Freundin auf der Suche nach Gott war, ach, damit käme sie schon klar. Sie hatte sich nie mit östlicher Philosophie beschäftigt, wusste, dass diese größtenteils religiös gefärbt war, und das hatte sie noch nie interessiert. Sie wollte einfach nur Urlaub machen.

In Indien angekommen, landeten sie und ihre Freundin in einer spirituellen Lebensgemeinschaft: in einem *Ashram,* dem Gebetshaus von Sai Baba. Ich brauche dir nichts zu erzählen über Gurus, Gottmenschen, Wunderheiler, Ashrams und alles, was damit zusammenhängt. Du bist damit aufgewachsen.

Und du, als gebildeter, westlich orientierter Mensch, bringst demgegenüber natürlich die notwendige Skepsis auf. Du kennst die Geschichten, den Betrug und die eventuelle Wahrheit besser als jeder Westler. Du mit deiner Familie, die mit Tantra herumpfuscht. Du, der du in Kalis Stadt wohnst. Manchmal schämst du dich selbst ein bisschen dafür. Und mit Recht. Der Hinduismus hat genau wie jede andere Religion die Neigung, die Menschen dumm zu halten.

Aber auch du bist Hindu, Vikram. Auch du glaubst an deine Göttin, an Schwarztantriker, Astrologen, die Kraft von Edelsteinen, an Amulette, an schlechte Vorzeichen und wer weiß an was noch alles. Du bist nicht halb so rational wie du manchmal vorgibst oder sein möchtest. Gott sei Dank.

Ich kann es dir nicht übel nehmen. Es ist Indiens Kraft und zugleich seine Schwäche. Das Fantastische und das Abstoßende deiner Kultur. Die Kultur, die einen Sai Baba hervorbringt. Ein guter Freund von dir, ein äußerst intelligenter und vernünftiger Ingenieur, ist schon dreißig Jahre Anhänger von Sai Baba und hat dir viel über diesen Mann erzählt. Du zweifelst gelegentlich. Aber du weißt, dass ein Mensch mit göttlichen Fähigkeiten prinzipiell möglich ist.

Wer oder was ist Sai Baba? Anne sollte mir an diesem regnerischen Mittag in Amsterdam mehr über ihn erzählen. Anne, die rationale Philosophin, die bis zu diesem Zeitpunkt gelernt hatte, für alles eine Erklärung zu finden. Die von übernatürlichen oder metaphysischen Erfahrungen nichts hielt. Ausgerechnet Anne, die weder an Gott noch an Gurus glaubte und dachte, dass sie einfach herrlich in Urlaub ging, wurde von ihrer Freundin überredet, nach Puttaparthi mitzugehen, und irgendwo in Südindien in Sai Babas Ashram abgesetzt. Inspiriert durch Annes Geschichte bin auch ich einmal dort gewesen und kann dir also aus eigener Erfahrung darüber berichten.

Puttaparthi ist vollständig abgeschnitten vom Rest der Welt. Früher einmal war es ein kleines, schläfriges Dörfchen, irgendwo in den Hügeln rund um Bangalore, nicht mehr als eine Straße lang. Das nächste Dörfchen ist eine Stunde Fußweg entfernt. Bevor Sai Baba berühmt wurde, führte nicht einmal ein Weg dorthin. Befördert wurde man im Ochsenkarren.

Sai Baba ist wahrscheinlich der indische Guru mit der größten Anhängerzahl. Neben ihm erscheint sogar Osho – Bhagwan, wie er bei uns heißt – trotz seiner Berühmtheit als unbedeutend. Millionen Menschen sehen Sai Baba als die soundsovielte Reinkarnation von Gott. Nicht nur Europäer, sondern Menschen in aller Welt: Amerikaner, Afrikaner, Australier, Neuseeländer, Asiaten. Und Inder natürlich.

Das Dorf, oder besser gesagt der Ashram, füllt das ganze Tal aus und befindet sich auf dem besten Wege, zu einer richtigen Stadt anzuwachsen. Es gibt Hotels, Apartmenthäuser, Schulen, Universitäten, Krankenhäuser, ein Museum und sogar einen Flughafen. Täglich entstehen neue Gebäude. Sai Babas Ashram wächst und wächst und wird weiterhin wachsen, bis der Mann stirbt. Aber selbst dann ist es wahrscheinlich noch nicht vorbei, wie Oshos Ashram in Poona beweist.

Es ist tatsächlich beeindruckend, nach der Reise durch eine total verlassene Landschaft in ein Tal zu kommen, wo die prächtigsten Gebäude stehen und wo das 20. Jahrhundert mit all seiner Kraft plötzlich wieder präsent ist. Beinahe eine Fata Morgana, und wenn man nichts mit Göttern am Hut hat, ist es als Touristenattraktion sicherlich die Mühe wert.

Wie in einem Hotel musste Anne sich im Ashram einchecken. Sie hatte Glück, dass sie nicht in einer der vielen Schlafbaracken landete, die bis zu 200 Menschen Obdach bieten. Es gibt westliche und nichtwestliche Schlafbaracken, und wenn man einen Blick hineinwirft, versteht man sofort, warum das so ist. Die Inder liegen alle nebeneinander und durcheinander im Raum, während die Westler ihren Quadratmeter vom Nachbarn oder der Nachbarin mithilfe von Tüchern so stark wie möglich abtrennen, um so ihre Privatsphäre wenigstens einigermaßen zu sichern.

Wie du weißt, ist unser Bedürfnis nach Privatheit sehr groß, während die Inder sich mit einem Plätzchen für sich selbst allein fühlen würden. Unser Bedürfnis nach Privatheit entspricht proportional ziemlich genau unserem Einsamkeitsgefühl, einem Gefühl, das der Durchschnittsinder beinahe nicht kennt.

Aber Anne bekam ein komfortables Zimmer in einem der vielen Apartmenthäuser des Ashram. Es ist schwierig, herauszufinden, wie viele Menschen da nun genau wohnen. Wenn ich nachfragte, hörte ich stets andere Zahlen. Zehntausende sind es sicherlich. Es wurde behauptet, dass am Geburtstag des Gurus eine Million Anhänger anwesend waren. Seine totale Anhängerschaft wird auf vierzig Millionen Menschen geschätzt.

Alle diese Menschen haben nur einen Wunsch: ein persönliches Gespräch mit Sai Baba. Er spricht tatsächlich täglich mit ein paar Anhängern, aber angesichts der großen Anzahl von Menschen ist die Chance, dabei zu sein, minimal.

Jeder Tag ist durch ein sich unendliche Male wiederholendes Ritual strukturiert. Zweimal täglich kommt er zum Tempel und segnet die Anwesenden. Das wird *darshan* genannt. Nach dem Segen wird eine Anzahl Menschen zu einem persönlichen Gespräch eingeladen – nach einem System, das wahrscheinlich nur Sai Baba deutlich ist. Diese Menschen werden in einen besonderen Raum im Tempel geführt, wo er ihnen etwas erzählt, sie etwas fragt oder ihnen etwas gibt.

Es gibt Anhänger, die bereits länger als zehn Jahre im Ashram wohnen und niemals ein Wort mit Sai Baba gewechselt haben. Dennoch bleiben sie ihm treu. Das an sich ist schon wunderbar, findest du nicht, Vikram?

Der zweimal täglich stattfindende Gang zum Tempel ist allein schon Tagwerk genug. Sai Baba erscheint morgens gegen sieben, und bis dahin muss jeder seinen Platz eingenommen haben. Keine leichte Aufgabe mit mehreren zehntausend Menschen.

Alles richtet sich nach dem Guru. Im Morgengrauen müssen seine Anhänger aufstehen, sich waschen und zurechtmachen, denn vor einem Gott muss man selbstverständlich gepflegt erscheinen. Im Anschluss wird ihnen durch einen Ashram-Mitarbeiter ein Platz in den Reihen des gigantischen Tempels zugewiesen. Wie auch im Ashram selbst sind Männer und Frauen strikt voneinander getrennt. Und dann beginnt man zu warten und zu warten und zu warten. Stundenlang, bis die Reihen geschlossen sind.

Etwa eine Stunde, bevor das Ritual beginnt, werden die Menschen in den Tempel gelotst. Ein spannender Augenblick, denn hier gilt leider nicht, dass wer zuerst kommt, auch zuerst mahlt. Es hat also keinen Sinn, besonders früh aufzustehen, ganz zuvorderst in der Reihe Platz zu nehmen und so auch später im Tempel einen Platz möglichst weit vorn zu ergattern, wodurch man Sai Baba sozusagen in Reichweite hätte.

Nein, den Gläubigen zufolge bestimmt Sai Baba die Glücklichen, die auf dem ersten Rang Platz nehmen dürfen. Lose werden gezogen, und diejenigen mit der Nummer eins werden zuerst hineingelassen. Zufall existiert für die Gläubigen nicht: Genau die Menschen, die Sai Baba dort haben will, kommen in die erste Reihe. Ihm so nah sein zu können, ist nach dem persönlichen Gespräch die zweite meistbegehrte Erfahrung, die man dort machen kann. Die Auserkorenen bekommen die Möglichkeit, persönlich von Sai Baba gesegnet zu werden, einen Blick von ihm aufzufangen oder ihm etwas zu überreichen.

Manchmal versucht jemand, schnell den Platz zu wechseln, wenn die Reihe vor ihm oder ihr hineindarf. So jemand wird durch die Ashram-Mitarbeiter oder einen der Mitgläubigen ziemlich brutal in die eigene Reihe zurückbefördert.

Im Eingang des Tempels wird man nicht nur durchsucht, man muss auch, wie auf dem Flughafen, zuerst an einem Metalldetektor vorbei. Denn es wurden bereits verschiedene Anschläge auf das Leben Sai Babas verübt. Nicht mit einem Hammer, sondern mit echten Gewehren. Eine kleine Tasche ist erlaubt, am liebsten die dort erhältliche durchsichtige Tasche, die (heiliges) Lesematerial, Schreibgerät, ein Taschentuch für Schweiß und Tränen und dergleichen Dinge mehr enthalten darf.

Erst einmal drinnen, drängelt sich jeder so weit wie möglich nach vorn. Inder sind Meister im Aufeinandersitzen, Westler beherrschen das etwas schlechter.

Dann beginnt man wieder zu warten. Bis Sai Baba hereinschwebt. Der Mann geht nämlich nicht, Vikram, er schwebt. Zumindest scheint es so; es ist, als berührten seine Füße den Boden kaum.

Schon segnend, schon lächelnd schwebt er dann ein paar Minuten durch die begeisterte Menge, um anschließend Anweisungen zu geben für die Menschen, die ihn an diesem Tag sprechen dürfen. So endet das Ritual. Angesichts der stundenlangen Vorbereitungszeit vollzieht sich eigentlich alles rasend schnell.

Jeder verlässt den Tempel, um danach wieder in langen Reihen vor den Kantinen zu warten und zu guter Letzt ein Frühstück zu ergattern.

Warten, warten, warten: Daraus besteht das Ashram-Leben in Puttaparthi vornehmlich. Zweimal täglich auf die Darshans, dreimal täglich auf die Mahlzeiten. Viermal täglich, wenn man nachmittags auch noch eine Tasse Tee will und sich nicht in die böse Welt außerhalb des Ashrams begeben will.

Und so verstreichen die Tage in einer endlosen, sich stets wiederholenden, erbarmungslosen Folge.

Anne beobachtete dies alles mit wachsendem Erstaunen und wähnte sich, je länger je mehr, in einer Irrenanstalt. Was war das für ein bizarrer Jahrmarkt? Wo war sie gelandet? Wer war dieser komische Kauz mit Afrofrisur im orangefarbenen Flattergewand, in dem alle anderen einen Gott zu erkennen glaubten? Was hatte dies alles zu bedeuten?

Sie ließ es sich gefallen und versuchte, sich so viel wie möglich in den kleinen Lädchen und Teehäusern außerhalb des Ashrams zu amüsieren. Zudem hatte sie kaum eine andere Wahl, denn ihre liebe Freundin schien sich im siebten Himmel zu befinden und hatte nicht vor, schnell abzureisen.

Eines Morgens wartete Anne wieder treu, aber doch leicht gelangweilt auf Gott, der ebenso treu und vielleicht ebenso gelangweilt – Wer kann das beurteilen? Schließlich tut er das schon ungefähr fünfzig Jahre lang tagein, tagaus – seinen üblichen Rundgang machte, seine üblichen Einladungen bekannt machte und ... Anne die Glückliche sein ließ!

Anne konnte nicht leugnen, dass sie zwar äußerst erstaunt war, sich aber doch auch sehr geehrt fühlte und mit Spannung der Begegnung entgegensah. Sie hatte absolut keinen Ehrgeiz in diese Richtung entwickelt und glaubte, wie gesagt, auch nicht an diesen Gott, der von all den Tausenden von Menschen um sie herum angebetet wurde.

Es wurde behauptet, dass er in das Herz eines jeden Menschen schauen könne und seine Pappenheimer genau kenne. Also machte Anne sich keine Sorgen über ihren Unglauben und ihren Argwohn. Er wusste schon, was er tat. Für sie bedeutete es eine kuriose Unterbrechung im täglichen Trott.

Nachdem sie von ihm eingeladen worden war, betrat Anne mit den anderen Auserkorenen und den Mitarbeitern des Ashrams das Zimmer des Gottes. Dabei musste sie den Übergang vom Licht im Tempel ins Halbdunkel des Raums überwinden, und während der ersten Minuten konnte sie dann auch nichts erkennen. Als jeder seinen Sitzplatz gefunden hatte, richtete Sai Baba das Wort als Erstes an sie. »Wie geht es mit deinen Augen?«, fragte er sie ganz direkt.

»Ich bin sehr glücklich mit dem, was ich noch sehen kann«, antwortete die liebe Anne.

Daraufhin forderte Sai Baba sie auf, vor ihm Platz zu nehmen. Anne, noch immer damit beschäftigt, ihr Auge an die Lichtverhältnisse anzupassen, stolperte nach vorn und setzte sich ihm direkt gegenüber. Dann *materialisierte* Sai Baba aus seiner bloßen Hand einen Stein für sie und sagte, dass sie jeden Tag ein Glas Wasser über den Stein schütten und das Wasser anschließend trinken müsse. Anschließend forderte er sie auf, an ihren Platz zurückzugehen, und wandte sich dem nächsten Glücklichen zu.

Anne hatte dies alles mit leichtem Erstaunen, doch gleichzeitig gelassen über sich ergehen lassen. Sie hatte die Zusammenkunft in Sai Babas privatem Raum weiterhin ruhig und geduldig ausgesessen. Danach war sie in ihr Zimmer gegangen, hatte ein Glas Wasser über dem Stein ausgegossen und das Wasser getrunken, nach dem Motto: Nutzt es nicht, so kann es doch nicht schaden.

»Es war, als würde ein riesiges Teleskop auf mein Auge gesetzt«, erzählte sie mir. »Plötzlich konnte ich mit meinem einen Auge kilometerweit sehen. Alles war glasklar. Jeder Grashalm, jeder Vogel, jeder Baum und jede Wolke. Was auch in mein Blickfeld kam, erschien in einer Schwindel erregenden Schärfe.«

Wie lange dieser Zustand angehalten hatte, wusste sie nicht genau. Es konnten ein paar Sekunden gewesen sein, aber auch einige Minuten. Sie stand da und schaute. Schaute noch einmal. Betäubt und euphorisch durch das Wunder. Das Wunder des Sehens. Das Wunder Sai Babas.

Zwanzig Jahre war es her, dass ihre Augen gut gewesen waren, und plötzlich sah sie auf eine Weise, wie sie nie zuvor in ihrem Leben gesehen hatte. Tränen strömten aus ihren Augen, und dadurch löste sich das Wunder auf. Aber es wiederholte sich an jedem weiteren Tag, den sie im Ashram verblieb.

Anne war verzaubert, aber nicht bekehrt.

»Bist du jetzt auch eine Anhängerin?«, fragte ich sie.

»Nein, warum sollte ich?«, antwortete sie.

Anne bewahrte ihren Skeptizismus Sai Baba gegenüber auch weiterhin, obwohl sie ihm natürlich für die wunderbare Erfahrung außerordentlich dankbar war. Und auch für die Nachwirkungen. Bei ihrer Rückkehr nach Amsterdam stellte sich durch die kühle Computerberechnung des Augenarztes heraus, dass eine Verbesserung um 40 Prozent stattgefunden hatte. Mit ihrem einen Auge konnte sie nun 60 Prozent anstelle von 20 Prozent sehen, und das macht ganz schön was aus für jemanden, der bis dahin nahezu blind durchs Leben ging.

Anne bat mich um einen Kommentar. Ich hatte denselben kulturellen Hintergrund wie sie, hatte mich jedoch viele Jahre lang in das Wissen des Ostens vertieft. Nicht nur mittels Büchern, sondern auch dadurch, dass ich direkt vor Ort all die Weisen aufsuchte. Jahrein, jahraus. Von einem Weisen zum anderen, so, wie ich als Philosophiestudentin von einem Dozenten zum anderen gegangen war. Zuhörend, teilnehmend, übend, mich unterwerfend, lesend, studierend, experimentierend, beobachtend. Ich hatte kein Hilfsmittel unbenutzt gelassen. Fünfzehn Jahre lang war ich nicht müde geworden, kam ich gedanklich nicht an ein Ende, was die sonderbaren Erscheinungswelten, denen ich in Asien begegnete, betraf.

Anne wusste dies alles und wollte darum gerade mit mir über ihr seltsames Erlebnis sprechen. Nach Amsterdam zurückgekehrt, war ihr aufgefallen, dass ihre Umgebung nicht nur nichts damit anfangen konnte, sondern oft auch negativ darauf reagierte. Jemand hatte sogar gefragt, warum Sai Baba nicht auch ihr anderes Auge behandelt hatte.

Anne wollte mehr über östliche Philosophie, über Indien und die Götter wissen. Der Satz »Frag nicht, wie es möglich ist, profitiere einfach davon« genügte ihr nicht. Als Philosophin hatte sie ein starkes Bedürfnis, die Sache zu begreifen.

Was konnte ich ihr antworten? Bis dahin war Sai Baba jemand gewesen, den ich bewusst mied. Ich betrachtete mich lange als seriöse Philosophiestudentin auf der Suche nach Weisheit und Wahrheit, ungeachtet der Tatsache, dass meine Ausbildung mich vor allem lehrte, es beinahe als menschliche Schwäche zu betrachten, an so etwas wie Wahrheit glauben zu wollen.

Wahrheit existierte nicht. Jeder, der etwas anderes behauptete, würde früher oder später in einem totalitären System landen, und damit hatten wir schlechte Erfahrungen gemacht. Gott und die Religion waren Projektionen des menschlichen

Geistes, der Probleme mit seiner Endlichkeit hatte. Ein Schrei nach dem Urvater, würde Freud sagen.

Doch ich hatte nichts übrig für Relativismus, Skepsis, Zynismus und Unglauben. Was mich anging, so hatten die Philosophen die Sache verraten. Denn Philosophie muss von Weisheit handeln. Ich sah neue Strömungen wie die Postmoderne, die eben im Schwange war, lediglich als Ausdruck äußerster Verwirrtheit, die sich als Meister über Wahrheit und Weisheit aufspielte. Hartnäckig blieb ich dem treu, was ich als meine tiefste Intuition ansah.

Überrascht dich das, Vikram? Das ist noch immer so. Ich habe mich nicht verändert, ich bin mir nur noch sicherer geworden. Während meines Studiums lachte man mich deswegen aus. Im Westen glaubt man nicht mehr, dass es möglich ist zu *wissen*. Ich war ein hoffnungsloser Anachronismus, darum musste ich dort schließlich auch weg.

Natürlich habe ich mich mit Händen und Füßen verteidigt. Glücklicherweise stand ich nicht total allein, sonst hätte ich es sicherlich nicht so lange ausgehalten. Ein Teil der philosophischen Tradition stand hinter mir. Zum Beispiel Plato, Thomas von Aquin, Descartes, um ein paar zu nennen; sie alle glaubten noch an das Wissen.

Auch einige der Dozenten machten deutlich, nicht an relativistische Theorien zu glauben, obwohl sie durchweg sehr zögerlich in ihrer Akzeptanz der Wahrheit waren. Ihr Herz ließen sie lieber selten sprechen, denn es hatte keinen Platz innerhalb der Philosophie. Ich betrachtete dies als männliche Eigenart, der ich weiter keine Beachtung schenkte. Wahrheit ist kein »Markenartikel«, gab man mir zu verstehen. Das ist leider nur zu wahr. Sie ist ein kostbares Gut. Zu kostbar, um jemals ein Markenartikel zu werden. Alles Wertvolle ist wehrlos, sagte einst ein niederländischer Dichter. Für mich stand immer fest, dass es so etwas wie eine Wahrheit geben muss.

Natürlich wurde ich gefragt, was ich darunter verstünde. Wenn ich es philosophisch ausdrücken darf, würde ich antworten: Es ist das, was nicht mehr relativ ist. Was absolut ist. Unvergänglich. Was immer da ist. Der Kern von allem. Der Ursprung. Sprechen wir's ruhig aus: Gott.

Inzwischen bin ich etwas weniger fanatisch, Vikram. Meine wilden Jahre liegen hinter mir. Aber meine Meinung hat sich nicht geändert. Allerdings bin ich mürbe geworden von all den Menschen, die so schön auslegen können, warum es letztlich doch nichts zu wissen gibt. Ich kümmere mich nicht mehr darum. Ich habe mich selbst außerhalb der akademischen Kreise gestellt. Ich gehe meinen eigenen Weg, und der hat mich letzten Endes nach Kalkutta geführt. Der Liebe wegen.

Ich bedaure nicht, dass ich mich in dich verliebt habe, Vikram. Nur tue ich mich ein bisschen schwer mit deiner Familie und deiner fiesen, stinkenden Stadt. Als Ironie empfinde ich es allerdings doch, dass gerade ich, die ich so oft aus dem schönen Amsterdam in die freie Natur geflüchtet war, in einer Stadt landete, die furchtbarer ist als jede andere Stadt. Gottes Wege sind wunderbar und unergründlich.

Anfangs nahm ich Sai Baba nicht ernst. Bereits auf meiner ersten Indienreise hörte ich Geschichten über ihn. Menschen gingen zu ihm, um Wunder zu sehen, um geheilt zu werden. Damals glaubte ich noch nicht an Wunder. Ich war davon überzeugt, dass es sich um eine Art Lourdes handelte. Später, nachdem ich noch ein paar Jahre in Indien herumgereist war, wollte ich aus einem anderen Grund nicht dorthin. Durch meine Studien und Erfahrungen wusste ich, dass Wunder eigentlich nicht wirklich verwunderlich sind. Ich hatte begriffen, dass prinzipiell jeder Wunder bewirken konnte. Es ist eine Frage des Trainings oder – sehr selten – des Talents.

Den heiligen Schriften der Hindus und Buddhisten zufolge

erhält jemand, bei dem die Vergeistigung vollendet ist, Macht über die Materie. Wenn jemand Macht über die Materie hat, sind Wunder nichts anderes als die Gesetze von Ursache und Wirkung auf einer anderen Ebene. Einer Ebene, von der viele westliche Menschen zwar eine Ahnung haben, zu der sie gewöhnlich jedoch keinen Zugang erhalten.

Ich hatte aber auch gelernt, dass Gurus, die ihre Wunder sehen lassen, in Wirklichkeit gegen die Regeln handeln. Meist waren sie einseitig auf Macht ausgerichtet und demzufolge als geistige Führer vollkommen ungeeignet. Nur in Ausnahmefällen, wie im Fall von Buddha oder Jesus, ist so etwas erlaubt. Sie entlehnten ihre Macht einer vollkommenen moralischen Kraft, und eine vollkommene Moral schließt Machtmissbrauch per definitionem aus.

Der hinduistischen Philosophie zufolge müssen Menschen wie Jesus oder Buddha in Abständen auftreten, da der *dharma,* die Gerechtigkeit, so stark dem Verfall anheim gefallen ist. Der Dharma muss wieder hergestellt werden. Deswegen darf mit so radikalen Mitteln wie Wundern gearbeitet werden, auf anderem Wege sind die Menschen nicht mehr zu überzeugen.

Gerade das aber ist ein Symptom des Verfalls. Ein normaler spiritueller Lehrer wird einen Schüler abweisen, der Wunder nötig hat, um sich von der Fähigkeit seines Lehrers zu überzeugen. Ungeeignet! Zu unsensibel!

Ich glaubte nicht, dass Sai Baba ein neuer Jesus oder ein neuer Buddha war. Ich glaube es nach wie vor nicht, da er faktisch nichts Neues zu erzählen hat im Gegensatz zu Jesus oder Buddha. Er bewegt sich einfach innerhalb der hinduistischen Tradition.

Aber ich kann mich täuschen. Wie dem auch sei, ich suchte ihn nicht auf. Ich kreiste noch ein paar Jahre um ihn wie ein Mond um seinen Planeten und musste letztlich von ihm angezogen werden.

Aber davon erzähle ich dir später, Vikram.

Ich wusste nicht sofort, wie ich auf Annes Erzählung reagieren sollte. Das war schon allerhand. Es sei genauso gewesen, wie sie es beschrieben habe, beschwor sie mich, aber was konnte man als normaler Sterblicher damit anfangen?

Ich gab ihr einen Teil meiner Bücher mit und riet ihr, die zu lesen. Vielleicht fände sie eine Antwort in der Lektüre.

Eines der Bücher, die ich ihr mitgab, war *Die Yoga Sutras* von Patanjali, ein Klassiker der indischen Literatur und Bestandteil der Veden, der Bibel der Hindus. Lange Zeit war dieses Buch auch meine Bibel. In Amsterdam gab ich jahrelang Kurse, die darauf basierten.

Ein anderes Buch war *The Synthesis of Yoga v*on Sri Aurobindo, einem deiner Stadtgenossen, Vikram. Dies war das erste Buch aus der hinduistischen Tradition, das ich jemals las. Ich war davon wie vor den Kopf gestoßen.

Während meines Studiums hatte ich mich vor allem an Philosophen orientiert, die sich auf den Geist, das Bewusstsein, konzentrierten. Nach all den Jahren mit Plato, Thomas von Aquin, Descartes und vor allen Dingen Kant und Hegel, mit denen ich ins Endexamen ging, wurde ich durch Aurobindo mit einer Auffassung von Geist konfrontiert, die nicht nur vollkommen anders war, sondern die sich mir auch unvermittelt als Wahr mit großem W präsentierte.

Mit einem Schlag begriff ich, warum all die Philosophen mich so unbefriedigt gelassen hatten. Endlich war ich auf jemanden gestoßen, der wusste, worum es mir ging. Endlich, nach all den verzweifelten Jahren, jemand, der meine vagen Vermutungen darüber bestätigte, was der Geist oder das Bewusstsein sein konnten. Endlich ein Philosoph, der zwar schwierig war, aber über das Leben sprach, über Glück und Liebe. Endlich frei von den modischen Schwätzern. Endlich daheim!

Dies war der Beginn einer langen, spirituellen Suche, Vikram, die mich letztlich bei dir, in diesem unglaublichen Kalkutta, ankommen ließ.

# II

Jetzt muss ich dir meine eigene Geschichte über Sai Baba erzählen, denn vielleicht ist es doch so, dass ich dich Sai Baba verdanke.

Meine Begegnung mit ihm fand in einer Zeit statt, in der ich absolut genug hatte von meiner Suche nach Weisheit, von Philosophie und Religion, genug vom Unterrichten und Vorträgehalten, genug von Büchern, vom Studieren, genug von allen Versuchen, mir mit der Philosophie mein tägliches Brot zu verdienen.

Ich wollte etwas ganz anderes. Ich wollte etwas tun anstatt nur nachzudenken. Ich wollte mit meinen Händen und mit meinem Körper arbeiten, nicht mehr so viel mit meinem Kopf. Ich wollte mit normalen Menschen zusammen sein, nicht mehr mit Weisen oder Philosophen. Ich wollte eine Ausbildung als Yogalehrerin beginnen. Und wo hätte ich das besser tun können als in Indien, dem Ursprungsland des Yoga?

Und so begab ich mich zum soundsovielten Mal auf den Weg in dein Land, diesmal in ein Yoga-Krankenhaus außerhalb von Bangalore, das auch Westler zu Lehrern oder Therapeuten ausbildete. In einem Yoga-Krankenhaus werden bestimmte Erkrankungen mit Yoga behandelt, wie Nacken- oder Rückenschmerzen, Asthma, Diabetes und so weiter. Als Mittel werden eingesetzt: Körperübungen, Meditation, Atemübungen, Reinigungstechniken und anderes.

Ich war bereits früher in einem solchen Krankenhaus gewesen, aber damals als interessierte Patientin. Sie sind in ganz Indien zu finden, und durch das Interesse von Menschen aus dem

Westen entstehen immer mehr davon. Die sind aber dann viel luxuriöser, anspruchsvoller und teurer als die ursprünglichen. Man kann dort mehr oder weniger wie in einem Ashram leben, allein das Programm ist etwas minder straff.

Auch dieses Krankenhaus war zugleich ein Ashram. Es gab genügend gute Gründe, um dort zu bleiben: Die Ausbildung war innerhalb absehbarer Zeit zu vollenden, und das Klima in Bangalore ist angenehm. Wie sich herausstellte, schien es eine ziemlich gute Ausbildung zu sein, die ich erfolgreich absolvierte.

Anschließend blieben mir noch zwei Wochen, bevor das Flugzeug mich wieder nach Amsterdam bringen sollte. Ursprünglich hatte ich vorgehabt, die restliche Zeit in diesem Ashram zu verbringen, aber ich verspürte dann doch wenig Lust dazu. So schön war er nicht – und ganz sicher nicht, nachdem der Kursus zu Ende war. Kaffee, Tee und besonders Zigaretten und Alkohol waren streng verboten, und das Essen war widerlich gesund.

Der Ashram sah aus wie ein bewachtes Lager: Das enorm große Terrain war mit Stacheldraht umzäunt, Scheinwerfer warfen ein gruseliges Licht, das mich an die Berliner Mauer erinnerte. In der näheren Umgebung des Ashrams war nichts zu erleben, und auch die Landschaft war nicht besonders interessant. Darüber hinaus durfte man das Terrain nicht ohne Erlaubnis verlassen. Busse passierten selten.

Im Ashram herrschte eine wenig stimulierende spirituelle Atmosphäre, eher wohl eine missmutige, wenn nicht sogar grimmige Stimmung. Der Leiter war ein mehr wissenschaftlich als spirituell orientierter Mann, ein früherer Physiker, der zwar sehr erhabenen Ideen anhing, aber nicht fähig war, die extreme Enthaltsamkeit auf geistreich-inspirierte Weise zu kompensieren.

Ich wollte dort so schnell wie möglich wieder weg, hatte aber absolut keine Lust, im staubigen, heißen Indien herumzureisen.

Also wählte ich die Stadt, die am nächsten lag, Bangalore, und hoffte, dort von meiner momentanen Orientierungslosigkeit erlöst zu werden.

Bangalore ist eine der modernsten Städte Indiens. Reich und demzufolge auch teuer. Bereits das schludrigste Hotel überstieg mein Budget, darum wählte ich einen Stadt-Ashram, der in einem alten Maharadschapalast untergebracht war, mitten in der Stadt, an einem See.

Dies ist eine der ansprechenden Seiten des religiösen Lebens in Indien. Wohin man auch kommt, man findet immer eine Gelegenheit, sich aus der Welt zurückzuziehen und sich dem spirituellen Leben zu widmen. Es ist zwar nicht Sinn und Zweck, diese Ashrams als Hotel zu nutzen, aber doch angenehm, dass es überhaupt möglich ist.

Es gab keine freien Zimmer mehr, aber ich konnte in einem kleinen Schlafsaal mit fünf leeren Betten unterkommen. Ich war sehr froh über diesen großen Raum und die fünf leeren Betten. Hier würde ich einen Beschluss fassen können. Erst einmal wollte ich ruhen, denn obwohl die Reise hierher kurz gewesen war, bleibt das Reisen in Indien ermüdend.

Als ich aus meinem Mittagsschläfchen erwachte, zeigte es sich, dass eine etwas ältere Frau ebenfalls ein Bett in diesem Schlafsaal bezogen hatte. Sie kam aus Australien oder Neuseeland, und ich habe ihren Namen vergessen. Sie hatte einen komplizierten Namen, wie ihn ein Guru seinem Schüler gibt. Ich erinnere mich, dass sie ganz in Weiß gekleidet war und glücklich aussah.

Wir kamen ins Gespräch, wie das eben geht, wenn sich zwei westliche Frauen in einem Schlafsaal in Indien treffen. Ich erzählte ihr meine Geschichte über die Yogaausbildung, und sie berichtete, dass sie soeben nach einer vierstündigen Busreise aus dem Ashram Sai Babas angekommen war.

Ich fragte sie nach ihren Erfahrungen im Ashram und mit Sai Baba. Sie blieb vage. Aber die Art und Weise, wie sie immer wieder betonte, wie viel sie von Sai Baba halte und dass er ein Gott sei, ging mir doch gewaltig auf den Wecker. Wieder so eine, dachte ich.

Ich fragte sie, was sie in Bangalore vorhatte. Zu meiner unglaublichen Überraschung sagte sie, dass sie gekommen sei, um mich abzuholen und zu Sai Baba zu bringen.

»Was meinst du damit? Hat Sai Baba dir gesagt, dass ich hier in diesem Ashram sitze und dass du mich abholen sollst?«

»Ich habe mit Swami nie wirklich gesprochen«, sagte sie, »aber Swami hat Sprache nicht nötig, um dir etwas zu verdeutlichen.«

»Wie kannst du dann so sicher wissen, dass dies dein Auftrag ist?«

»Oh, das weiß man einfach, wenn man lange genug bei Swami ist«, sagte sie mit einem selbstzufriedenen Lächeln. »Komm mit, wir müssen die Buskarten für morgen früh reservieren.«

Mein Erstaunen, kombiniert mit meiner Entschlusslosigkeit, wie ich die restlichen zwei Wochen verbringen sollte, ließen mich auf die verrückte Einladung eingehen. Warum nicht? Was konnte mir geschehen? Ich konnte jederzeit weggehen, wenn es mir nicht gefiel. Annes Geschichte hatte doch eine gewisse Neugier bei mir geweckt.

Also machten wir uns am folgenden Tag auf den Weg. Meine Reisegefährtin sprach nicht viel. Sie lächelte weiterhin auf ihre verklärte Art, und ich ließ mich wieder einmal vom Strom der Ereignisse mitführen. Dies scheint häufig, und sicher in Indien, die beste Methode zu sein. Ich blieb kritisch und in der Reserve, probierte aber auch, offen zu bleiben.

Eigentlich kam mir das alles sehr gelegen. Mit ein wenig Glück war es gut auszuhalten, und ich konnte im Ashram meine letzten zwei Wochen entspannt verbringen. Währenddessen hatte ich die Möglichkeit, vom populärsten noch lebenden Guru Indiens etwas zu lernen. Wunderheiler oder nicht, all die Geschichten, die über ihn kursierten, waren an sich schon wunderbar genug.

Warum sollte ich den Mann, der fähig zu sein scheint, vierzig Millionen Menschen aus aller Welt an sich zu binden, nicht wenigstens einmal aufsuchen? Seinen Anhängern zufolge ist er einmal in Afrika gewesen, um seine Landsleute vor Idi Amin zu warnen, aber davon abgesehen hatte er seinen Geburtsort kaum verlassen. Man musste schon zu ihm kommen, wenn man ihn sehen wollte.

Unterwegs fragte ich mich, was mich nun eigentlich davon abgehalten hatte, ihn aufzusuchen. Meine Begleiterin erzählte mir, dass man in Sai Babas Ashram nur kommt, wenn er einen ruft. Ihr zufolge war ich also früher niemals gerufen worden, und erst jetzt war dieser Augenblick gekommen.

Eigenartig war es schon. Ich hatte Jahre damit verbracht, zu Füßen der Weisen und Gelehrten Indiens zu sitzen, hatte Annes Geschichte gehört, war regelmäßig in der Nähe des Ashrams gewesen, und doch hatte ich niemals versucht, dorthin zu gelangen. Waren meine anfänglichen Vorurteile gegen Wunderheiler inzwischen verschwunden?

Wie ich dir bereits schrieb, betrachtete ich früher Religionsführer, die Wunder nötig hatten, um ihre Anhänger zu überzeugen, voller Misstrauen. Inzwischen hatte ich begriffen, dass dies manchmal wirklich notwendig ist. Die meisten von uns sind viel zu unsensibel geworden, um die Kraft eines spirituellen Führers zu spüren und auf sich wirken zu lassen.

Auch die fantastischen Erzählungen, die ich in Indien über ihn hörte, brachten mich eher zum Lachen als zum Staunen. Ich war einmal eine Zeit lang mit einem gut aussehenden jungen Deutschen gereist, der behauptete, einmal von Sai Baba zur Seite genommen worden zu sein. Während dieses Zusammenseins soll Sai Baba nicht nur in den Schritt des Jungen gefasst haben, sondern auch dessen Hand zu seinem eigenen Schritt geführt haben. Zweimal. Das erste Mal hatte der Deutsche dort einen Phallus, das zweite Mal eine Vagina gefühlt. Wenn die Geschichte stimmte, dann war Sai Baba ein *practical joker*, und das gefiel mir. Und wenn sie nicht wahr war, so blieb der junge Deutsche doch noch ein schöner Mann.

Man hat mir auch erzählt, dass Sai Baba das prächtige Krankenhaus, das prunkend im Tal steht, mit Geldern eines einflussreichen Drogenbarons finanziert hat. Gut, meine lange Indienerfahrung hat mich gelehrt, dass solche Dinge wirklich geschehen. Auch im Westen haben sie eine jahrhundertelange Tradition, das ganze Ablasssystem der katholischen Kirche basiert darauf. Sogar Mutter Theresa wurde beschuldigt, Geld von dubiosen Organisationen angenommen zu haben, aber das ließ mich ziemlich kalt.

Große Geldsummen kommen selten aus sauberen Händen. Geld stinkt, aber man kann gute und schlechte Dinge damit tun, und ein Krankenhaus zu bauen, das seine Patienten gratis behandelt, ist doch eine gute Sache? Warum dann so viel Aufhebens?

Auf einmal musste ich an den Lama eines tibetisch-buddhistischen Klosters denken, in dem ich mich gern und oft aufhielt. Er war in jeder Hinsicht ein integrer, hart arbeitender Mann, dem nur ein Ziel vor Augen stand: der Wiederaufbau seines Klosters, das die Chinesen einst in Lhasa dem Erdboden gleichgemacht hatten und das er in Indien wieder aufbauen wollte. Dafür war Geld nötig. Viel Geld. Und wo nimmt ein Lama das her?

Er entwickelte sich zu einem echten *fund-raising manager*. Auch er hatte sich das Startkapital durch Spenden verschafft – unter anderem durch Spenden eines Deutschen, von dem er nicht wusste, dass er mit Drogen dealte. Der Deutsche hatte als Gegenleistung einen permanenten Platz im Kloster ausbedungen, den er in Form eines schönen, etwas abseits stehenden kleinen Hauses auch erhielt. In seiner Abwesenheit habe ich da oft gewohnt. Neben einer gigantischen Musikanlage und einigen tausend CDs stand das ganze Haus voll mit riesigen Bergkristallen, denn außer mit Haschisch handelte der Deutsche auch mit Kristallen, die er aus einem Berg gewann, den er annektiert hatte.

Nun wusste der Lama gut, wen er sich da ins Haus holte. Der junge Mann entpuppte sich als launenhafter, dominanter, unverschämter Rüpel, der sich wie ein unerzogenes Kind benahm. Er störte die Ruhe des Klosters mit seiner dröhnenden Musik, fiel den Bewohnern auf die Nerven, ging gelegentlich sogar zu Handgreiflichkeiten über und forderte immer mehr Teile des Klosters als sein Privatterrain ein.

Der Lama wusste nicht, wie er auf ein solches Verhalten reagieren sollte. So viel Unverschämtheit war ihm noch nie begegnet, außer bei den Chinesen. Zum Glück für den Lama saß der Deutsche ab und zu im Gefängnis, und so kehrte die Ruhe im Kloster für ein Weilchen zurück. Letztlich konnte er ihn auf sanfte Manier doch loswerden, aber das dauerte Jahre.

Das Kloster beherbergte öfter eigenartige Figuren. Im Zimmer neben mir logierte einmal ein Junge aus Amsterdam, der so ängstlich war, dass er mit niemandem sprach und kaum seinen Raum verließ. Nach langem Nachbohren erzählte er, auf der Flucht vor den Hell's Angels zu sein, die ihn umbringen wollten. Er war unter Zwang der Strichjunge des Bosses gewesen und schließlich geflohen. Im Kloster hoffte er, verschnaufen zu können und die Ruhe wieder zu finden, die er dringend benötigte. In die Niederlande zurückzukehren war für ihn ausgeschlossen. Armer Junge.

Als ich den Lama kennen lernte, stand er noch am Beginn seiner Karriere. Auch ich stand noch am Beginn meiner Entdeckungsreisen und nahm die Dinge oft viel zu wörtlich. Er hatte mich bereits als Donatorin vor seinen Karren spannen können, was beinhaltete, dass ich einen Mönch finanziell unterstützte, was mich dreihundert Dollar im Jahr kostete. Als Gegenleistung wollte er regelmäßig eine Puja für mich abhalten, das heißt, dass er im Tempel ein bestimmtes Ritual für mein Wohlergehen ausführte.

So köderte der Lama viele Reisende für seine Sammelaktionen. Ich fand das alles nur zu verständlich. Dass er jedoch noch andere Arten kannte, an Geld zu kommen, zeigte sich rasch. Als echter Manager fand er, dass er ein drahtloses Telefon benötigte, um jederzeit auf dem großen Terrain des Klosters erreichbar zu sein. Er fragte mich, ob ich ihm aus den Niederlanden eines mitbringen könne.

Ich bat meinen damaligen Verlobten, einen seiner vielen Apparate zur Verfügung zu stellen. Es war eines der ersten Modelle, und das Ding hatte sicherlich tausend Gulden gekostet. Der Lama war sehr glücklich damit. Er bekam den Apparat allerdings nicht gleich in Gang, so hoch oben im Himalajagebirge, und ich reiste schon wieder ab, bevor es ihm geglückt war.

Bei meinem nächsten Besuch fragte ich ihn danach.

»Den habe ich verkauft«, sagte er mit breitem Grinsen, »an einen Bankdirektor in Mussoorie.«

»Ich hoffe, dass Sie wenigstens einen guten Preis dafür gekriegt haben«, erwiderte ich säuerlich.

»Ja, zehn Dollar, obwohl er nicht mal funktionierte«, sagte der Lama stolz.

Das hielt sich noch im Rahmen. Schockierter war ich, als er mich eines Tages fragte, ob ich Dollars wechseln wolle. Der Lama hatte sich auf den Schwarzmarkt begeben.

»Aber Lama«, sagte ich sehr naiv, »das bringt doch *schlechtes Karma*?«

»No bad karma, good profit!«, lautete seine Antwort.

Ich wusste also nicht genau, warum ich mir so viel Zeit damit gelassen hatte, Sai Babas Ashram zu besuchen, während ich jeden Lama, jeden Yogi, jeden Mönch, von dem ich annahm, dass er etwas zu erzählen hätte, aufgesucht hatte.

Wie dem auch sei, wir erreichten den Ashram gerade noch rechtzeitig, um dem Darshan beizuwohnen. Meine Reisegenossin bat mich, ohne einzuchecken, mein Gepäck in einem Appartement abzustellen und gab mir den Auftrag, mich blitzschnell zu erfrischen und umzukleiden.

Ich war wie immer ein bisschen dösig von der Reise im übervollen Bus über die staubigen, holprigen und belebten Straßen Indiens und betrat, ohne zur Ruhe gekommen zu sein, und gänzlich ohne jede Erwartung den Tempel.

Sofort war ich tief beeindruckt. Ich hatte noch nie einen so großen Ashram gesehen, wo sich so viele Menschen versammelt hatten, obwohl ich in einer Menge Ashrams gewesen war. Ich hatte noch nie einen so großen, schönen Tempel gesehen. Ich hatte noch niemals so viel Hingabe um mich her gesehen und gefühlt.

Ich sah in die Gesichter der Menschen, die mich umgaben, Gesichter nur von Frauen. Jedes von ihnen trug einen begehrlichen, sehnsüchtigen und zugleich devoten Ausdruck. Einige Frauen waren tief in Meditation oder Gebet versunken, andere lasen oder sprachen leise miteinander, wieder andere weinten.

Eine erwartungsvolle Atmosphäre durchzog den Tempel. Jeder erwartete die Ankunft des Meisters. Ich saß absichtlich ganz hinten, gegen eine Mauer gelehnt, da ich keine Lust hatte, in der dicht aufeinander hockenden Menge zu sitzen.

Lange Zeit geschah nichts. Das Warten zog sich hin. Auf einmal erklang aus den Lautsprechern leise, klassische indische Musik. Die Spannung, die dadurch ausgelöst wurde, war jetzt beinahe körperlich spürbar. Alle Köpfe drehten sich nach rechts, wo sich Sai Babas Wohnräume befanden, die einen direkten Zugang zu einem Seiteneingang des Tempels gewährten. Diese Musik kündigte sein Kommen an.

Da ich so weit hinten saß und der Tempel so groß war, sah ich sekundenlang nichts. Plötzlich tauchte er in meinem Blickfeld auf. Ein kleiner, schöner, graziöser Mann mit großem schwarzem Haarbusch in langem, seidenem, orangerotem Gewand. Und, ich sagte es dir bereits, Vikram, der Mann geht nicht, er schwebt.

Es ist schwierig, zu beschreiben, was in diesem Augenblick mit mir geschah. Es war, als würde ich emporgehoben, als bekäme ich einen enormen Stoß feinstofflicher Energie verabreicht. Ich fühlte mich wie auf dem elektrischen Stuhl, aber auf eine sehr angenehme Art. Ich konnte mich nicht mehr bewegen. Ich konnte meinen Blick nicht mehr von ihm abwenden.

Tränen strömten aus meinen Augen, und ich spürte ein Glücksgefühl, tiefer und stärker als ich es je zuvor erfahren hatte. Es war ein Gefühl, das nichts mit gewöhnlichen Glückszuständen zu tun hatte. Jene waren immer an etwas gebunden: eine Situation, eine Person, einen Ort. Dieses Glücksgefühl aber schien frei von allem und spontan in mir aufzusteigen. Es hatte auch etwas anderes zur Folge als die üblichen Glückserfahrungen. Es machte mich frei, vollkommen frei. Ich war an nichts mehr gebunden, nichts war mehr von Bedeutung.

Alles war in freundliches Tageslicht getaucht, alles und jeder von Glanz umgeben, von einer besonderen Schönheit. Ich hatte auch das Gefühl, dass das Geschehen an sich wenig mit Sai Baba zu tun hatte. Ich erkannte, dass dieser Zustand letztlich nur eine meiner Möglichkeiten war, zu sein. Doch nicht irgendeine beliebige Möglichkeit. Ich war auf eine Schicht in mir selbst gestoßen, die mir realer erschien als alle anderen Schichten zusammengenommen. Alle anderen Schichten schienen diese Schicht einzuengen und zu beschmutzen.

Es hatte nichts mit Erregung oder einem innerlichen Jauchzen zu tun. Es war eine sehr stille, sehr friedliche, sehr heitere und tief empfundene Art von Glück.

Vierzehn lange Tage war ich nonstop glücklich, wie noch nie in meinem Leben. Ein absoluter Rekord, den ich seither nicht mehr gebrochen habe. Manchmal bin ich beim Zusammensein mit dir ganz in der Nähe, doch das geschieht nur kurz und sporadisch. Das, was ich dort im Ashram erfuhr, ist das Gefühl vollendeter Liebe. Nicht auf eine Person, sondern auf das All bezogen. Es ist ein Zustand, von dem du weißt, dass er möglich ist, und nach dem du dich bewusst oder unbewusst ständig sehnst.

Das Wissen um dieses Gefühl lässt den Alltag manchmal so elend begrenzt erscheinen. Gefühl ist eigentlich das falsche Wort. Seinszustand ist eine bessere Bezeichnung.

Vielleicht fragst du dich, wie ich dazu komme, zu behaupten, dass dieser Zustand eine realere Form des Seins ist als alle anderen Formen?

Er scheint realer, da die »normalen« Seinsformen irreal erscheinen. Zufälliger, flüchtiger, inhaltslos, beinahe bedeutungslos. Sie können alles beinhalten. Während die andere Form allein so und nicht anders sein kann. Höchstens tiefer oder stärker. Die herkömmliche Form erscheint dann als schwacher Abklatsch, nahezu eine Verformung. *Maya* würde deine philosophische Tradition sagen.

Eine solche Erfahrung gibt dir das Gefühl einer enormen Kraft, von der du weißt, dass sie in dir wohnt, und die dadurch real wird. Ich weiß auch, dass dies Gott ist. Zumindest sein Anfang.

Die Philosophie des Ostens hat dies alles prächtig kartographiert. Das Bewusstsein oder der Geist umfasst viele Schichten, und wir kennen durchweg nur die äußerste. Die unruhige, rumorige, tumultuöse und chaotische Schicht, in der wir uns nahezu immer befinden. Die Schicht, die nicht besonders glücklich macht.

Nur dann und wann ist die andere Schicht fühlbar, beispielsweise wenn wir uns konzentrieren. Allerdings halten wir uns sehr selten in der wohltätigen Stille auf, in die ein echter Guru uns versetzen kann oder die man unter anderem während der Meditation erreichen kann.

Die wohl tuende Stille ist der Beginn Gottes. Man kann tiefer und tiefer gehen, und in jeder tieferen Phase erscheint die Welt in einem anderen Licht. Immer deutlicher, immer klarer.

Viele Menschen haben probiert, diese Erfahrung in Worte umzusetzen, jeder gemäß seinem eigenen Temperament und mit seinem persönlichen Hintergrund. Doch die Hindus haben dies am prägnantesten getan und sich am weitesten vorgewagt.

Darin ist deine Kultur unübertroffen, Vikram.

Geht man tief genug, hat der Geist die Materie nicht mehr nötig. Dann ist man Gott. Aber auch das ist nur eine Phase, allerdings – der Überlieferung zufolge – eine gefährliche, denn es ist so angenehm, Gott zu sein, dass man aufhört zu streben. Man bleibt stecken. Tatsächlich kann man immer tiefer gehen, das Bewusstsein kann immer noch umspannender werden. Es ist unendlich. Mehr als göttlich.

Das war nichts Neues für mich. Es war die Erkenntnis von etwas, dem ich bereits früher begegnet war, allein dauerte es jetzt viel länger, war es stärker geworden. Dieses Wissen, dieses Gefühl war für mich damals der Auslöser gewesen, nach Wahrheit und Weisheit zu suchen. Ich hatte es in jungen Jahren erfahren und war ihm später in Ashrams und bei buddhistischen Retreats wieder begegnet. Ich weiß auch, dass nahezu jeder diese Augenblicke kennt und sich bewusst oder unbewusst danach zurücksehnt. Und in diesem Sinne nach Gott verlangt.

Ich hatte jetzt die Zeit, dieses Glück, diese Stille und seine Folgen für mein Handeln in der Außenwelt gut zu beobachten. Sai Baba hatte mir wahrscheinlich *Shaktis Pfad* gegeben: So lautet der gängige Ausdruck dafür. Ein echter Guru kann einen in diese Stille versetzen und einen dieses Glück erfahren lassen.

Die gesamte Hindutradition zeugt von diesem Vermögen des Gurus. Ich wusste es aus meinen Büchern. Einige Menschen haben unter bestimmten Umständen die Kraft, einen normalen Sterblichen wie mich sein tieferes Selbst, seine wahre Art, seinen Ursprung und sein Wesen erfahren zu lassen. Dieses Energiemeer oder wie auch immer man es nennen will. Etwas unendlich Angenehmes jedenfalls. Einfach dadurch, dass er die Hindernisse beiseite räumt, die dafür sorgen, dass man es aus eigener Kraft nicht erreicht.

Davon handeln alle Lehrer-Schüler-Verbindungen. Davon handeln alle Religionen.

Das ist es, was die Menschen dorthin bringt. Das ist ihre Hoffnung. Das ist auch die Macht des Übermenschen. Er kann es ihnen deutlich machen. Das ist das Wunder, das nicht wirklich ein Wunder, sondern unser Geburtsrecht ist. So entstehen Religionen, und so entsteht die Vorstellung von Gott.

Im Laufe dieser zwei Wochen wurde mir auch deutlicher, wieso dies alles häufig so schlecht interpretiert und verstanden wird. Warum Religionen ins Leere laufen, ja laufen *müssen* mit allen fatalen Folgen. Thomas von Aquin hat einmal gesagt, dass das Verderben des Besten das Schlechteste sei. Wenn dies auf etwas zutrifft, so sicherlich auf Religionen. Das Intimste, Eigenste, Ursprünglichste und Persönlichste wird auf einen Nenner gebracht, und sofort tritt die Korruption auf den Plan.

»Das Tao, worüber man sprechen kann, ist nicht das wahre Tao.« So beginnt das berühmte *Tao Te King* von Laotse. Das hat er gut beobachtet, der alte, weise Chinese. Dennoch spricht er darüber im ganzen Buch. Das ewige Dilemma, das nicht zu umgehen ist.

Doch gesetzt den Fall, es gäbe überhaupt keine Religionen, um dieses Phänomen zu kartographieren? Dann fiele eine solche Erfahrung in ein Vakuum. Dann würde es nicht begriffen. Ist es dann überhaupt nötig, könnte man weiter fragen?

Wenn eine solche Erfahrung in ein Vakuum fiele, käme man auch nicht auf die Idee, sie bewusst anzustreben und zu kultivieren. Es gehört nun einmal zum Menschen, dass er verstehen will.

Aber ich sah, was Menschen damit taten, wie sie damit umsprangen. Ich sah auch, dass Sai Baba daran im Grunde nicht viel verändern konnte. So weit reichte seine Macht nicht, leider.

Was ich sah, war erstaunlich, Vikram, und ich hatte das Gefühl, das Entstehen einer neuen Religion miterleben zu dürfen. Sie manifestierte sich unter meinem Blick. Ich sah die Verwirrung, den Betrug, die Scheinheiligkeit, aber auch die Schönheit, das Gute und Wahre. Ich gewann den Eindruck, dass mir ein Blick auf das Mysterium einer Religion gegönnt wurde, Gottes Mysterium, das Mysterium des menschlichen Herzens und des menschlichen Geistes. Ich fühlte mich privilegiert.

Genau wie Anne bekam ich gleichsam ein Teleskop auf mein Wahrnehmungsvermögen gedrückt, und das hat mir mehr Dinge deutlich gemacht als all die zurückliegenden Jahre Forschung. Alles war so klar und zu gleicher Zeit so schwierig in Worte zu fassen. Vielleicht kann ich es dir erklären. Oft genügt eine Andeutung. Auf der anderen Seite begreifen auch sehr wenige Hindus ihre eigenen Erfahrungen. Sie leben sie einfach.

Zwei Wochen im Himmel, wie gestaltet sich das auf Erden? Gut, das Leben ging weiter seinen Gang, mit dem einzigen Unterschied, dass ich ständig glücklich war, dass ich unangreifbar war. An nichts mehr haftete. Vollkommen frei. Ich brauchte nichts mehr. Nicht einmal Essen oder Schlaf.

Nichts berührte mich mehr, keine einzige Unannehmlichkeit stellte ein Hindernis dar, keine Ungerechtigkeit konnte mich aus meinem Gleichgewicht bringen. Irritationen existierten nicht mehr, obwohl den ganzen Tag über zahllose Dinge mich hätten ärgern können. Das lange Warten zum Beispiel. Oder das nahezu unwirsche Verhalten einiger Mitarbeiter. Die Hitze, der Staub und der Schmutz. Das hysterische Verhalten einiger Schüler. Oder die vielen hundert Ameisen auf meiner Matratze. Und dergleichen mehr.

Alles erschien in einer Klarheit, die unbefleckt von den Gemütszuständen war, in denen wir uns normalerweise befinden. Ich war nicht einmal überrascht. Ich stand einfach da und schaute es mir an.

Nach Beendigung meines ersten Darshans entschwebte auch ich dem Tempel, direkt in mein Zimmer, das ich, wie sich herausstellte, mit einer bildschönen, noch jungen Isländerin teilte.

Hedda, einst erfolgreiche Geschäftsfrau, Mutter zweier Kinder, geschieden von einem langweiligen Mann, der absolut nichts von ihrem Wesen begriff, lebte bereits fünf Jahre ununterbrochen im Ashram. Sie war enorm glücklich, das erkannte ich augenblicklich. Ich habe selten jemanden mit einem dermaßen schönen, klaren und zugleich funkelnden Blick gesehen.

Sie sprach nicht viel, nur das Allernotwendigste, nichtsdestotrotz war sie besonders freundlich und hilfsbereit. Große Abschnitte des Tages verbrachte sie meditierend, und ich sah, dass sie darin große Höhen erreichte. Ich sah es an dem ekstatischen Ausdruck, der auf ihrem Gesicht erschien. Ich sah es an ihrer Atmung, die beinahe zum Erliegen kam. Ich sah es an ihrem Körper, der sich rhythmisch hin- und herbewegte, und ich sah es am Blick ihrer tiefblauen Augen, wenn sie die Meditation wieder verließ.

Sie hatte sich dann sehr weit von der Welt und den normalen Verstandesdingen entfernt. Sie hatte sich in einer Welt befunden, in der andere Gesetze herrschten. Einer Umgebung, in der alles deutlicher ist als in der Welt, in der wir unser tägliches Leben verschleißen.

Hedda hielt sich nahezu ununterbrochen in dieser anderen Welt auf. Sie war immer ruhig und gelassen, selbst inmitten größter Unannehmlichkeiten. Stets aufs Neue musste sie ihren beschränkten Raum mit Fremden teilen. Hedda blieb freundlich und hilfsbereit. Sie aß und schlief sehr wenig, war aber niemals irritiert oder gelangweilt. Ein normaler Mensch hätte diesen monotonen Rhythmus, diese primitiven Verhältnisse bei Temperaturen, die für eine Isländerin doch eher drückend zu nennen waren, keinen Monat durchgehalten.

Sie spielte kein Theater. Ich habe mich oft genug unter Gläubigen bewegt, um einen echten von einem unechten unterscheiden zu können. Durch ihre Anwesenheit erkannte ich, dass eine gewisse Anzahl von Menschen durch diesen seltsamen Mann tief inspiriert wurden. Das waren die echten Auserwählten.

Noch nie hatte Hedda in diesen fünf Jahren, so wie andere Schüler, einen Goldring mit Diamanten von Sai Baba erhalten. Selbst zu einem persönlichen Gespräch war sie niemals eingeladen worden. Er hatte ihr das kostbarste Geschenk, das absolut größte Wunder, zuteil werden lassen: nicht nur einen flüchtigen Blick ins Paradies, sondern ein beinahe fortwährendes Verweilen im Paradies auf Erden.

Bietet nicht jede Religion diese Möglichkeit? Gibt es nicht überall Menschen, die aus dem Gebotenen schöpfen können? Und ist es nicht in jeder Religion so, dass das Gros der Gläubigen an der Oberfläche treibend bleiben muss?

Hedda hatte tatsächlich nur eine Sorge, eine Angst: weggeholt zu werden von ihrem Meister, ihrem Geliebten, konnte man beinahe sagen. Sie hatte ihn auch buchstäblich immer bei sich, in Form eines Fotos. An dessen Seite schlief sie, aß sie, meditierte und tat sie alles.

Sie wusste, sie fürchtete, dass ihr Geliebter diesen Abschied für sie in petto hatte. Eines Tages würde sie nach Island zurückgehen müssen. Weil er das so wollte.

Obwohl sie noch nie ein Wort mit Sai Baba gewechselt hatte, behauptete sie doch, in einem lebendigen Gespräch mit ihm zu sein, beinahe auf dieselbe Art, auf die man gewöhnlich mit jemandem kommuniziert. Er gab ihr Ratschläge, Aufträge, Empfehlungen. Er war ihr Guru, ihr Freund, ihr Vater, ihre Mutter, ihr Geliebter, ihr Alles.

Wie einfach wäre es, dieses Leben als possierlich, lächerlich oder sinnlos abzutun. Sie lebte schon fünf Jahre an demselben Ort in demselben primitiven Zimmer. Sie tat nichts weiter als essen, schlafen, meditieren und zu dem Krauskopf gehen und weiterhin nichts, was von Nutzen zu sein schien. Aber sie war glückselig. Wie viele Menschen können von sich sagen, dass sie ein glückseliges Leben führen?

Außerdem war sie weise, davon zeugten die wenigen Worte, die sie sprach. Und sie würde wahrscheinlich immer weiser werden. Sollte sie den Ashram jemals verlassen, dann würden auch andere Menschen von dieser Weisheit kosten können.

Ja, ich hielt Hedda für einen wunderbaren Menschen, und es wäre mir niemals eingefallen, sie zu kritisieren, wie bizarr ihr Leben von außen betrachtet auch aussah.

Menschen wie Hedda bildeten im Ashram Sai Babas eine Minderheit. Die Mehrzahl der Schüler ließ sich von einem vagen religiösen Gefühl leiten, dem sie häufig auf ziemlich abstoßende Weise Ausdruck verliehen. Wäre ich nicht so glücklich gewesen, wäre ich schreiend weggelaufen. Nun beobachtete ich es lediglich und registrierte es.

Warum ist das Böse immer so viel sichtbarer als das Gute, Vikram, weißt du das? Und warum ist das Böse beinahe immer dumm und abstoßend? Oder ist das einfach dasselbe? Alles läuft immer auf die Befriedigung einiger grundlegender Bedürfnisse hinaus. Dies wurde auch im Ashram wieder einmal überdeutlich zur Schau getragen.

Trotzdem war ich gern unter den Menschen, mochte es, ihnen zuzuhören und sie zu beobachten. Darum ging ich häufig in die kleinen Teehäuser außerhalb der Pforten des Ashrams. Dort folgte ich ihren Gesprächen und begriff, warum immer so viel schief geht in Religionen und warum das unvermeidlich ist.

Für all diese Menschen war Sai Baba absolut gleichzusetzen mit Gott, allwissend, allmächtig, sich um alles kümmernd, insbesondere natürlich um sie. Kippte eine Tasse Tee um, dann geschah das, weil er es so wollte. Zufall, eine eigene Meinung, eine eigene Einsicht schien es nicht mehr zu geben. Sai Baba hatte die ganze Welt in seiner Macht, und wir standen dem hilflos gegenüber.

Es ist nicht einfach, über Sai Babas Status Deutlichkeit zu gewinnen. Die Inder bezeichnen ihn als einen *avatar*. Damit meinen sie tatsächlich einen Gott, der auf die Erde gekommen ist, um den *dharma* wieder instand zu setzen. Es bleibt schwierig, den Begriff Dharma zu übersetzen. Manchmal wird er mit Gerechtigkeit übersetzt. Die Buddhisten übersetzen ihn mit »die Lehre«. Im Allgemeinen bedeutet er: so, wie die Dinge sein müssen.

Wie dem auch sei, in Indien gibt es viele Arten von Heiligen. Es gibt Menschen, die durch Hingabe und Disziplin einen bestimmten Grad von Heiligkeit erreichen. Es gibt Menschen, die, so könnte man sagen, zufällig da hineingeraten, und es gibt Menschen, die bereits so geboren werden. Sai Baba gehört, seinen Jüngern zufolge, zur letzten Kategorie.

Dass er ein charismatischer Mann mit sehr, sehr viel Macht ist, stand für mich fest. Bereits die Tatsache, dass jemand an einem entlegenen Ort in Indien so etwas wie dieses Tal kreieren konnte, war doch allein schon wunderbar. Und gemahnt es nicht an ein Wunder, dass ein so einfacher Mann, der das Dorf, in dem er geboren worden war, kaum verlassen hatte, der nicht einmal gut englisch sprach, es verstand, so viele Menschen aus allen Teilen der Welt anzuziehen und an sich zu binden?

Er war auch deutlich ein Mann mit einem Plan. Sai Baba wollte die Welt reformieren und hatte dafür so seine Strategien. Zielbewusst war er und auf wundersame Weise erfolgreich.

Es hängt ganz davon ab, was man unter einem Gott versteht. Das Christentum hat uns westliche Menschen mit einem ziemlich eingeschränkten Gottesbild belastet. Früher, bei den Ägyptern, den Griechen und Römern war auf diesem Gebiet mehr möglich, doch überlebt hat nur der Gott des Christentums. Gottvater.

Indien hat dreihundert Millionen Götter oder dreißig Millionen, niemand weiß es. Warum soll Sai Baba dann kein Gott sein?

Die Tatsache, dass Sai Baba ein Gott genannt wird, ruft unter christlichen Gläubigen und Nichtgläubigen häufig heftige Emotionen hervor. Ein lebender Gott, den kann und darf es bei uns eigentlich nicht geben.

Aber wenn ein Gott ein mit wunderbarer Macht ausgestattetes Wesen ist, dann ist Sai Baba sicherlich ein Gott. Man brauchte sich in seinem Tempel nur umzuschauen, um zu sehen, dass es sich hier nicht um einen gewöhnlichen Menschen handelte. Und dabei lasse ich die so genannten »echten Wunder« noch ganz außer Betracht.

Auch kann man sehen, dass es ihm zumindest ein Anliegen ist, seine Kraft positiv einzusetzen. Er baut Schulen, Krankenhäuser, Bewässerungssysteme und dergleichen mehr. Von wie vielen Menschen mit so viel Macht kann das gesagt werden?

Nein, ich habe kein Problem damit, dass sie ihn Gott nennen. Gerade im Osten habe ich gesehen, dass auch ein Gott seine kleinen menschlichen Eigenheiten behält und demzufolge begrenzt bleibt. Selbst Tiere können Götter sein. Das hat mich in deiner Tradition immer besonders angesprochen. Nietzsche sprach vom *Übermenschen*, ohne dass wirklich deutlich wurde, was er nun genau damit meinte. In jedem Fall ein Mensch, der über seine Mitmenschen erhoben war. Ein Mensch, der auf Basis seiner eigenen Gesetze lebte.

Sollte Nietzsche vermutet haben, dass so etwas tatsächlich möglich ist? Sollte er sich heimlich gewünscht haben, so ein

*Übermensch* zu sein? Oder schlimmer, sollte er sich selbst als *Übermenschen* angesehen haben? Sollte er so frustriert und böse auf Gott gewesen sein, da er irgendwo tief in seinem Innern wusste, dass auch er ein Gott hätte sein können?

Hätte er ein Yogi werden können, wäre er im Himalaja geboren? Vielleicht wäre Nietzsche dann gar ein Anhänger Shivas geworden. »Ein Gott, der zu tanzen versteht.« Oder ein Sadhu. Er wäre auf jeden Fall glücklicher gewesen als in Deutschland, das weiß ich genau.

Vielleicht war Nietzsche gar zu Recht böse auf das herrschende Gottesbild. Und auf die dazugehörige Moral natürlich. Vor allem auf die Moral, die das christliche Gottesbild hervorgebracht hat. Aber es ist ihm, denke ich, doch nicht geglückt, die Moral durch eine bessere, eine, die funktionierte, zu ersetzen. Er hat das Kind mit dem Bade ausgeschüttet.

Vor allen Dingen projizieren die westlichen Gläubigen auf Sai Baba die Vorstellung eines absoluten Gottes, da im Christentum Gott absolut ist, genau wie in den anderen monotheistischen Religionen, dem Islam und dem Judentum. Die kämpfen, bis sie am Boden liegen, um ihren einen Gott zu verteidigen. Einen unheimlich eifersüchtigen Gott. Man darf nur an Ihn glauben.

Natürlich kann man auch das Absolute Gott nennen, doch dann hat man ein Problem. Das stiftet Verwirrung. In der östlichen Philosophie, aber auch in den Schriften einiger westlicher Philosophen wie Meister Eckhart wird unterschieden zwischen Gott und dem, was Gott übersteigt: das Absolute. Die christliche Lehre kennt diese Unterscheidung nicht. Gott ist hier das Absolute.

Oft handelt es sich um rein sprachliche Probleme, doch Sai Baba selbst ist kein sprachliches Problem. Er bleibt ein Rätsel, vor allen Dingen für den westlichen Geist.

Allerdings kennt das Christentum auch die Möglichkeit einer

Ausbildung zum Gott nicht. Wohl hatten wir unsere Heiligen, die Wunder verrichteten, doch die durften unter keinerlei Umständen Gott genannt werden. Wir hatten ja doch nur den einen Gott?

In deiner Tradition gibt es nicht nur Millionen Götter, eure Philosophie gibt auch explizite Anweisungen, wie man einer werden kann. Sri Aurobindo, Patanjali, aber auch Sai Baba, sie alle tun es. Jeder auf seine eigene Art, doch das Ziel ist überall dasselbe: die Erleuchtung. Der total zum Stillstand gekommene Geist, das unendliche Bewusstsein. *Satcitananda*: das unendliche Glück. Bei uns wurden solche Menschen nicht selten auf den Scheiterhaufen gestellt.

Und dass die Anweisungen wirksam sind, beweist die Tradition. Es gab zahllose Sai Babas, die ganze, lange Geschichte hindurch. Das ist die Kraft, aber auch die Schwäche Indiens: Seine kostbarste Frucht ist zu gleicher Zeit die unbegreiflichste und ungreifbarste. Hierin ist deine Kultur groß, Vikram, sie hat die Tradition bis auf den heutigen Tag lebendig erhalten.

Bei Sai Baba begriff ich, wie es sich anfühlen könnte, ein *Übermensch* zu sein. Zwei Wochen lang konnte ich es erfahren. Ich begriff auch, dass es möglich sein musste, dieses Gefühl nicht nur festzuhalten, sondern auch unendlich auszubreiten. Und dass es lediglich ein schwacher Abglanz des tatsächlichen Potenzials war. Aber es war göttlich, in beiden Bedeutungen des Wortes.

Es ließ mich alle meine Sorgen vergessen. Ich hatte meine Mitmenschen auf eine ganz spontane Weise lieb. Ich war so glücklich, dass ich nichts mehr brauchte. Ich lief den ganzen Tag mit demselben Grinsen auf meinem Gesicht herum, das ich bei anderen Menschen am liebsten heruntergerissen hätte, weil es so unecht aussieht.

Ein Teil meines Glücks bestand darin, endlich die Genugtuung meiner alten Überzeugung zu schmecken, dass dies tatsächlich möglich ist. Dass in dieser Hinsicht Gott, das Göttliche, existiert. Dass es dies ist, warum ich lebe.

Ich begriff nun auch, warum Tränen in meine Augen gestiegen waren, als ich früher einmal las, was Einstein darüber gesagt hat:

*Die schönste Erfahrung, die uns zuteil werden kann, ist die mystische. Aus ihr entsteht alle echte Kunst und Wissenschaft. Der, der diese Erfahrung nicht kennt, ist so gut wie tot. Das, was für uns unerreichbar scheint, besteht wirklich und manifestiert sich als die höchste Weisheit und die meist strahlende Schönheit, die abgestumpfte Gemüter allein in ihren primitivsten Formen fassen können. Diese Kenntnis, dieses Gefühl, ist das Zentrum aller wahren Religiosität. In dieser Hinsicht und allein in dieser gehöre ich zur Gruppe zutiefst religiöser Menschen.*

Diesen Ausspruch habe ich häufig in meinen Kursen zitiert, um Religion einmal aus einer ganz anderen Ecke anzugehen. Gerade weil dieser Mann nichts mit Religionen zu tun hat und weil er bei jedermann einen geradezu heiligen Respekt auslöst: Wenn Einstein so etwas sagt, muss es wohl wahr sein.

Auch fühlte ich mich durch diese Aussage gestärkt und stärkte andere Menschen damit, die, genau wie ich, zuweilen verzweifelten in einer Gesellschaft, die dies nicht nur bestreitet, sondern sogar oft als anrüchig oder lächerlich hinstellt.

So hatte ich doch noch eine Aufgabe in einer Umgebung, die mich weiterhin im besten Falle als Exzentrikerin betrachtete.

Aber Blut ist dicker als Wasser. Auch in uns. Es scheint, als könne man diesem Urwissen, dieser tief verwurzelten Erkenntnis, um keinen Preis den Garaus machen. Überall wird wieder nach dieser Essenz gesucht, die tatsächlich unser Geburtsrecht ist.

Unser Gottesbild ist jedoch so pervertiert, dass viele Menschen nicht mehr damit umgehen können. Die Verwirrung ist groß. Und dass Erkenntnis so viele unterschiedliche Formen und Gestalten annehmen kann, macht die Verwirrung noch größer. Die christlichen Pfarrer bewirken in ihrem Nachbeten der Bibel auch nicht mehr viel. Denn diese wird, genau wie Sai Baba, zu oft in einem absolutistischen Sinn interpretiert, während sie größtenteils lediglich eine mythische Darstellung dieses Urwissens ist.

Doch es gibt auch noch ein aufrechtes Suchen, ein aufrechtes Nachfragen, ein aufrechtes Probieren. Ich habe den Mut noch nicht aufgegeben. Ich bin Sai Baba ewig dankbar für diese Erfahrung. Zur Not gehe ich vor ihm auf die Knie, wie vor einem Gott. Danke, Sai!

Die Frage nach dem Status Sai Babas ist eigentlich irrelevant. Er ist ein Mann, der einem diese Art Erfahrungen geben kann, und es ist wichtig, dass es noch Menschen wie ihn gibt. Sie werden immer da sein, denn wir fragen danach. Nochmals, er ist auf alle Fälle kein Gott in dem Sinn, dass er so allmächtig wäre, Verwirrung, Heuchelei, Betrug oder Scheinheiligkeit zu verhindern. Genauso wenig wie Jesus von Nazareth das konnte. Leider scheint kein einziger Gott das zu können.

Wie viel Macht er besitzt, weiß er allein, und das soll zu allen Zeiten auch nur er wissen. Er achtet schon darauf, es in die Welt zu posaunen.

Ich machte mich gelegentlich lustig über die Macht, die seine Anhänger ihm zuschrieben. Dadurch wurde ich natürlich als respektlose Heiligenschänderin angesehen. Das ließ mich wieder an die *Yoga Sutras* von Patanjali denken, worin eine meisterhafte Definition dessen, was Ehrerbietung vor Gott meint, zu finden ist. Sie zeugt von tiefer Einsicht in die Komplexität des menschlichen Geistes: »Ehrerbietung vor Gott ist, wenn die Erinnerung an Gott glücklich macht. Dieses Glücklichsein ist die wahre Ehrerbietung.«

Aber auch ich habe Sai Baba ein *echtes* Wunder tun sehen, Vikram. Ich weiß, dass viele seiner Wunder als Zaubertricks oder Bauernfängerei abgetan werden, doch ich weiß, was ich gesehen habe, und ich zweifelte keinen Augenblick.

Vielleicht beginnst du jetzt wirklich an mir zu zweifeln. Aber ich glaube es nicht nur, weil ich es selbst aus nächster Nähe sah, sondern auch, weil es ein so kleines, so unbedeutendes Wunder war, das lediglich von ein paar Menschen bemerkt wurde.

Es geschah, als meine Reihe als zweite in den Tempel durfte. So saß ich also vorn, direkt hinter der heiß begehrten ersten Reihe. Vor mir saß eine Mutter mit einem kleinen Kind. Als Sai Baba endlich den Tempel betrat, hielt sie es nach vorn, um es von Sai Baba segnen zu lassen. Sai Baba schwebte in der Tat auf sie zu und hielt seine Hand über den Kopf des Kindes.

Da ich direkt hinter der Mutter saß, konnte ich sehr gut sehen, was geschah. Sai Baba hielt Hand und Arm horizontal über den Kopf des Kindes, und plötzlich kamen eine Art Blumen aus seiner Handfläche. Ein Zittern ging durch die Anwesenden, die es sahen. Auch durch mich. Vor Entsetzen hielt ich meinen Atem an.

Es war etwas so Kleines, unbedeutend und schockierend zugleich. Es war, als hätte ich einen schmerzlosen Schlag mit einem großen Vorschlaghammer erhalten. Ich war betäubt und erschüttert.

Die Szene blieb mir den ganzen Tag vor Augen. Ich weiß, dass gesagt wird, er zaubere Dinge zum Vorschein, die er in seinem Ärmel verborgen hält, aber ich sah wirklich, was ich sah. Außerdem glaube ich nicht, dass ich durch einen Zaubertrick so geschockt gewesen wäre. Nicht auf diese Weise.

Vielleicht ist im Ashram Sai Babas noch ein anderes Wunder geschehen, Vikram, aber das weiß ich nicht gewiss. In einem bestimmten Moment fand ich heraus, dass direkt vor dem Ashram ein so genannter »Wunsch erfüllender Baum« steht.

Die Geschichte macht die Runde, dass Sai Baba als Kind dort spielte, zusammen mit anderen Kindern aus dem Dorf. Er fragte seine Kameraden, worauf sie Lust hätten. Worauf einer ihn um eine Banane bat, die er aus dem Baum pflückte. Ein anderer bat um einen Apfel, und auch den pflückte er aus demselben Baum und so weiter.

Man sagt, er habe früh mit seinen Wundern angefangen. Aber mir ist aufgefallen, dass die Inder Meister darin sind, Menschen wie Sai Baba bereits bei der Empfängnis als mit wunderbaren Fähigkeiten begabt zu schildern.

Wie dem auch sei, seither ist dieser Baum als »Wunsch erfüllender Baum« bekannt. Wenn man sich darunter setzt und einen Herzenswunsch ausspricht, dann, so heißt es, gehe dieser in Erfüllung.

Solche Erzählungen sprechen meine Fantasie immer sehr an, und so ging ich zu dem Baum. Ich hatte mir zuvor nichts überlegt, was ich mir wünschen sollte. Ich hatte vor, mich einfach darunter zu setzen und dann zu schauen, was mein Lieblingswunsch war. Ich konnte mir natürlich wünschen, immer so glücklich zu bleiben, wie ich das in diesem Augenblick war, aber ich wusste, dass dies ein Ende nehmen würde.

Während ich also unter dem Baum saß, konzentrierte ich mich darauf, herauszufinden, was ich nun wirklich am liebsten haben wollte. Meinen geheimsten Wunsch. Ich wusste es nicht genau. Ich wusste, dass ich oft nichts zu wollen hatte. Ich habe mir beispielsweise lange Zeit sehr stark Kinder gewünscht, aber ich habe sie nicht bekommen.

Als ich mich auf meinen Herzenswunsch konzentrierte, wurde mir klar, dass ich doch am liebsten einen Geliebten gehabt hätte. Einen, wie ich ihn mir immer vorgestellt habe und wie ich ihm doch niemals begegnet bin. Jemanden, mit dem ich mein Leben teilen konnte.

Ich hatte zahllose Beziehungen gehabt, zahllose Liebhaber, aber nie für lange. Ich dachte, dass ich mich inzwischen damit abgefunden hätte, dass es mir nicht bestimmt war. Ich war sowieso stark ins Zweifeln gekommen, was die Liebe zwischen Mann und Frau betraf, so wenig gute Beispiele fand ich davon in meiner unmittelbaren Umgebung.

Ich werde später noch ausführlicher auf mein Liebesleben zurückkommen, Vikram, da du so oft danach fragst.

Das mögliche Wunder ist, dass ich genau ein Jahr später dir vorgestellt wurde und dass wir uns ineinander verliebten. Wir sind noch immer ineinander verliebt, und was mich betrifft, bleiben wir es bis ans Ende aller Zeiten. Ich bin mir also nicht ganz sicher, ob der »Wunsch erfüllende Baum« etwas mit unserer Begegnung zu tun hat. Ich weiß nur, dass Gottes Wege wunderbar und unerforschlich sind.

# III

Meine Geschichte über Sai Baba ist noch nicht zu Ende, Vikram. Was dort im Ashram mit mir geschah, ist so wichtig, dass ich es dir einmal vollständig erzählen will, und dann schweige ich darüber. Amsterdam ist kein Umfeld für solche Erzählungen, ich begriff also sehr gut, warum Anne damals ausgerechnet mit mir Kontakt suchte. Ich begriff auch, warum Anne nicht zum Glauben übergetreten war oder Mitglied in einer der Sai-Baba-Gemeinden wurde, wovon Amsterdam ebenfalls ein paar vorzuweisen hat. Faktisch ist auch da kein Raum für unsere Geschichten.

Ich habe nach meiner Rückkehr nach Amsterdam zusammen mit Anne doch einmal eine dieser Gemeinden aufgesucht, irgendwo in Amsterdam-Süd. Ich sehe uns noch durch den Regen radeln, Anne rittlings auf meinem Gepäckträger. Und ich sehe uns beide an diesem Sonntagnachmittag das ziemlich traurig aussehende Kirchlein betreten.

Im selben Augenblick, in dem wir die Schwelle überschritten, wussten wir, dass wir hier falsch waren. Es roch schon viel zu christlich. Es wurde eine total andere Sorte Weihrauch verbrannt als der schwer parfümierte Weihrauch, der in Indien üblich ist. Dort riecht es nach Blumen oder Sandelholz, wohingegen der christliche Weihrauch, ich habe kein anderes Wort dafür, »streng« riecht.

Der Geruch rief keine fröhlichen Erinnerungen in mir wach. Stattdessen Assoziationen an lange, öde Stunden gezwungenen Stillsitzens, an das Lauschen uninspirierter Geschichten, an Gefühle von Ärger über die mich umgebende Scheinheiligkeit. Verwunderung über das hohle Ritual, aus dem jede Beseeltheit entschwunden schien. Und den Augenblick herbeisehnend, in dem ich wieder hinausdurfte. Die harten Bänke, das Knien, Stehen und Sitzen: All das war ebenso unbequem wie unangenehm.

Das Einzige, was die Mühe des Kirchgangs lohnte, waren die Musik und das Licht. In Kirchen herrscht oft ein besonderer Lichteinfall, den ich als Kind stundenlang anstarren konnte. Er hatte etwas Geheimnisvolles, ließ unsere kleine Dorfkirche in beinahe mysteriöser Glut lodern.

In den Niederlanden, so nahe am Meer, ist das Licht ein sehr besonderes. Das fällt mir jedes Mal wieder neu auf, wenn ich aus Indien nach Amsterdam zurückkehre.

In Indien ist es immer umflort, außer in den Bergen. Zu viel Staub in der Luft. Bei uns ist es oft glasklar, und in mein Kirchlein schnitt das Licht an einem sonnigen Tag scharf wie ein Schwert hinein und schien auf ein paar Menschen. Leider immer auf der Männerseite – in meiner Jugend saßen selbst in den Niederlanden Frauen und Männer getrennt –, und ich war eifersüchtig auf diesen Platz. Ich wollte dort sitzen und mich in diesem Licht sonnen. Aber ich musste auf der Frauenseite sitzen, auf die das Sonnenlicht niemals schien.

Der Sai Baba geweihte Tempel in Amsterdam-Süd war auch klein. Die Atmosphäre fremd: eine christliche Kirche mit allem Drum und Dran, doch auf dem Platz, an dem gewöhnlich der Pfarrer steht, ein lebensgroßes Foto von Sai Baba in grellorangefarbenem Gewand, das von den gedämpften Farbtönen, die das Innere der Kirche kennzeichneten, schrill abstach. Nur einige wenige Menschen waren anwesend, und wieder waren Anne und ich unangenehm berührt von der gewissen Haltung, die uns schon im Ashram so gegen den Strich gegangen war.

Diese Haltung ist nicht einfach zu umschreiben, genauso wenig wie die Tatsache, dass wir sie so unerträglich fanden. Sie hat mit einer unaufrichtigen Begeisterung zu tun. Mit dem Versuch, etwas zur Schau zu tragen, das nicht da war. Mit Scheinheiligkeit.

Das ist das Schlimmste, Vikram. Es lässt dich nach dem schamlosen Schuft verlangen, der ungenierten Hure, dem Chaos, der Zerstörung, weil sie ehrlich sind und nichts verstecken.

Wir saßen die Zeremonie brav aus. Anne und ich versuchten sogar, die indischen Mantragesänge mitzusingen, die wir im Ashram gelernt hatten, aber es war einfach zu bizarr.

Sobald wir dazu Gelegenheit hatten, rannten wir, ohne zu verschnaufen, in die nächste Kneipe.

Wir versuchten zu verstehen, was mit uns los war. Waren wir nicht fromm genug? Hatten wir keine religiöse Ader? Waren wir undankbare, herzlose, viel zu intellektuell eingestellte Wesen?

Nach meinem Aufenthalt im Ashram Sai Babas, zurück in Amsterdam, hatte ich versucht fromm zu sein. Ich hatte einen kleinen Altar mit dem Foto Sai Babas aufgestellt, vor dem ich getreulich meditierte.

Während der ersten Tage, vielleicht sogar Wochen, blieb das innere Feuer, das ich aus dem Ashram mitgebracht hatte, noch präsent. So sehr, dass ich andere Leute damit ansteckte. Allein durch meine Briefe.

Doch im Lauf der Zeit verschwand die Euphorie, und ich befand mich wieder in der prosaischen Wirklichkeit Amsterdams. Da saß ich dann vor meinem kleinen Altar. Nichts geschah, ich fühlte nichts mehr. War ich zu ungeduldig? Ich fühlte keine Verehrung für Sai Baba. Wohl Dankbarkeit und Respekt, aber keine Ehrfurcht, genauso wenig wie Anne. Nein, wir waren sicherlich keine frommen Typen.

Merkwürdig ist nur, dass ich Anne eine Ansichtskarte mit dem Bild Sai Babas aus dem Ashram geschickt hatte, deren

Empfang sie in einen quasi schwebenden Zustand versetzt hatte. Er hatte ihr einen ganzen Tag lang ein erhebendes Gefühl gegeben, doch war sie nicht auf die Idee gekommen, einen Altar aufzubauen, mit einem Foto von ihm darauf.

Doch ich bin davon überzeugt, dass Frömmigkeit echt sein kann und dass sie in diesem Fall die Abkürzung zu dem ist, was ich das religiöse Bewusstsein nenne. Der Hinduismus äußert sich darüber klar und deutlich. Es ist eine Charaktereigenschaft, die nicht jeder mitbringt. Es gibt unterschiedliche Wege, und jeder muss den Weg wählen, der am besten zu seinem Charakter passt. Ich weiß bis zum heutigen Tag nicht genau, welcher Weg der meine ist. Vielleicht muss ich noch ein paar Leben hinter mich bringen, um es herauszufinden.

Jedenfalls bin ich noch zu sehr an mein weltliches Leben gebunden, um mich ganz und gar dem Spirituellen zu weihen. Ich empfinde noch zu viel Lust im und für das Leben, um ihm zu entsagen. Sicherlich mit dir zusammen, Vikram. Lust ist etwas Herrliches.

Ein buddhistischer Mönch sagte mir einmal, dass ich meine Leidenschaft in Mitgefühl umsetzen müsse. Ich habe lange darüber nachgedacht und mich gefragt, ob ich das wohl kann und ob es überhaupt notwendig ist. Ich hatte doch genügend Mitgefühl, ohne dass ich meine Passionen nun notwendigerweise über Bord werfen musste?

Ich hielt mich weiterhin an die Leidenschaft, ohne das Mitgefühl dabei aus dem Blickfeld zu verlieren, denn gerade aus ihr gewinne ich meine Lebensfreude. Ohne sie wird es mir zu grau, zu langweilig, zu leblos.

Anne und ich tranken in der Kneipe ein bisschen zu viel. Wir waren uns einig, dass Sai Babas Tempel nichts für uns war und schlingerten auf dem Fahrrad wieder nach Hause.

Und doch hatte ich das Gefühl, dass ich einmal noch in seinen Ashram zurückwollte. Ich fühlte Heimweh nach dem Glück, das ich dort erfahren hatte. Ich wollte mehr. Ich wollte wissen, ob ich es jedes Mal spürte, wenn ich im Ashram war. Ich hoffte, einen Platz gefunden zu haben, wo ich nur hinzugehen brauchte, um wieder eine Dosis zu erhalten. Eine Dosis, mit der ich ein weiteres Stückchen Weges zurücklegen konnte.

Ich hoffte, dass es so einfach sei. Dass ich lediglich ein Flugticket nach Bangalore zu kaufen brauchte, um meine Portion zu erhalten. Bis sie verbraucht war und ich erneut hingehen würde. *Ad infinitum.* Bis an mein Ende glücksversichert.

Findest du, dass das ein komischer Wunsch ist, ein eigenartiger Gedanke, Vikram? Ich fand es damals vollkommen begreiflich und legitim; warum die Dinge komplizieren, wenn es auch einfach ging?

In einem Examen über die Lehre des Argumentierens erhielt ich einmal eine sehr gute Note, weil ich den Dozenten davon überzeugen konnte, dass Glück quantifizierbar ist. Er hatte noch niemals darüber nachgedacht, fand es anfänglich sogar bizarr, ließ sich beim Lesen jedoch von der Idee bestricken.

Eines meiner Argumente lautete, dass, wenn jemand glücklich ist, er genau weiß, dass er glücklich ist. Es kann ihm nicht entgehen, da dies nicht der Normalzustand ist.

Mit dem Unglücklichsein ist es anders. Oft scheint es der Normalzustand zu sein und dringt deswegen nicht bis ins Bewusstsein durch. Es ist wie die unangenehme Hintergrundmusik in einem Kaufhaus, die erst auffällt, wenn Stille eintritt, so wie das Surren eines Kühlschranks erst auffällt, wenn es aufhört.

Mein Argument lautete, dass man den Zeitraum, währenddessen man glücklich ist, messen und damit quantifizieren könne. Mit dieser Idee im Hinterkopf wollte ich den Ashram nochmals besuchen.

Ich wollte nicht auf direktem Wege dorthin reisen. Ich wollte einen großen Umweg durch den nördlichen Himalaja machen, zusammen mit einer Freundin, die neugierig auf das spirituelle Indien war. Das Indien, das es mir angetan und mit dem ich inzwischen sehr viel Erfahrung hatte. Das Indien, das mittlerweile auch vom Untergang bedroht ist, aber wahrscheinlich doch nie ganz verschwinden wird. Denke ich. Hoffe ich.

Ich wusste, dass der Dalai Lama in jenem Sommer eine Kalachakra-Einweihung im Spiti-Tal, hoch in den Bergen von Uttar Pradesh, geben würde. Etwas Besseres hätte ich mir für meine Freundin nicht ausdenken können.

Der Dalai Lama ist einer meiner bevorzugten spirituellen Führer. In ebendem Augenblick, dass ich den Mann zum ersten Mal sah, hatte er mich bereits gewonnen. Tagelang hing ich an seinen Lippen, und jedes Mal berührte er mich durch seine Klarsicht, seine Einfachheit, sein unendliches Mitgefühl, seine Bescheidenheit und seine menschliche Größe.

Ich habe mich lange und eingehend mit dem Buddhismus beschäftigt, Vikram, eigentlich mehr noch als mit dem Hinduismus. Denn der Hinduismus ermöglicht es einem Außenstehenden kaum, sich darin zu vertiefen.

Das hat mit dem Umstand zu tun, dass der Hinduismus in erster Linie ein soziales System ist. Zum Hinduismus kann man sich auch nicht bekehren. Man ist es durch Geburt, oder man ist es nicht. Hindus haben nicht das geringste Interesse, jemanden zu überzeugen, geschweige denn zu bekehren. Als Nichthindu wird man oft sogar von bestimmten Dingen ausgeschlossen, dem Zugang zu bestimmten Heiligtümern beispielsweise.

Im Buddhismus ist es anders. Jeder kann Buddhist werden. Man hat dafür auch keine Einweihung nötig, allein eine feste Entscheidung. Darauf werde ich in einem späteren Brief noch eingehen.

Ich habe den Dalai Lama in vielen Situationen erlebt, und jedes Mal faszinierte er mich von Neuem. Aber merkwürdigerweise hat er mich am meisten auf einer Videoaufnahme angesprochen, die ich einmal in Amsterdam von ihm gesehen habe.

In meiner Straße steht ein unauffälliges thailändisches Kloster. So unauffällig, dass ich erst während eines langen Aufenthalts in einem buddhistischen Kloster in Thailand von seiner Existenz erfuhr. Einer der Mönche erzählte mir, dass es auch in Amsterdam ein thai-buddhistisches Kloster gab. Ich fragte ihn nach der Adresse, und zu meiner unglaublichen Überraschung schienen die Mönche praktisch meine Nachbarn zu sein. Das Kloster befindet sich über einem der wildesten Amsterdamer Cafés. Ich ging manchmal hin, um zu meditieren oder ein Video anzusehen.

Diesmal handelte es sich um einen Videofilm, auf dem der Dalai Lama im Gespräch mit westlichen Meditationslehrern zu sehen war. Irgendwann ging das Wort an eine deutsche Frau, die ebenfalls Nonne war und lange unter Tibetern gewohnt hatte. Sie war eine intelligente, sehr wortgewandte Frau.

In einer Argumentation, die vielleicht zehn Minuten dauerte, zeichnete sie das Lebensbild einer buddhistischen Nonne. In Wirklichkeit war es eine einzige große Anklage gegen den Machismo, gegen die Diskriminierung von Frauen innerhalb des tibetischen Buddhismus. Sie tat das auf sehr beeindruckende und überzeugende Weise, ohne eine Spur von Wut. Sie ließ ihrer Enttäuschung, ihrer Trauer und Frustration freien Lauf, ohne zu lamentieren.

Es war ein prachtvoller Vortrag, und er sagte die Wahrheit. Es ist eine Tatsache, dass Frauen innerhalb der buddhistischen Tradition diskriminiert werden, vor allem in der tibetischen. So sehr, dass selbst ich ab einem bestimmten Moment begann, ein wenig auf Distanz zu der Lehre zu gehen. Ich zweifelte zu viel, und das wirkte hinderlich.

Ich frage mich bis zum heutigen Tag, ob nicht vielleicht doch weniger von Diskriminierung als vielmehr von einer tieferen Weisheit die Rede ist, die noch nicht ans Licht gekommen ist.

Ich folgte ihrer Anklage mit angehaltenem Atem und wachsender Zustimmung. Ich konnte nicht anders als Sympathie und Bewunderung für diese mutige Frau zu empfinden und war dann auch rasend neugierig, wie der Dalai Lama hierauf reagieren würde. Dem würde er nicht ausweichen können. Das konnte er nicht einfach ignorieren. Nicht, dass er das jemals tat, aber was jetzt?

Als die Frau ihre Rede beendet hatte, schwenkte die Kamera auf den Dalai Lama und fixierte sein Gesicht. Was nun geschah, ließ mich versteinern. Das Gesicht des Dalai Lama war zunächst erschrocken, entsetzt. Als die Zeit verging und deutlich wurde, dass er darauf antworten musste, brach er in ein ohnmächtiges Weinen aus. Tränen strömten über seine Wangen, und eine tiefe Trauer zeigte sich auf dem eben noch so fröhlichen und heiteren Gesicht.

Die Kamera blieb gnadenlos auf sein Gesicht gerichtet stehen. Minutenlang, für mein Gefühl. Die Tränen strömten weiterhin; Trauer und Ohnmacht zeigten sich immer stärker. Schließlich äußerte er sich, doch ich war durch seine Gefühlsreaktion so betroffen, dass ich kaum mehr auf seine Worte achtete. Sie spielten für mich auch keine Rolle mehr. Was mich betraf, war er deutlich genug gewesen.

Die Ungleichheit zwischen Männern und Frauen war lange ein wichtiges Thema für mich, so wie für viele westliche Frauen, deren Bewusstsein dafür in den siebziger und achtziger Jahren wuchs. Durch die Reaktion des Dalai Lama begriff ich einmal mehr, dass es dafür keine abschließende Erklärung gibt. Dass es einfach nur zum Heulen ist, was wir dann auch gelegentlich tun. Auch wenn es verrückt klingt: Gerade seine Tränen bewiesen mir einmal mehr die grenzenlose Kraft dieses Mannes. Meine Bewunderung für ihn hatte noch zugenommen.

Der Dalai Lama betont immer, dass er lediglich ein normaler

Mensch ist, ein einfacher Mönch, wie er selbst sagt. In meinen Augen ist er einer der wahren Botschafter auf dieser Welt. Das absolute Gegenteil dessen, was Nietzsche so abwertend »die Überflüssigen« nennt. Er ist ein unersetzlicher Mensch, der genügend Größe besitzt, um seine Nichtigkeit zeigen zu dürfen.

Ein niederländischer Journalist bemerkte in einem Interview mit ihm einmal, dass sein Name »Ozean der Weisheit« bedeute, und fragte ihn, ob das nicht ein bisschen zu viel des Guten sei. Der Dalai Lama zeigte sein bekanntes, gewinnendes Grinsen und antwortete, dass die Dalai Lamas früher kleine Namen und große Weisheit besaßen, doch dass dies gegenwärtig umgekehrt sei. Ihm zufolge leben wir in einer Zeit, in der echte Weisheit eine Unmöglichkeit geworden ist. Die äußeren Umstände lassen sie nicht mehr zu. Es gibt zu viel Unruhe, zu viel Ablenkung.

Ich hörte ihn auch einmal sagen, dass wir es nicht weiter bringen können als bis zu dem Versuch, moralisch zu leben, dem ersten Schritt auf dem Weg zu echter Weisheit. Und das ist für uns schon schwierig genug. Wir befinden uns in einer moralischen Krise, Vikram. Du siehst es in deiner Umgebung, auch in Indien, und du erkennst es in dir selbst. Jeder ehrliche Mensch muss zugeben, dass er moralisch allzu oft versagt. Ehrlichkeit ist an und für sich schon eine moralische Aufgabe, und darin verbirgt sich eines der Probleme.

Überall, sowohl im Westen wie im Osten, wird über den Verlust von Normen und Werten geklagt. Eine neue Bewertung dieser Werte eingefordert.

Die Abwesenheit von Normen hat eine bestimmte Grenze überschritten, Vikram.

Wenn man um sich herum so viel Elend und Ungerechtigkeit sieht, wird man immun dagegen, zumindest in Indien. Es ist zu viel, man kann nichts mehr daran verändern, wird überrannt, stumpft ab.

Auch der Ethik gilt, wie du weißt, seit Jahren mein Interesse.

Während meines Studiums ließ ich sie anfangs links liegen, da ich davon ausging, dass Ethik nur abgeleitet ist. Ethik ist ein Mittel zum Zweck. Wenn man keine Ahnung hat, was das Ziel des Lebens ist, der Sinn des Ganzen, worauf soll man dann um Himmels willen eine Ethik gründen? Ich konzentrierte mich deswegen auch am Anfang allein auf den möglichen Sinn des Lebens.

Aber inzwischen verlangte auch mein eigenes Leben nach einem ethischen Haltegriff, denn mir erging es wie Krishnas Schüler, der sagt: »Ich weiß, was moralisch leben beinhaltet, doch fühle ich mich nicht davon angezogen. Und ich weiß, was es bedeutet, unmoralisch zu sein, doch wende ich mich nicht davon ab.« Leider ist dies ein allgemein menschliches Problem, nicht nur meines.

Die Religion hatte abgedankt, und auch in der Philosophie fand ich keine Antworten, die mich befriedigten. Dies war eine meiner tiefsten Enttäuschungen innerhalb der westlichen Philosophie. Sie schien nicht mehr imstande zu sein, ethische Normen und Werte mit einem Fundament zu versehen. Die Philosophie riskierte einen stümperhaften Versuch, sie auf die Ratio zu gründen. Nun ist die Ratio an sich bereits ein unsicherer Begriff innerhalb der Philosophie. Denn was ist rational? Versuch mal, eine schlüssige Antwort darauf zu finden, und du wirst merken, dass du Probleme kriegst.

Darauf komme ich noch zurück, Vikram, denn ich finde, dass dies nicht allein ein interessantes, sondern auch ein wichtiges Thema ist. Tatsache jedenfalls ist, dass ein dringender Bedarf an einer Neubewertung ethischer Normen und Werte herrscht und dass man damit im Westen nicht gut zurechtkommt.

Sai Baba sagt, dass der Mensch seine Furcht vor der Sünde verloren habe. Ich finde dies einen treffenden Ausdruck, da die monotheistischen Religionen in diesem Zusammenhang immer über die Furcht vor Gott sprechen. Es ist kennzeichnend für das veränderte Gottesbild. Wir fürchten die Sünde nicht mehr. Schlimmer noch, wir wissen nicht einmal mehr, was Sünde ist. Oder vielleicht doch?

Ich bin davon überzeugt, dass dieses Wissen besteht. Dass jeder Mensch in seinem tiefsten Innern weiß, was gut und was schlecht ist. Verschüttet vielleicht, aber doch vorhanden. Hegel sagt, dass das Wort »Gewissen« sich davon ableitet: Einst hast du es gewusst.

Ich bin auch davon überzeugt, dass aus diesem Wissen zum Teil Angst, Neurose und Schuldgefühl resultieren. Ist es Zufall, dass Nietzsche auf eine *Umwertung aller Werte* drängt, während er zugleich Gott in den Orkus stößt?

Ich begreife Nietzsches Beweggründe immer besser, aber ich bin davon überzeugt, dass er zu sehr in der westlichen Tradition verhaftet blieb. Seine Größe liegt in seiner Fähigkeit, die Verwirrung auszudrücken, die im westlichen Glaubensmodell entstanden war. Er vertrat wie kein anderer den Zeitgeist. Dostojewski drückt es folgendermaßen aus: »Wenn es keinen Gott gibt, ist alles erlaubt.« Er sah den Zusammenhang, konnte sich aber nicht aus seinen christlich geprägten Denkbildern lösen. Und genau diese Denkbilder haben ausgedient. Das Christentum sorgt nur noch höchst selten für die Inspiration, die dazu führt, dass Menschen ein natürliches moralisches Bewusstsein entwickeln.

Es gibt durchaus Christen, die diese Inspiration noch finden, doch verglichen mit der großen Anzahl Christen sind das nicht viele. Das Gros folgt einer Lehre, die nicht mehr funktioniert. Und hiergegen wandte sich Nietzsche. Hierin war er großartig, mutig und wahrhaftig.

Doch Nietzsches gottloser Übermensch ist es nicht. Ich bin davon überzeugt, dass Übermenschen existieren, stärker noch, dass diese Möglichkeit in jedem Menschen angelegt ist, doch bin ich ihnen immer nur im religiösen Kontext begegnet. Ein Übermensch kann kein Übermensch sein, wenn er moralisch nicht vollkommen ist. Alle werden dir erzählen, dass es darum geht, deine Moral zu vervollkommnen.

Buddhismus und Taoismus zeigen, dass du nicht unbedingt einen Gott nötig hast, um Moral zu entwickeln. Es geht auch ohne, wenn dies das Problem sein sollte. Der Hinduismus würde hierauf antworten: Nein, du hast die Götter nicht notwendigerweise nötig, aber es ist eine Hilfe, sie miteinzubeziehen.

Langsam aber sicher lernte ich, das als die Kraft des Hinduismus zu sehen. Nichts wird außer Betracht gelassen oder als unmöglich abqualifiziert. Darin sind die Hindus wahre und unübertroffene Meister. Aber auch ihr Inder der Städte habt häufig euer moralisches Bewusstsein verloren.

Indien ist unter den Topten der korruptesten Länder der Welt. Das wird immer unangenehmer deutlich, vor allem für den nichts ahnenden Touristen. Mit Indien verglichen, sind die Niederlande ein Land, in dem moralisches Bewusstsein noch relativ stark ausgeprägt ist. Eine Tatsache, für die ich immer dankbarer bin.

Es scheint, als ob in Indien jeder, der eine kleine Position innehat, korrupt ist, vor allem höhere Beamte und Politiker. Wenn es nicht so traurig wäre, könnte ich über all die Beamten lachen, die wie Dagobert Duck ihre Häuser buchstäblich mit Geld und Juwelen voll gestopft haben, um sie dem Auge des Fiskus zu entziehen. Indien scheint in die Hände von ein paar unmoralischen, unendlich gierigen, ihre Säcke füllenden Pokerspielern gefallen zu sein.

Um nur ein himmelschreiendes Beispiel zu nennen: Unser Arzt in Kalkutta erzählte mir, warum die Malaria in der Stadt wieder so zugenommen hat. Vor einigen Jahren organisierte die indische Regierung Aktionen, um die Mücken und damit auch die Malaria auszumerzen. Das gelang ausgezeichnet. Doch in dem Augenblick, als der Kampf gegen die Krankheit gewonnen schien, steckten die verantwortlichen Behörden das Geld für die

Vertilgungsmittel in ihre eigene Tasche. Im Anschluss daran breitete sich die Malaria wieder fröhlich aus und fordert in Kalkutta allein jährlich hunderte Menschenleben.

Dennoch bleibe ich optimistisch, Vikram. Der Dalai Lama erhielt den Friedensnobelpreis! »Der Buddha hat gelächelt!« Vielleicht hört man jetzt mehr auf ihn. Denn er hat der Welt viel zu erzählen.

Darin besteht auch ein Unterschied zwischen dem Dalai Lama und Sai Baba. Das erste Mal, als ich seinen Ashram besuchte, habe ich Sai Baba kein Wort sagen hören. Das war sicherlich gut so, anders hätte er vielleicht nicht so einen starken Eindruck auf mich gemacht.

Ich wusste mehr oder weniger, dass er sich, wie die meisten indischen Gurus, auf die Veden konzentriert und nicht allzu sehr davon abweicht. Er folgt der Tradition und setzt hier und da einen eigenen Akzent.

Der einzige Ausspruch Sai Babas, den ich nie vergessen werde, lautet: »Why fear, when I'm here?« Weil der auf einem Aufkleber über der Spüle in meiner Küche steht.

Ich kam kaum dazu, seine Aufzeichnungen zu lesen, war damals viel zu beschäftigt mit den Darshans, den Mahlzeiten, den Stunden, die ich in den Teehäusern zubrachte und meinem Glücksgefühl. Ich wusste, worauf alles hinauslief, ich kannte die Tradition einigermaßen. Auch Sai Baba beginnt mit einer Moral, und zwar einer, die nicht von Pappe ist. Aber das ewige Thema bleibt die Erleuchtung, auch bei ihm. In seinem Ashram schwieg er tatsächlich in allen Sprachen. Ich fand die Stille wohltuend.

Dem Dalai Lama habe ich viel zugehört. Stunden, Tage, Wochen. Ich habe den Mann noch nie etwas sagen hören, das ich auch nur im Geringsten zweifelhaft gefunden hätte. Ich verfolgte seine Entwicklung, denn auch er entwickelt sich stets weiter. Vom einfachen Mönch zum Mann, der den Nobelpreis erhielt. Wieder ein Schritt in eine positive Richtung. Der Zeitgeist ist vielleicht doch nicht so hoffnungslos, wie er gelegentlich scheint.

Seine eindrücklichste Rede hörte ich in Dharamsala, seinem Wohnsitz im indischen Teil des Himalaja. Ich habe dort viel Zeit zugebracht. Seinetwegen, wegen der Schönheit der Berge, den günstigen Konditionen.

Monatelang habe ich zu Füßen der Lamas gesessen, die in der Bibliothek Unterricht erteilten. Im Wortsinne: Wir saßen auf dem Boden, sie auf einer Erhöhung. Dharamsala war einer meiner Lieblingsorte.

Dort wohnten hauptsächlich Tibeter, und es war gelegentlich durchaus angenehm, in Indien ein Weilchen Abstand von den Indern zu halten. Ich brauche dir nicht zu erzählen, dass sie einem gewaltig auf die Nerven gehen können. Inder sind so unberechenbar, so exzentrisch, oft auch bizarr. Tibeter sind vollkommen anders. Normaler, würde ich beinahe sagen.

Als ich zum ersten Mal in Dharamsala war, besaßen sie gegenüber Touristen noch die typische tibetische Fröhlichkeit gepaart mit Humor. Das ist anders geworden. Inzwischen kennen sie ihre Pappenheimer. Sie sind genauso unverschämt geworden, wie wir Touristen es manchmal sein können. Zudem sind sie mehr interessiert am Inhalt unseres Portemonnaies als an unserem Interesse für ihre Kultur. Das ist eher noch schlimmer geworden, nachdem der Dalai Lama den Nobelpreis erhielt. Dann kam auch noch Wichtigtuerei dazu.

Es ist vorbei mit der Ruhe und Schönheit Dharamsalas. Das letzte Mal, als ich mich dort aufhielt, entstand wegen einer kleinen Angelegenheit Streit zwischen Tibetern und Indern, wobei ein Inder getötet wurde. Die Folge waren Mord und Totschlag, das Plündern von Geschäften und Restaurants, die Einführung einer Sperrstunde und eine äußerst grimmige Stimmung unter allen Bewohnern.

Auch verkam das Kloster, in dem ich immer wohnte. Es wurde

kommerziell. Ich hatte genug von Dharamsala. Der Dalai Lama ist inzwischen auch zu berühmt geworden, um dort noch viel Zeit zu verbringen. Er scheint sogar darüber nachzudenken, wegen seiner vielen Reisen in die Umgebung von Delhi umzuziehen. Er ist ununterbrochen damit beschäftigt, die Friedensbotschaft zu verbreiten, was ihm nur zum Teil gelingt.

An und für sich ist das nicht verwunderlich, denn die Friedensbotschaft des Buddhismus ist keine einfache, Vikram. Sie geht davon aus, dass Weltfrieden erst dann existieren kann, wenn jeder Einzelne Frieden in sich selbst gefunden hat. Der buddhistischen Lehre zufolge ist dies ein langer, komplizierter Prozess.

So macht denn auch die Erzählung die Runde, dass der Buddha, nachdem er die Erleuchtung erreicht hatte, zu der Schlussfolgerung kam, dass die Wahrheit, die wirkliche Weisheit, der wahre Friede, für den durchschnittlichen Laien zu hoch gegriffen war, und dass er seine Lehre besser für sich behalten konnte.

Aus Mitgefühl änderte er schließlich jedoch seine Ansicht und ging nach Benares, um im dortigen Hirschpark seine *Vier Edlen Wahrheiten* einer kleinen Schar von Zuhörern vorzutragen. In der Folge verwandte er sein ganzes weiteres Leben darauf.

Der Dalai Lama hat nicht so viel Zeit; weder während seiner halbstündigen Fernsehauftritte oder Interviews noch während seiner längeren Initiationen. Er hat seine Schlussfolgerungen daraus gezogen und konzentriert sich vor allem auf die Kernaussage des Buddhismus, das Mitgefühl, den Beginn aller Moral. Er muss also ganz am Anfang beginnen und kommt oft nicht darüber hinaus. Aber er tut es mit Verve, besonders da er dieses Mitgefühl auch verkörpert.

Er verwendet viel Zeit und Aufmerksamkeit auf die Techniken, die das Mitgefühl hervorrufen. Der Terminus umfasst nämlich viel mehr als die christlich geprägte Nächstenliebe. Nächstenliebe ist ein Gebot, das schwierig umzusetzen scheint. Hab deinen Nächsten mal auf Kommando lieb. Eine unmögliche Aufgabe, die bei vielen Christen zu Mutlosigkeit führen musste.

Nun da ich länger in Indien gewesen bin, muss ich zugeben, dass die christliche Nächstenliebe doch mehr gebracht hat, als zunächst anzunehmen war. Langsam, aber sicher beginne ich zu begreifen, dass sie vielleicht doch das fruchtbarste Verdienst des Christentums ist.

Jedes Jahr hält der Dalai Lama für das tibetische Volk und für jeden, der dabei sein möchte, eine Neujahrsansprache. In der Rede, auf die ich eben Bezug nahm, sollte er den Begriff »Bodhisattva« erläutern. Ein Bodhisattva ist Körper gewordenes Mitgefühl. Drei Wochen sollte das Ganze dauern, jeden Mittag von eins bis vier. Er benötigte all die Zeit, um den Tibetern zu erläutern, was Mitgefühl beinhaltet, verstehst du?

Stell dir vor, ein Regent, der seinem Volk als Neujahrsgeschenk einen ethischen, religiösen Begriff auslegt. Ich sehe unsere Königin schon auf ihrem Podest stehen, während sie ihr Volk einlädt, drei Wochen lang ihrer Interpretation des Begriffs Nächstenliebe zu folgen.

Es wurde eine beeindruckende Zusammenkunft. Die Tibeter kamen in großen Scharen. Aus ganz Indien, Nepal, selbst aus Tibet. Einige waren zu Fuß durch das unwegsame Bergland gelaufen, und man sah es ihnen an. Müde, staubbedeckt, aber prächtig gekleidet und überglücklich, bei ihrem geliebten Führer zu sein. Sehr einfache Menschen, die dem kompletten Vortrag gebannt zuhörten. Das war keine leichte Aufgabe, nicht nur wegen der Länge der Rede, sondern vor allem, weil sie ab und zu ihrer komplizierten Metaphysik wegen nicht leicht zu begreifen war.

Der Dalai Lama behandelte ein berühmtes Buch über den

Bodhisattva, das wie üblich aus einer großen Anzahl Verse bestand. Er überschlug keinen Vers. Über einige sagte er: »Diese muss ich schlucken wie ein zahnloser alter Mann, denn ich verstehe sie nicht.« Viele andere verstand er gut und konnte sie glänzend interpretieren.

Die Darlegung ist zu ausführlich und zu kompliziert, um hier wörtlich wiedergegeben zu werden. Sie läuft darauf hinaus, dass Mitgefühl als Mittel gesehen wird, Erleuchtung zu erreichen. Ein langer Weg, genau wie alle anderen Wege.

Außer dass mir der Dalai Lama Einsicht in den Begriff Mitgefühl gab, ließ er auch eine praktische Probe davon sehen.

Es war 1989, dreißig Jahre, nachdem die Chinesen auf brutale Weise in Tibet eingefallen waren und den Dalai Lama mit seinem Gefolge vertrieben hatten, und somit Anlass für jüngere Tibeter, zu randalieren und sich aufständisch zu gebärden. Niemand von ihnen hatte das Ganze übrigens miterlebt.

Es kann kein Zufall gewesen sein, dass er genau in dem Augenblick seinen Vortrag hielt. Er spickte seine Rede mit Bemerkungen über die chinesische Gewaltanwendung, die doch eine blendende Gelegenheit darstelle, das Bodhisattva-Ideal zu praktizieren. Sie müssten den Chinesen dankbar sein, dass sie ihnen dazu Gelegenheit boten.

Er riet den Tibetern also entschieden ab, aggressive Gedanken den Chinesen gegenüber zu hegen. Und du weißt, was die in Tibet angerichtet haben, Vikram. Es schreit zum Himmel. Mindestens eine Million Tibeter wurden brutal ermordet, der Buddhismus ist so gut wie ausgerottet, Tempel wurden niedergebrannt, Frauen unfruchtbar gemacht. Und der Dalai Lama bittet sein Volk darum, Mitgefühl zu entwickeln!

Als ich dies nach meiner Rückkehr nach Amsterdam einigen Freunden erzählte, wurde ich ausgelacht angesichts von so viel Gutgläubigkeit. In ihren Augen hatte ich wieder einmal einen

Beweis für meine Naivität geliefert. Bin ich nun verrückt, Vikram, oder sind sie es?

Solche Reaktionen können mich gewaltig in Verwirrung stürzen. Wie naiv ist es, an Mitgefühl gegenüber deinem Feind zu glauben? Es gibt doch keine andere Weise, das Böse zu durchbrechen?

In deiner Tradition wird nicht in Begriffen von Mitgefühl, geschweige denn von Nächstenliebe gedacht. Kein anderes Land schockiert mit seinen auf der Straße ihrem Schicksal überlassenen Bettlern, Kranken und Gebrechlichen so sehr wie Indien.

Einmal wartete ich im Warteraum der Howrah-Station in Kalkutta auf meinen Zug. Durch die Menschenmenge schleppte sich, wie ein verängstigtes, verwundetes Tier, eine Frau über den Boden. Als ich sie ansah, lief ein Schauer von Verzweiflung durch mich hindurch. Ich war von ihrem Anblick so schockiert, dass auch ich keine Hand ausstrecken konnte, um ihr zu helfen. Es war zu viel, zu furchtbar, und es versetzte mich in eine Art matte Passivität.

Sie war schwarz vor Schmutz, mit verfilztem, staubgrauem Haar, das ihr in großen Büscheln ins verwilderte Gesicht hing. Sie trug einen verdreckten, zerrissenen Sari, ohne die dazugehörige Bluse, sodass jeder ihre hängenden Brüste sehen konnte. Mit einem Arm schleppte sie ihre kraftlosen Beine über den schmutzigen Grund. Der andere Arm endete am Ellenbogen in einer ausgefransten, nicht gut verheilten Wunde.

Sie wartete wie ein Hund, bis die Menschen bereit waren, ihr etwas Essen zuzuwerfen, auf das sie sich unvermittelt stürzte. Ich war zu betroffen, um ihr etwas zu geben, obwohl meine Tasche voll von Nahrungsmitteln war.

Ich schäme mich noch immer, wenn ich daran zurückdenke. Und ich frage mich, wie sich solche Situationen auf meine Psyche und auf die der Inder auswirken.

Ist dies der Grund für die Korruptheit der Inder? Die Möglichkeit eines dermaßen Abscheu erregenden Lebens liegt buchstäblich direkt zu ihren Füßen, und sie kann jeden treffen.

Du sagst mir häufig, Vikram, dass viele Westler, wenn sie nach Indien kommen, zu moralisieren anfangen, und vielleicht ist das auch so. Wir sind das nicht gewöhnt. Das übersteigt unser Vorstellungsvermögen. Wie um Gottes willen sollen wir damit umgehen?

Auf der anderen Seite gibt es kein anderes Land, in dem man so viel warmer, aufrichtiger Menschlichkeit begegnen kann, und immer im entscheidenden Moment. Jedes Mal wenn ich dachte, dass ich niemals mehr dorthin wollte, jedes Mal wenn mir speiübel von der indischen Mentalität geworden war, begegnete ich wieder jemandem von so rührender und seltener Schönheit, jemandem mit so viel Liebe und Mitgefühl, dass er oder sie geradezu davon erfüllt zu sein schien. Dann vergaß ich meine Übelkeit, meine Raserei und Empörung wieder.

Ihr kennt den Begriff Mitgefühl nicht, doch stattdessen habt ihr einen Begriff, der vielleicht von einer noch größeren Einsicht in die menschliche Natur zeugt, und das ist der Begriff der Gewaltlosigkeit.

Wenn du es schon nicht über dich bringen kannst, deinen Nächsten zu lieben, wenn es dir nicht gelingt, Mitgefühl für andere aufzubringen, sieh dann in jedem Fall von Gewalt ab. Oft ist es einfacher, etwas nicht zu tun, als es zu tun. Das sehe ich auch im praktischen Leben bei euch. Es ist kein leerer Begriff.

Inder waren lange Zeit als sanftmütiges, nachgiebiges Volk bekannt, und diese Eigenschaften sind noch immer nicht ganz verschwunden. Das ist auch das Angenehme und Überraschende an Indien. Jahrelang bin ich da als junge, nicht gerade unattraktive Frau herumgereist, ohne mich auch nur einmal bedroht zu fühlen.

Das wurde schlagartig anders, als ich die Grenze von Indien nach Pakistan überschritt. Ich war auf einer Art Pilgerreise auf dem Weg nach Tibet, und von einer Minute zur anderen verwandelte ich mich in ein Stück Freiwild. Ein Pakistani brachte es auf den Punkt: Ich war für all die Millionen islamischer Männer *available*, ich war verfügbar.

Es wurde übrigens eine meiner magischsten Reisen. Wieder einmal war ich für unbestimmte Zeit aufgebrochen, ohne festes Ziel. Da es Sommer war, reiste ich nach Ladakh, um der Hitze zu entfliehen. Dort angekommen, hörte ich von einem jungen Mann, dass die Pakistani soeben den Kunjerab-Pass geöffnet hatten, der auf der Route nach Tibet liegt. Dieser Pass zwischen Pakistan und China war aus politisch-strategischen Gründen Jahrzehnte geschlossen gewesen.

Qua Luftlinie liegt Ladakh nicht weit von Tibet, doch sollte es eine verrückte Reise werden. Der Weg führt durch ein raues, unwegsames Berggebiet, das kaum bewohnt ist. Die Taklamakan-Wüste ist ein Teil davon. Taklamakan bedeutet: Du gehst rein, aber du kommst nicht mehr raus.

Ich würde Tage hintereinander in einem Bus sitzen müssen und das drei Wochen lang. Ich würde wenig zu essen bekommen und Mühe haben, einen Schlafplatz zu finden. Kurzum, es würde eine lange, höllische Tour werden. Aber ich freute mich wahnsinnig darauf, denn ich betrachtete es als Pilgerreise, und Pilgerreisen müssen schwierig sein.

Wenn ich den Kontrolleuren an der Grenze glauben durfte, war ich seit der Öffnung die erste westliche Frau, die diesen Pass überschritt, und darauf war ich schon stolz.

Umso mehr als ich keine einzige Karte dabeihatte, geschweige denn einen Reiseführer. Der junge Mann in Ladakh hatte mir auf einem halben Briefumschlag eine Routenbeschreibung mitgegeben, und damit musste ich durchkommen. Die erste Etappe führte von Delhi nach Lahore. Da fing der Schlamassel mit den Männern bereits an. Ich wusste nicht, wie ich schnell wieder aus Pakistan wegkommen sollte. Es war eine Katastrophe.

Nimm mir meine Abschweifung nicht übel, Vikram. Nun da ich mein Leben und meine spirituelle Suche beschreiben möchte, lasse ich mich manchmal von den vielen Erinnerungen mitreißen. Zurück also zum Dalai Lama, zurück zum Spiti-Tal und zurück zu der Kalachakra-Einweihung.

Das Spiti-Tal liegt in einer abgelegenen Region im Norden Indiens. Als wir dorthin reisten, war sie erst seit kurzem für Touristen zugänglich. Es gibt nur zwei Straßen, die dorthin führen, und wir entschieden uns für die Route über Shimla. Dreißig Stunden sollte die Reise in dem alten, gammeligen Stadtbus dauern.

An und für sich hätte das wieder einmal eine Erfahrung sein können, die ich in vollen Zügen genossen hätte, wäre ich nicht so krank gewesen. Ich hatte alles auf einmal: Durchfall, Magenkrämpfe, Kopfweh, und zudem war ich deprimiert. Aus diesem Grund glich die Reise einer Höllenfahrt, spektakulär zwar, doch nichtsdestotrotz eine Höllenfahrt.

Der Bus war voller Menschen, die alle dasselbe Ziel hatten: Tabu, ein buddhistisches Kloster, das in diesem Jahr sein tausendjähriges Bestehen feierte und das wegen seiner ebenso alten Freskomalereien berühmt war. Es lag tief im Himalajagebirge, auf einem Platz, von dem man sich fragt, wie Menschen dort jemals hingefunden haben und warum sie um Himmels willen dort geblieben sind. Rau, unzugänglich, unmenschlich beinahe. Der Dalai Lama hatte dieses Kloster für seine soundsovielte Kalachakra-Einweihung ausgewählt. Auch dieses Mal hatte er es den Menschen nicht einfach gemacht.

Ich saß eingeklemmt zwischen meiner Freundin und einem tibetisch-buddhistischen Mönch mittleren Alters. Der Mann unternahm regelmäßig Versuche, meine Hand zu packen, um sie dann sehr langsam in Richtung seines Schritts zu bringen. Oder er versuchte unauffällig, seine eigene Hand in meinen Schoß zu manövrieren. Zudem stank er grässlich nach Buttertee, schmutziger Kleidung und einem ungewaschenen Geschlecht. Es gab im Bus keinen einzigen freien Stuhl mehr, also saß ich dreißig Stunden mit dem geilen, stinkenden Mönch an meiner Seite, und das, während ich mich doch sowieso schon unendlich elend fühlte.

Die Straße war kaum asphaltiert und gefährlich, milde ausgedrückt. Dreißig Stunden *on the edge of eternity*, an der Grenze zur Ewigkeit, wie meine Freundin es ausdrückte. Man konnte sich nur noch in sein Schicksal oder den Willen der Götter ergeben. Jede dieser vielen Kurven und jeder entgegenkommende Wagen bedeuteten einen potenziellen Anschlag auf unser Leben. Glücklicherweise kamen uns selten Wagen entgegen.

Einige Leute hielten es bald nicht länger aus. Sie verließen den Bus, um zurückzugehen oder von einem Personenwagen mitgenommen zu werden.

Trotz meiner Krankheit, trotz des geilen Mönchs, trotz des ratternden Busses und trotz der gefährlichen Straße faszinierte mich die spektakuläre Landschaft. Eine Landschaft, so beeindruckend und von einer so betörenden Schönheit, aber zugleich so unzugänglich und schauerlich, dass ich mich in eine andere Wirklichkeit versetzt fühlte. Eine Wirklichkeit, die mich aus meiner Umgebung heraushob und mir wieder einmal die enorme Kraft der Natur vor Augen führte.

Jede menschliche Anstrengung und jedes Streben finden in einer solchen Landschaft ein Ende. Sie macht deine Existenz zu einer Bagatelle. Sie bringt dich in Kontakt mit Gott, mit dem Göttlichen. Du verstehst, warum der Himalaja Geburtsort der Götter genannt wird. In dieser Landschaft habe ich Monate, vielleicht sogar Jahre verbracht. Ich habe große Teile des Himalaja auf meinen Fahrten durchkämmt. Die Berge waren für mich wie ein Retreat. Die Stille, die Schönheit, die Unbeweglichkeit ließen den Geist auf eine vollkommen natürliche Weise zur Ruhe kommen.

Du hast mich gelegentlich gebeten, dir etwas mehr über diese Fahrten zu berichten. Da gibt es nicht viel zu berichten. Wie du weißt, bin ich niemand, der trockene Fakten beschreibt: von welchem Dorf, von welchem Tal aus ich welche Berggipfel gesehen habe. Was mich während dieser Touren so anzog, war eben die Tatsache, dass da wochenlang tatsächlich absolut nichts geschah. Dass ich von der Schönheit der Natur umgeben war, die so überwältigend ist, dass man nicht anders kann, als an Gott zu glauben oder überhaupt zu glauben.

Ich höre immer den Lockruf des Himalaja. Die Landschaft hält mir einen Spiegel vor. Manchmal ist es ein Kampf, Vikram, doch ich gehe stets stärker daraus hervor als vor meiner Tour. Ich verfüge nicht über genügend Worte, um die glorreichen Berge und mächtigen Flüsse zu beschreiben. Sie lassen mich einfach still werden. Und glücklich.

Die Landschaft, durch die wir fuhren, hatte scheinbar nichts mehr mit Menschen zu tun. Und doch wohnten sie dort. Nicht viele, aber es gab ein paar kleine Dörfer, und Tabu war eines davon. Es bestand aus dem Kloster und ein paar umliegenden Häusern und lag in einem Tal, wo kaum mehr etwas wuchs. Die Baumgrenze hatten wir lange passiert.

Um den vielen tausend Menschen, die an der Kalachakra-Einweihung teilnehmen wollten, ein Dach über dem Kopf zu bieten, hatte man ein großes Zeltlager aufgebaut. Ein- oder Zweipersonenzelte für die Kapitalkräftigen und Mammutzelte für die vielen armen Menschen, die gekommen waren, um den komplizierten Reden des Dalai Lama zu folgen.

Der Dalai Lama ist beliebt. Das war mir bereits in Tibet aufgefallen, wo mich scheinbar tief in Gebet oder Meditation versunkene Mönche auf einmal flüsternd und scheu fragten, ob ich ein Foto von ihm hätte. Die Chinesen hatten meine Tasche jedoch gründlich durchsucht und hätten eventuelle Fotos nicht nur sofort vernichtet, sondern mir auch radikal die Einreise verweigert.

Die Kalachakra-Einweihung, die innerhalb der tibetisch-buddhistischen Tradition als die kraftvollste gilt, ist eine Einweihung, die jeder Dalai Lama einmal in seinem Leben erteilt. Dieser Dalai Lama erteilt sie aus unerfindlichen Gründen am laufenden Band. Vielleicht – das Gerücht macht die Runde – weil er der allerletzte Dalai Lama ist. Will er noch so vielen Menschen wie möglich die Chance geben?

Es ist auch die komplizierteste Einweihung innerhalb des tibetischen Buddhismus; nur sehr wenige Menschen wissen genau, was sie beinhaltet.

Ich habe in Dharamsala einmal einen niederländischen Mönch getroffen, der mir irgendwie bekannt vorkam. Als ich nachfragte, zeigte sich, dass er das erste vegetarische Restaurant Amsterdams eröffnet hatte, *Buddha's Belly* genannt.

Ich fragte mich, ob er wohl eine Ahnung davon gehabt hatte, dass er einst in Buddhas Bauch vordringen würde. Er wurde nämlich vom Dalai Lama als so talentiert angesehen, dass er von ihm mit einer Lebensaufgabe betraut wurde: die Einweihung zu ergründen. Als ich ihn kennen lernte, beschäftigte ihn diese Aufgabe bereits zehn Jahre. Jedes Mal, wenn er dem Dalai Lama über seine Fortschritte Bericht erstattete, musste er ihm erzählen, dass es ihm noch nicht gelungen war, in die äußerste Schicht der Einweihung vorzudringen und dass sie unendlich viele Schichten hatte.

Ich verstand, dass der Dalai Lama dort in Tabu eine sehr vereinfachte Form dieser Einweihung gab. Doch war ich zu krank, um zu versuchen, das alles zu begreifen. Den größten Teil des Tages lag ich in dem komfortablen Zelt. Ab und zu schlenderte ich zum Dalai Lama und seiner Zuhörerschaft, aber es gelang mir nicht, mich darauf zu konzentrieren. Obwohl ich durch meine Krankheit der Einweihung nicht ganz folgen konnte, war ich doch sehr glücklich, dabei zu sein und diese Tour unternommen zu haben.

Wie ich dir bereits erzählte, habe ich irgendwann meine buddhistischen Studien abgebrochen. Besonders der tibetische Buddhismus ist mir zu hoch gegriffen. Ich vermisse dort die klare buddhistische Schlichtheit, mit der ich davor schon in Kontakt gekommen war: im Hinayana-Buddhismus. Die Schlichtheit der *Vier Edlen Wahrheiten*. Die Schlichtheit von: Reinige deinen Geist, reinige dein Herz – das ist der Weg des Buddha.

Ich lernte den Buddhismus vor allem über die thailändische Tradition kennen, die behauptet, die buddhistische Lehre in ihrer Ursprünglichkeit zu praktizieren. Doch das ist alles nicht so wichtig; der Kern ist immer derselbe, so wie es in jeder Religion eigentlich um dieselben Dinge geht.

Ein thailändischer Mönch sagte mir einmal, dass jeder, der seine Religion wechselt, die Essenz seiner eigenen Religion nicht verstanden hat. Die Essenz mag dann letztlich dieselbe sein, doch die Wege, die dorthin führen, unterscheiden sich enorm.

Viele ehemalige Christen – müde geworden vom kaputt philosophierten Gottesbild – fühlen sich vom Buddhismus angezogen.

Es gibt Menschen, die behaupten, dass der Buddhismus keine Religion sei, da kein Gott darin vorkommt. Die haben nicht viel davon begriffen. Nirvana, Erleuchtung, Einswerdung mit Gott oder wie man diesen Bewusstseinszustand auch nennen möchte, alles läuft letztlich auf dasselbe hinaus.

Tatsächlich ist kein größerer Unterschied als der zwischen dem Dalai Lama und Sai Baba vorstellbar. Und davon wollte ich dir berichten, weißt du noch? Ich werde dir das Schlussstück meiner Sai-Baba-Erfahrung erzählen, die auch wieder ganz besonders aufschlussreich war.

Nach der ermüdenden Kalachakra-Einweihung hatten meine Freundin und ich Lust auf etwas Leichtes, Frivoles, vielleicht sogar Hedonistisches, denn der Aufenthalt im Zeltlager war eine

Zeit des Verzichts gewesen. So hoch in den Bergen gab es dazu natürlich wenig Gelegenheit. Air India war so großzügig gewesen, zusammen mit dem Ticket für den Hinflug gratis eines für einen inländischen Rückflug zu schicken. Davon machten wir nun dankbar und ausgiebig Gebrauch. Wir flogen von Delhi nach Trivandrum, das südlichste Stückchen Indien.

Die meisten Touristen reisen wegen des nahe gelegenen Kovalam dorthin. Kovalam ist eines dieser Strandbäder, wo alles auf westliche Touristen zugeschnitten ist. Wir ließen uns in einem Strandhotel mit vorzüglicher Küche nieder, wo wir uns den ganzen Tag lang von immer demselben Ober fürstlich bedienen ließen. Er hieß Murali.

Murali war ein junger Mann von etwa fünfundzwanzig, der eine kleine Kette mit einem Sai-Baba-Medaillon trug. Ich erzählte ihm, dass ich nach meinem Aufenthalt in Kovalam den Ashram des Gurus besuchen wolle, und fragte ihn, ob er jemals dort gewesen sei. Ein trauriger Blick trat in seine Augen, als er mir antwortete, dass dies sein größter Wunsch sei, aber dass es ihm noch niemals gelungen sei, weil er nicht genügend Geld hatte.

Er war ein netter, bescheidener junger Mann, und nachdem ich ihn ein bisschen besser kennen gelernt hatte, schlug ich ihm vor, auf meine Kosten mit mir mitzukommen, da ich ihm die Erfahrung gern gönnte. Das ließ er sich nicht zweimal sagen. Nachdem ich meine Freundin ins Flugzeug gesetzt hatte, machten wir uns zusammen auf den Weg.

Die Reise sollte aus zwei Etappen bestehen, mit einer Unterbrechung in Bangalore. Ich war ganz sicher nicht auf ein Abenteuer aus. Ich wollte dem Jungen wirklich nur einen Gefallen tun und fand es angenehm, die lange Reise nicht allein machen zu müssen. Ich fand ihn auch nicht besonders anziehend. Eigentlich überhaupt nicht. Er war klein, gedrungen, hatte ein ziemlich hässliches Gesicht, auf dem eine Brille mit Gläsern prangte, die seine Augen unwirklich vergrößerten. Auch abgesehen von seinem Äußeren passte er in keinerlei Hinsicht zu mir. Er war zu jung, zu indisch, zu unentwickelt.

In Bangalore teilten wir ein Zimmer aufgrund der einfachen Tatsache, dass nur eines frei war. Dort bin ich so dumm gewesen, auf seine Avancen einzugehen. Ich weiß nicht genau, wieso. Wahrscheinlich war es wieder einmal lange her, dass ich zusammen mit einem Mann im Bett lag. Eigentlich war ich auch absolut nicht in der Stimmung dafür. Mental bereitete ich mich auf eine Periode im Ashram vor, ein geistiges Retreat.

Ich hatte mir vorgenommen, mich in Indien niemals auf einen Flirt einzulassen. Das hob ich mir für Amsterdam auf, wo es besser zu meinem Leben passte und wo ich regelmäßig, wie ich es nannte, *occasional young lovers* hatte.

Es war nach meinem 42. Geburtstag, als mir etwas Merkwürdiges auffiel: Je älter ich wurde, desto öfter wurde ich von jungen und selbst sehr jungen Männer begehrt, die durchaus etwas in mir sahen.

Das erste Mal, dass ich darauf einging, geschah nach einem »ernsthaften« Versuch mit einem etwas älteren Mann, der begann, über meine ersten Fältchen zu nörgeln. Das war ein schwerer Schlag für mein Ego. Da er nichts als Unheil verkündete, wurde der Mann ohne Pardon vor die Tür gesetzt, und ich blieb wieder allein zurück. Oh mein Gott, ich werde zu alt für die Liebe, dachte ich.

Mein Ego wurde wieder enorm aufgemuntert, als mir einige Zeit später von Johnny der Hof gemacht wurde, einem anziehenden jungen Ex-Punk und Künstler aus London, in den ich mich tatsächlich ein bisschen verliebte und mit dem ich eine fantastische Zeit verbrachte.

Bis zu diesem Zeitpunkt hatte ich jede Beziehung sehr ernst genommen; jeder neue Mann sollte ein potenziell Bleibender sein, mit allen desaströsen Folgen, die ein solcher Anspruch haben kann.

Bei Johnny wusste ich jedoch bereits vorher, dass es eine zeitlich begrenzte Affäre sein würde, und das sagte ich ihm auch. Johnny hatte nichts dagegen einzuwenden, und so konnten wir einander unbeschwert genießen. Und wie! Der Moment, in dem wir Abschied voneinander nahmen, war zwar ein bisschen traurig, aber da er von Beginn an in unsere Beziehung eingebaut war, wurde kein Drama daraus.

Dies war nicht allein meine erste Affäre mit einem jungen Mann, es war auch meine erste Affäre, die mich von Anfang bis Ende keine Sekunde Kopfschmerzen gekostet hatte. Das hatte ich in meiner langen Karriere als Geliebte noch nie erlebt, und ich kam auf den Geschmack.

Als ich einmal darauf zu achten begann, bemerkte ich, dass viele junge Männer sich in mich zu verlieben schienen. Wenn eine zölibatäre Periode wieder einmal zu lange gedauert hatte, ging ich ab sofort darauf ein. Ich selbst ergriff niemals die Initiative; sie mussten es schon selber schaffen, andernfalls hätte ich mich als Kinderverführerin gefühlt.

Es funktionierte fantastisch. Ideal fand ich es nicht, denn ich wollte tatsächlich einen gleichwertigen Freund, doch haben diese jungen Geliebten mir durch Perioden von Niedergeschlagenheit geholfen und mich von der Vorstellung befreit, dass ich zu alt für die Liebe sei.

Meine Freundinnen fragten mich gelegentlich, ob ich mich nur in die schönen jungen Körper verliebte. Im Gegenteil: Die jungen Männer kurierten mich zwar von der Vorstellung, nicht mehr anziehend zu sein, doch neben so viel jugendlicher Schönheit fühlt man sich unvermeidlich als alter Mensch. Ich frage mich, wie all die älteren Männer mit jungen Frauen dieses Problem lösen.

So verlief mein Liebesleben schon einige Jahre, als ich Murali begegnete. Meinen Wunsch, auf Dauer einer großen Liebe zu begegnen, mit der ich mein Leben hätte teilen können, hatte ich eigentlich total abgeschrieben. Bis ich dir begegnete, Vikram.

Vor Murali hatte ich noch nie mit einem Asiaten eine Affäre gehabt. Wenn ich in Asien war, war ich an spirituellen Erfahrungen interessiert, und Affären haben nun einmal die Eigenschaft, mich gewaltig dabei zu stören.

Ich habe früher sehr bewusst mit meiner Sexualität experimentiert. Ich wollte beispielsweise wissen, was geschah, wenn ich ein Jahr lang keinen Sex hatte. Während eines anderen Experiments ließ ich mir in einer Zeit, in der das noch nicht modern war, den Kopf kahl scheren. Ich hatte dickes, langes, blondes Haar, das wahrscheinlich – neben einem ansehnlichen Busen, einem wohlgeformten Arsch und meiner unauslöschlichen Vitalität – einen wesentlichen Aspekt meines Sexappeals bildete.

Ich ließ es mir in Thailand vor einem längeren Klosteraufenthalt abschneiden. Es kostete mich zehn Minuten, um dem Friseur, der kein Englisch sprach, deutlich zu machen, dass ich es wirklich wollte. Bei jeder Locke, die zu Boden fiel, sah er mich ängstlich und fragend zugleich an, als ob er sich davon überzeugen müsse, dass es wirklich das war, was ich wollte. Mit der Rasur begann er in der Mitte, sodass ich einen Moment lang aussah wie ein Punk mit einem umgekehrten Irokesenschnitt. Es war ein so grässlicher Anblick, dass ich meine Augen fest schloss und sie erst wieder öffnete, als er fertig war.

Nach dem ersten Schrecken mit der Rasur gefiel mir das Endresultat ausgezeichnet. Doch die Konsequenzen meines neuen Looks wurden sofort deutlich. Kein Mann mehr, der mir begehrlich nachsah. Ich wurde ignoriert, mit Befremden angeschaut oder mit einer Art Respekt behandelt, wie ich es noch nie erlebt hatte. Ich war zufällig ganz in Weiß gekleidet und befand mich in Thailand, demzufolge hielt man mich für eine etwas ungewöhnliche Nonne und behandelte mich dementsprechend.

Später, außerhalb Thailands, sollte dieses Verhalten in aufdringliche Neugierde oder sogar Feindseligkeit umschlagen.

Weibliche Kahlheit ruft negative Assoziationen bei uns hervor. Sie steht für Strafe, für Verbannung, für Krankheit. Mein Sexappeal war erledigt.

Ich begann zu erkennen, wie das Leben einer hässlichen Frau aussah. Ich begriff, dass niemand so viel Macht besitzt wie eine bildschöne Frau, die sich dessen bewusst ist und davon Gebrauch machen will. Alles in allem ein lehrreiches Experiment.

Aber gut, da lag ich nun in einem Hotelzimmer in Bangalore mit Murali im Bett. Er verliebte sich nicht nur sofort in mich, sondern wollte für immer bei mir bleiben. Wie ich dir bereits sagte, hatte ich noch nie eine Affäre mit einem Inder gehabt. Ich hatte nie die Zeit dafür gehabt, und das betrachtete ich als einen Segen, mit vierhundertfünfzig Millionen Männern um mich herum.

Zu Beginn war ich nicht nur beeindruckt, sondern auch leicht erstaunt über Muralis Fähigkeiten als Liebhaber. Ich hatte gedacht, ein so junger, allein stehender Inder habe noch nicht die Chance bekommen, sich in Liebesdingen kundig zu machen. Doch er kannte sich bestens aus und war wahrscheinlich ein Naturtalent. Er bezauberte mich, der kleine Murali.

Als ich ihn später, während wir in einem Hotel direkt vor den Toren des Ashrams saßen, nach seinen Erfahrungen als Liebhaber fragte, hörte ich wieder eine dieser typischen Erzählungen, die mir einen Schauer über den Rücken jagten.

Murali hatte jahrelang ein Verhältnis mit einer älteren Frau gehabt, mit der er obendrein ein Kind hatte. Als seine Mutter dahinter kam, war sie wütend geworden, auch da die Frau einer anderen Kaste angehörte. Sie setzte ihr zu, bedrohte sie und schickte ihr schließlich sogar die Polizei ins Haus, worauf sich die Frau in höchster Verzweiflung selbst mit Kerosin übergoss und in Brand steckte. Sie starb. Murali zufolge hatte er daraufhin zwei fehlgeschlagene Selbstmordversuche unternommen. Ich begann, Lunte zu riechen, doch da war es bereits zu spät.

Alles verlief genau umgekehrt wie das letzte Mal, als ich mich im Ashram befand.

Schon beim Eingang wurde ich durch einen der Mitarbeiter rabiat behandelt. Nicht nur weil ich keinen Schal trug, der außerhalb des Tempels gar nicht streng vorgeschrieben war, sondern auch, weil ich in Muralis Gesellschaft war. Wer der junge Mann denn sei und welcher Art unser Verhältnis. Freundschaft, mein Herr. Ob ich dann nicht kapiere, dass ich nicht so einfach mit einem indischen Freund ankommen könne!

Ich verstand nicht, worüber sie sich so aufregten, denn Männer und Frauen wurden im Ashram strikt voneinander getrennt, und es spielte keine Rolle, dass ich in männlicher Gesellschaft angekommen war. Zudem hatte ich Murali bereits deutlich gemacht, dass, sobald wir uns einmal im Ashram befänden, von einer Fortsetzung unserer Romanze keine Rede sein könne.

Das ungehobelte Verhalten des Türwächters machte mich so widerspenstig, dass ich Arm in Arm mit Murali im erstbesten Hotel eincheckte. Er fand diese Idee ausgezeichnet, und ich frage mich bis heute, ob er bereits bei meiner ersten Einladung ganz andere Absichten verfolgte. Er behauptete, das sei keineswegs der Fall gewesen. Er sagte auch, er habe sich mitreißen lassen vom Lauf der Ereignisse.

Der Aufenthalt im Ashram wurde ein Misserfolg. Ich war froh, als Murali wieder zurück zu seinem Chef nach Kovalam musste, denn seine Geschichten hatten in mir ein Gefühl von Beklommenheit geweckt.

Im Ashram ging mir alles gegen den Strich: das endlose Warten, die vielen Menschen, die primitive Unterbringung (ich landete in einer der Schlafbaracken anstelle eines Zimmers), die übertriebene Frömmigkeit, das unverschämte Auftreten der Ashram-Mitarbeiter, die vielen hundert Vorschriften, an die man sich zu halten hatte, und selbst Sai Baba.

Offensichtlich hatte er beschlossen, jeden Tag stundenlange Reden zu halten anstatt uns wie beim letzten Mal in der heiteren Atmosphäre einer wohltätigen Stille baden zu lassen. Seine Stimme irritierte mich heftig; sie schien einem Bauchredner zu gehören.

Ich ärgerte mich auch über die Tatsache, dass er in seiner Muttersprache redete, ohne den Übersetzer aussprechen zu lassen. Nicht, dass es sehr viel ausgemacht hätte, denn das Englisch des Übersetzers war so unverständlich, dass ich auch damit wenig anfangen konnte.

Zum Entsetzen der übrigen Anwesenden besaß ich ein paarmal die unglaubliche Frechheit, aufzustehen und rauszugehen, was übrigens nicht einfach war in der dicht aufeinander hockenden Menschenmasse. Ab einem bestimmten Moment gab ich es völlig auf, zum Tempel zu gehen, um Sai Baba zu besuchen.

Ohne die Stunden im Tempel, ohne Murali und in einer Stimmung, die von Tag zu Tag missmutiger wurde, verwandelte sich mein Aufenthalt im Ashram schnell in eine Quälerei. Ziellos lief ich durch die kleinen Straßen in der Umgebung und fragte mich, was ich tun sollte.

Kurzum, es schien, als sei dem ganzen Unternehmen ein kräftiger Misserfolg beschieden. Meine Vorstellung von einer festen Adresse, wo ich je nach Bedarf meine Portion Glück hätte abholen können, erwies sich als Illusion.

Nach Ansicht einer Frau, der ich im Ashram die ganze Geschichte über Murali erzählt hatte, fühlte ich mich so unglücklich, weil ich gegen die Regeln Sai Babas verstoßen hatte. Er lehnte freien Sex ab, verbot ihn sogar strengstens. Ich hatte irdisches Glück anstelle des himmlischen gewählt. Und jetzt strafte Sai Baba mich für mein ausschweifendes Verhalten.

Dieses Mal gelang es mir nicht, über so viel Dogmatismus zu lächeln. Ich hatte Lust, ihr ins Gesicht zu schlagen. Nicht dass ich nicht selbst das Gefühl hatte, durch meine Affäre mit Murali einen dummen Fehler begangen zu haben, doch dies schätzte ich nicht.

Ich interessierte mich nicht für einen spirituellen Führer, der mir vorehelichen Sex verbot. Dafür war es viel zu spät. Ich hatte keinen Bedarf an einer weiteren Religion, die mir etwas verbot, von dem ich fühlte, dass es erlaubt war angesichts meines Alters und meiner Vergangenheit.

Der Buddha erklärte seinem kleinen Sohn einmal, was es bedeutet, gut zu handeln: Frage dich bei allem, was du tust, ob es gut für dich selbst, gut für den anderen und gut für die Welt ist. Wenn du alle drei Fragen mit Ja beantworten kannst, ist deine Handlung gut.

Dies schien mir ein weiser Rat zu sein.

In Muralis Fall war ich mir selbst nicht so sicher, doch ich hatte keinen Sai Baba nötig, der mir erzählte, dass freier Sex falsch war. Ich werde darauf noch einmal zurückkommen, denn Sex ist ein wichtiges, geheimnisvolles Thema.

Murali war abgereist, nachdem er mir gegen meinen Willen das Versprechen abgenommen hatte, dass ich nach meinem Aufenthalt im Ashram gleich wieder zu ihm kommen werde. Er konnte und wollte meine vorsichtigen Versuche, ihm deutlich zu machen, dass ich es nicht wirklich ernst nahm, nicht verstehen. Als ich davon anfing, versagte sein ohnehin mangelhaftes Englisch plötzlich ganz. Er wollte, dass ich ihn mitnahm nach Amsterdam. Er wollte mich nicht mehr loslassen und drohte mit Selbstmord, wenn ich ihn fallen ließe.

Ich musste mich damit auseinander setzen. Murali, ein junger Mann von fünfundzwanzig, ausgestoßen von seiner Familie, Vater eines Sohnes, den er nie sehen durfte, Exliebhaber einer Frau, die seinetwillen Selbstmord begangen hatte, ohne jede Chance, sich wieder zu verheiraten, ohne Ausbildung, ohne Geld, mit einem Chef, der ihn für einen Hungerlohn fünfzehn

Stunden am Tag schuften ließ. Auf Murali wartete ein jämmerliches Leben bis zu dem Tag, an dem er sterben würde.

Ich fühlte mich traurig und hilflos, wurde von dem vertrauten Schuldgefühl überfallen. Außer Geld und Geschenken konnte ich ihm nichts geben.

Glücklicherweise geschah während dieses enttäuschenden Besuchs in Sai Babas Ashram auch etwas Komisches, etwas, das mich wieder mit beiden Füßen auf den Erdboden zurückbrachte. Es war etwas, das man nur in Indien erlebt und das mich weiterhin dieses Land lieben lässt, ungeachtet allen Elends.

Während eines meiner Anfälle von schlechter Laune beschloss ich, die Umgebung zu erforschen und eine lange Wanderung durch die Hügel zu unternehmen. Wandern ist für mich die beste Methode, Frustrationen loszuwerden. Es ist, warum auch immer, die Medizin, die bei mir am besten wirkt, und ich preise mich glücklich angesichts dieser gesunden Vorliebe.

Ich begab mich also auf einen der schmalen Pfade, die in die Hügellandschaft führten. Noch in Sichtweite des Ashrams befand ich mich plötzlich in Gesellschaft einiger Lausbuben, die aus dem Nichts aufgetaucht zu sein schienen. Sie begannen mich anzuquatschen, die vertraute »Woher kommst du?«-Geschichte, und ich amüsierte mich darüber. Ich mag die indischen Kinder, zumindest wenn sie nicht nur aufs Betteln aus sind.

Und so knüpfte ich ein kleines Gespräch mit ihnen an. Ja, ich wohnte in Sai Babas Ashram, ja, ich erkundete die Umgebung. Ob ich nicht noch einen Sai Baba sehen wolle? Verständnislos sah ich sie einen Augenblick an, doch meine Neugierde war geweckt. Ja, ich wolle gern einen anderen Sai Baba sehen, denn dieser – ich sagte es nicht laut – begann mir ganz hübsch auf die Nerven zu gehen.

Wir mussten etwa zwei Stunden laufen, bevor wir im Ashram Sai Babas des Zweiten ankamen. Auf den ersten Blick strahlte dieser Ashram durchaus die Ruhe und Stille aus, die ich für gewöhnlich damit verbinde und nach der ich mich in diesem Augenblick enorm sehnte.

Ich lief durch den Garten, in Richtung des Hauptgebäudes, und plötzlich bekam ich einen Mann ins Visier, der genauso aussah wie Sai Baba der Erste. Derselbe Krauskopf, dasselbe grellorange Flattergewand. Er wurde eben durch ein paar Anhänger mit einer Videokamera gefilmt.

Sobald er mich erblickte, winkte er mir und machte deutlich, dass er mich ebenfalls auf dem Film haben wollte. Ich musste neben ihm stehen, sein Arm um meinen Nacken gelegt, und so wurden wir gefilmt. Nur mit Mühe konnte ich einen Lachanfall unterdrücken.

Natürlich schmeichelte mir dieser gastfreundliche Empfang enorm. Das war doch etwas ganz anderes als der unverschämte Türwächter und ein Sai Baba, den ich nur aus einer Entfernung von einem Kilometer Abstand anschauen durfte. Dieser Pseudo-Sai muss in mir die ersten Anzeichen einer ebenso großen Verehrung, wie sie Sai dem Ersten zuteil geworden war, gesehen haben, denn ich wurde wie ein Ehrengast behandelt.

Er nahm mich beiseite und »zauberte«, genau wie Sai Baba, heilige Asche für mich hervor. Nur sah ich bei ihm, dass sie aus seinem Ärmel kam. Ich tat, als hätte ich Nasenbluten und genoss die Show, froh, dass wieder einmal etwas Besonderes geschah.

Danach blickte er mir tief in die Augen und starrte eine Zeit lang auf die Linien in meiner Hand. Ich bekam eine lange Geschichte über meine Vergangenheit, meine Gegenwart und meine Zukunft zu hören. Verblüffend war, dass er verschiedene ungewöhnliche Gegebenheiten aus meiner Vergangenheit ansprach, die allesamt wahr waren. Ungeachtet meiner etwas kicherigen Stimmung war ich doch beeindruckt von seiner unübersehbaren Begabung.

Woher stammt eigentlich diese gruselige Gabe, die so viele Inder besitzen, Vikram? Ich weiß, dass diese uralte astrologische Tradition nicht bloß betrügerischen Ursprungs sein kann und dass sie noch immer viele Adepten hat. Ihre große Anhängerschaft ist verständlich. Der Astrologe hat bei euch dieselbe Aufgabe wie der Psychotherapeut bei uns.

Der Durchschnittsinder jedoch sucht ihn gerne auf, um sich seine Zukunft weissagen zu lassen. Oder um zu erfahren, welches Lotterielos er kaufen muss.

Der Astrologe spielt mit der Zukunftsangst vieler Menschen und vergisst schlicht hinzuzufügen, dass Zukunft formbar ist. Doch ich habe einmal einen westlichen Psychologen behaupten hören, dass die Astrologie eine bessere Typologie des menschlichen Charakters liefere als alle Freuds und Jungs zusammengenommen.

Obwohl Sai der Zweite versuchte, mich dazu zu bewegen, in seinen Ashram einzuziehen und mich in der Kunst des Meditierens unter seine beflügelnde Führung zu begeben – denn das hatte ich ihm zufolge in diesem Augenblick nötig –, ließ ich mich nicht umstimmen. Ich hatte genug von Sais, Ashrams und Meditation. Ich wollte zurück nach Amsterdam, an mein Plätzchen an der Gracht, um in aller Ruhe über meine Erfahrungen nachzudenken. Die Reise durch den Himalaja, die Kalachakra-Einweihung, Murali, die beiden Sais, die peinlichen Fehlschläge, es war wieder einmal genug für die Dauer dieser Reise.

Freundlich nahm ich Abschied von Sai dem Zweiten, lief zum Ashram Sais des Ersten zurück, packte meine Sachen und reiste ab.

Ich weiß, dass du gelegentlich unsicher bist, Vikram, doch stehst du im Allgemeinen Sai Baba und seinen Wundern äußerst skeptisch gegenüber. Obwohl ich dir darin bis zu einem gewissen Punkt folge, finde ich bestimmte Dinge doch sehr verblüffend. In Indien gibt es viel zu viele Pseudo-Swamis, Möchtegern-Yogis und andere Sorten »heiliger« Männer. Alle sind sie auf Macht, Geld und sogar Frauen aus. Aber gelegentlich stößt man doch auf einen echten heiligen Mann. Die Kunst besteht darin, die echten von den unechten zu unterscheiden.

Auch ist es unumstritten, dass im Ashram Sai Babas sonderbare Dinge geschehen. Für den naiven Zuschauer sind das außerordentlich geheimnisvolle Ereignisse.

Für mich dürfen sie geheimnisvoll bleiben. Das Leben verflacht, wenn kein Raum mehr bleibt für das Mysterium. Warum haben Menschen nur so viel Angst davor? Schlimmer noch: Warum rufen Gurus wie Sai Baba nur so viel Skepsis und Aggression hervor?

Teils wird es Neid sein. Daneben sind es Wut und Frustration über das Böse, das Religionen im Lauf der Jahrhunderte verursacht haben und immer noch verursachen. Vor allem in meiner eigenen Kultur, aber auch in der deinen. Das hat dazu geführt, dass Menschen sich gegenüber allem, was mit Religionen zu tun hat, abweisend verhalten.

In meinem Kulturkreis herrscht ein Gottesbild, das auf der einen Seite zu hoch und auf der anderen Seite zu niedrig ist. Zu hoch, weil uns beigebracht wurde, dass Gott das Absolute ist und dass es nur einen Gott gibt. Selbst Hegel fiel auf diesen Irrtum herein und bezeichnete die Hindus als primitiv, weil sie nicht zu der Synthese eines einzigen Gottes kommen konnten. Doch der Hindu ist viel weiser: Über all seinen Göttern steht Brahman, das erste und letzte Prinzip, das wir eventuell auch Geist oder Bewusstsein nennen können.

Unser Gottesbild ist aber auch zu niedrig, da wir nicht glauben können, dass Gott auch ein gewöhnlicher Mensch sein kann. Ein Sohn Gottes, das geht noch, aber ein Mensch als Gott? Unmöglich. Und Gott, wenn er denn existiert, muss die Vollkommenheit besitzen, die einem Gott eigen ist: allmächtig, allwissend. Ein Gott mit üblen menschlichen Eigenschaften ist eine Unmöglichkeit, Heiligenschändung. Es ist die Größe deiner Kultur, Vikram, dass sie einen Menschen Gott sein lässt und Gott einen Menschen. Keine andere Kultur hat ein so erhabenes Menschenbild wie die deine.

Die Kultur, aus der ich stamme, kennt leider nur den einen Gott, der gebot, dass wir keine anderen Götter anbeten sollen. Für den Philosophen des Ostens ist Jesus von Nazareth ein großer Yogi, der das Zeug hatte, eine neue Tradition zu begründen, ebenso wie der Buddha. Nicht mehr und nicht weniger. Es geht sogar das Gerücht, Jesus habe seine Ausbildung in Indien genossen. Und in Kaschmir soll er beigesetzt worden sein. Ein komisches Detail, doch letztlich nicht von Belang.

Misst man die Bedeutung, die Jesus hatte, an den Folgen seiner Existenz, so war er der wohl bedeutendste Mann in der Geschichte des Westens. Ein Junge aus der Werbebranche fragte mich einmal nach dem besten Werbetext, der jemals geschrieben wurde. Als ich ihn fragend anschaute, antwortete er: »Genesis 1,1.«

So ist es, Religionen sind nicht allein kulturelle Schablonen, sie bilden auch die Denkmuster für den menschlichen Geist allgemein, auch für Leute, die meinen, nicht religiös zu sein. Der Unglaube ist nur eine Variation ein und desselben Themas.

Viele Ungläubige sagen, dass sie nur an sich selbst glauben. Das Ich als Gott. Um Himmels willen! Wie lange einer das durchhält, hängt ganz davon ab, wie erfolgreich oder misslungen so ein Ich ist. Die meisten Menschen sind nicht sehr erfolgreich, und früher oder später kommt selbst für das erfolgreiche Ich der Punkt, wo es ihn oder sie im Stich lässt.

Wer sagt, dass Religion Opium des Volkes ist, hat wenig von Religion begriffen, wenngleich der Gedanke eigentlich nicht wirklich verrückt ist, falls er im positiven Sinne gemeint ist. Ab und zu muss man doch aus dem Alltagstrott ausbrechen können, um davon nicht total mutlos zu werden?

Ja, es geht mit Sex, Drogen und Rock'n'Roll, aber abgesehen

davon, dass auch das nicht immer gesund ist, hört es eines Tages wieder auf. Man kann nicht ewig tanzen und schwelgen. Und was dann? Religion, als Opium angewandt, wäre dann ideal. Ich meine Religion im weitesten Wortsinn. Als Zufluchtsort innerhalb des eigenen Geistes. Als Pforte zum Paradies auf Erden. In Kalkutta habe ich das sicher nötig.

Auch du brauchst diese Möglichkeit auszubrechen, Vikram, und die kleinen Pujas tun dir deutlich gut. Sie schenken dir die Ruhe, mit der Hölle umzugehen, die Kalkutta verkörpert. Du argumentierst wie der Dalai Lama, wenn du sagst, Kalkutta sei eine *golden opportunity*, um meine Spiritualität zu trainieren. Ich werde es müssen, will ich dort überleben.

Ich glaube nicht an Sex, Drogen und Rock'n'Roll als Langzeitperspektive. Bei uns ist der Gebrauch von Drogen, Alkohol, Nikotin und Medikamenten so erschreckend hoch, dass er für die Volksgesundheit eine echte Bedrohung darstellt. Doch wird dies zu meinem Erstaunen selten mit dem Verschwinden der Religion in Verbindung gebracht.

Als ich vor etwa zehn Jahren im Yoga-Krankenhaus war, fragte ich den Leiter des Instituts, welche yogischen Mittel gegen Depressionen angewendet werden könnten. Es interessierte mich, da in meinem Kulturkreis Depressionen epidemische Formen anzunehmen beginnen. Auch ich selbst bin ab und zu davon betroffen.

Seine Antwort liegt zwar ein bisschen zurück, doch was er mir sagte, war aufschlussreich: »Die Menschen hier sind nicht so schnell deprimiert. Wenn sie über etwas niedergeschlagen sind, bitten sie ihren Gott, die Ursache hierfür wegzunehmen. Wird sie weggenommen, sind sie froh, wird sie nicht weggenommen, akzeptieren sie es als ihr Karma.«

Menschen, die Gott als Bauernfängerei abtun, haben, so meine ich, nicht nur keine Ahnung von Gott, sie haben auch keinen blassen Schimmer davon, wie der menschliche Geist arbeitet.

Ich muss es mir von der Seele schreiben, dass ich nicht begreife, warum Psychologen, Soziologen, Anthropologen und alle, die sich auf wissenschaftlicher Ebene mit dem Menschen beschäftigen, sich nicht auf der Stelle nach Puttaparthi begeben, um vor Ort Zeuge eines Phänomens zu werden, das nicht nur selten in Erscheinung tritt, sondern auch von immenser Bedeutung für die Forschung ist: das Entstehen einer neuen Religion. Dies müsste die Wissenschaft doch in Bewegung bringen!

Doch nichts von alledem geschieht, Vikram. Diejenigen, die dorthin gehen, werden Anhänger und verlieren ihre Objektivität, oder sie werten das Ganze als Volksschwindel ab, nicht wert, ernst genommen zu werden.

Wie man es auch dreht und wendet, Sai Baba bleibt ein Phänomen. Vielleicht ist er göttlich, vielleicht teuflisch, vielleicht sogar beides.

# IV

Vielleicht fragst du dich inzwischen nach dem Ursprung meines Interesses für Philosophie.

Vor meinem fünften Lebensjahr bin ich zweimal knapp dem Tod entronnen. Das ist, kurz gesagt, wahrscheinlich der Hauptgrund für mein Interesse an Philosophie. Es scheint ein psychologisches Naturgesetz zu sein, dass Kinder, die in jungen Jahren schwerwiegenden traumatischen Erfahrungen ausgesetzt waren, später reflexive Menschen werden. Sie werden gezwungen, nachzudenken. Ihr Weltbild stimmt nicht mit dem gängigen überein. Sie stellen Fragen, die für andere Menschen nicht so relevant sind. Ein Großteil ihres Lebens widmen sie, bewusst oder unbewusst, dem Versuch, Antworten zu finden. Der eine tut das innerhalb der Philosophie, ein anderer in der Kunst, ein dritter in den Wissenschaften und wieder ein anderer über den Weg der Religion.

Als ich zum ersten Mal dem Tod ins Auge blickte, war ich drei Monate alt. Ich war das vierte von insgesamt acht Kindern, und meine Mutter wurde kurz nach meiner Geburt wieder schwanger. Am Tag, bevor ich auf die Welt kam, starb meine Großmutter.

Du kannst dir also vorstellen, wie schwer meine Mutter es in dieser Zeit hatte. Die ersten drei Kinder waren noch klein, der Krieg war eben vorbei, und viel Geld war auch nicht vorhanden. Sie war so angespannt, dass sie, ungeachtet meines andauernden Gebrülls, nicht bemerkte, dass keine Milch mehr aus ihren Brüsten kam. Es fiel ihr nicht einmal auf, dass das Gebrüll nach einiger Zeit völlig verstummte und ich nur noch still und apathisch in meiner kleinen Wiege lag.

Als sie mir dies sehr viel später erzählte, ging mir ein Licht auf. Wo befand ich mich, als ich so ausgehungert und still in meiner Wiege lag? War ich bewusstlos? Viele Jahre später, während meiner langen Meditationssitzungen in buddhistischen Klöstern, sah ich häufig Bilder, die mir bekannt vorkamen, die ich jedoch nicht sofort zuordnen konnte.

Es waren Bilder einer Region, die sich sehr hoch oberhalb des Himmels zu befinden schien. Ihre Farben waren unbeschreiblich, und sie war in ein unwahrscheinliches Licht getaucht. Doch das Auffallendste an diesen Bildern war die Atmosphäre. Eine enorme Ruhe, Heiterkeit und Schönheit ging von dieser Umgebung aus. Ich hätte mich für immer dort aufhalten mögen.

Während meiner Meditationen drang es zu mir durch, dass ich mich wahrscheinlich als Baby dort befunden habe. Weggetreten, weg vom Schmerz, weg vom Hunger.

Ich lebte von der Schönheit und Ruhe dieser Bilder. Sie nährten und erhielten mich. Ich brauchte nichts anderes mehr.

Es scheint eine bekannte Tatsache zu sein, dass Menschen, die stark unter Schmerzen leiden oder sich in großer Not befinden, über diese Möglichkeit des Austretens aus dem Körper verfügen. Sie ist ein gnädiger Mechanismus, der in unserem Geist angelegt ist.

Meine Mutter weiß nicht mehr genau, wie lange ich so in meiner Wiege lag. Ich wurde von einer resoluten Tante gerettet, die mich sofort zum Arzt brachte. Mehr tot als lebendig, lautete dessen Diagnose.

Doch ich erholte mich wieder, wenn auch die Beziehung zu meiner Mutter lange nicht mehr das war, was sie hätte sein müssen. Meine erste Erinnerung – ich war damals zwei Jahre alt – ist hierfür ein Beispiel. Ich sitze mit meinen beiden Schwestern auf der Kommode, und meine Mutter kämmt unser Haar. So hastig, dass es wehtut, und ich frage meine Mutter, ob es möglich sei, sich eine andere Mutter auszusuchen. Von diesem Zeitpunkt an herrschte Krieg zwischen uns. Ich wurde ein waghalsiges, aufsässiges Kind, das immer irgendwelche Streiche im Kopf hatte.

Meine Waghalsigkeit war auch die Ursache dafür, dass ich ein zweites Mal beinahe über die Klinge sprang. Ich war geradezu versessen auf meine älteste Schwester, die nicht ganz normal ist. Sie besaß eine Maßlosigkeit, die gut zu meiner Aufsässigkeit passte. Sie mochte es, den Betrieb zum Narren zu halten, und meist kam sie ungestraft davon, da sie ohnehin als verrückt galt. Doch so gestört war sie nun auch wieder nicht. Meine Mutter ging im Hungerwinter mit ihr schwanger, und die Engpässe sollen für die Fehlentwicklung ihres Gehirns verantwortlich gewesen sein. Ihr Geist hat mich lange maßlos fasziniert. Sie ist gestört, so viel steht fest, doch versetzt sie mich mit ihrer messerscharfen Menschenkenntnis immer wieder in Erstaunen.

Unser Haus lag an einer etwa sechs Meter breiten Schleuse, die in der Mitte ziemlich tief war. Man hatte uns verboten, uns in der Nähe dieser Schleuse aufzuhalten, solange wir nicht schwimmen konnten. Eines Tages lag auf einmal ein Brett quer über dieser Schleuse. Meine Schwester stachelte mich an, über das Brett auf die gegenüberliegende Seite zu laufen.

Ich tat, was meine Schwester mir sagte, und begann, mich auf die andere Seite zu zu bewegen. Genau in der Mitte der Schleuse muss ich in Panik verfallen sein, ich verlor mein Gleichgewicht und fiel ins Wasser. Was nun folgt, ist die eindringlichste Erfahrung meines Lebens. Wenn man ertrinkt, gelangt man aus irgendeinem Grund dreimal nach oben an die Wasseroberfläche und wird dann wieder nach unten gezogen. Wenn einer zum dritten Mal untergeht, ist es mit dem Betreffenden zumeist aus.

Ich werde den Augenblick dieser Wende nie vergessen: das Umschlagen von totaler Panik im Moment des Beinahe-Erstickens zum Bewusstwerden einer wunderbar stillen Schönheit. Plötzlich stiegen aus dem Chaos eine totale Ruhe, ein hundertprozentiger Friede, strahlende Schönheit und die vollständige Hingabe an das, was ist.

Ich habe das berühmte Licht gesehen, Vikram. Das Licht am Ende des Tunnels. Ich wollte für immer dort bleiben. Hatte überhaupt kein Bedürfnis, »gerettet« zu werden. Sondern das Gefühl, zu Hause angekommen zu sein. Ich sage es jedem, der es hören will: Der Tod ist eine ganz schöne Verbesserung. Nichts, wovor man Angst haben müsste. Es ist herrlich auf der anderen Seite.

Doch ich wurde »gerettet«. Ich durfte nicht bleiben. Meine verrückte Schwester fing in unangenehmen Situationen immer hysterisch zu lachen an. Das war ihre Art, die Nerven zu bewahren. Ihr wildes Lachen erregte die Aufmerksamkeit eines Vorübergehenden, der die Situation schnell überblickte und mich aus der Schleuse fischte. Und so kehrte ich ins Leben zurück.

Das war das zweite Mal, dass ich dem Tod von der Schippe sprang, und es sollte, wesentlich später, in Indien, noch ein drittes Mal geschehen. Da war scheinbar doch etwas, das mich an dieses Leben band. Etwas sorgte und sorgt noch immer dafür, dass ich es nicht verlassen kann, bevor meine Zeit gekommen ist.

Durch die wunderbar friedliche Nahtod-Erfahrung ist Angst vor dem Tod mir vollkommen fremd. Ohne jemals mit Selbstmordplänen herumgelaufen zu sein, kann ich mir doch manchmal heftig wünschen, tot zu sein. Ich stehe, könnte man sagen, regelmäßig bereit, um zu verschwinden. Versteh das bitte nicht falsch, Vikram. Ich mag das Leben noch immer sehr, vor allem da du jetzt in das meine gekommen bist.

Ich bin mir nicht sicher, ob ich in meiner Todesstunde noch immer so viel Mut haben werde. Wahrscheinlich nicht, denn ich fürchte mich vor Schmerzen, und Sterben ist meist mit Schmerzen verbunden. Doch bevor es so weit ist, werde ich niemals unter Todesangst leiden, und das ist ein großer Trost. Ich betrachte es als ein Geschenk des Lebens.

Die wahre Tragweite der Auswirkungen jener Nahtod-Erfahrung – oder jener Schon-Echttod-Erfahrung, wer kann es sagen? – werde ich wahrscheinlich niemals ermessen, doch denke ich, dass sie einer der Gründe ist, warum ich Philosophie studieren wollte. Von klein auf ist es mein einziger echter Ehrgeiz gewesen, alt und weise zu werden. Das klingt vielleicht trivialer als es ist. Wenn ich mich umschaue, scheint es, als würden die meisten Menschen immer dümmer, je älter sie werden. Das Alter bringt nicht mehr die Weisheit mit sich, die es erträglich gestalten und ihm eine gewisse Würde verleihen könnte.

So entehrt auch nichts den Menschen so sehr wie die Art und Weise, wie bei uns oft mit alten Menschen umgesprungen wird. Aber es ist auch widerwärtig, jemanden auf dumme Weise alt werden zu sehen. Das ist vielleicht der Grund für die immer groteskere Verehrung der Jugend.

In deiner Kultur wird noch eine Auffassung vom Älterwerden gepflegt, die von tiefer Weisheit und Menschlichkeit zeugt. Das Leben eines traditionellen Hindu ist in vier Phasen aufgeteilt. Die erste ist die des Schülers. Die zweite die des Familienmannes oder der Familienfrau. Die dritte ist die des Einsiedlers, der sich von jeder Form sozialen Lebens zurückzieht und auf die letzte Phase vorbereitet: die des Asketen, der sich ausschließlich auf das Spirituelle konzentriert, auf das Sterben, auf das Jenseits, auf die Einswerdung mit Gott. Das erscheint mir alles viel humaner und weiser.

Ich erwartete, in der Philosophie die Weisheit zu finden, die mir den Schlüssel in die Hand gäbe, die Wahrheit hinter meinen rätselhaften Erfahrungen zu erschließen. Warum war ich davon überzeugt, dass so etwas wie Wahrheit existierte? Wahrheit in

Bezug worauf? Ich war durch diese beiden Nahtod-Erfahrungen auf etwas gestoßen, das mir unendlich viel wirklicher vorkam als die Wirklichkeit, in der ich leben musste, so klein ich damals auch noch war.

Ich habe schon versucht, es dir in meinem Brief über Sai Baba zu erklären. Es bleibt sehr schwer, dieses Gefühl in Worte zu fassen, gerade weil es nicht an den Verstand appelliert und dadurch nicht an die Sprache. Doch das ist eine bekannte Tatsache. Das wird dir jeder Mystiker erzählen.

Ich wuchs als katholisches Kind in der überwiegend sozialistisch geprägten Umgebung eines kleinen Dorfes auf. Die Katholiken mussten sich andauernd gegen »die Roten« wehren und abgrenzen. Wäre ich in einem Dorf geboren, wo ausschließlich Katholiken wohnten, hätte ich vielleicht keine Fragen gestellt und wäre möglicherweise als zufriedene Katholikin groß geworden, doch sehr wahrscheinlich ist das nicht.

Meine Kindheit fiel zeitlich genau mit dem Beginn des massiven Glaubensverfalls zusammen. Priester verloren ihre Autorität, und viele Kirchen mussten wegen mangelnden Interesses ihre Türen schließen. Da die Katholiken in meinem Dorf sich jedoch gegen den zunehmenden Herrschaftsanspruch der »barbarischen, gewissenlosen und gottlosen Sozialisten« verteidigen mussten, klammerten sie sich umso krampfhafter an die kirchlichen Dogmen.

Unser Nachbarsjunge Dickie war der Sohn von Sozialisten. Obwohl meine Eltern etwas aufgeklärter waren, wurde mir auf der katholischen Schule verboten, mit kommunistischen Kindern zu spielen. Nun fand ich Dickie sympathisch. Er war der liebste Junge der Straße, immer freundlich und hilfsbereit, und er piesackte mich nie.

Kurzum, Dickie war mein Freund.

Auf der Schule wurde mir erzählt, dass Dickie niemals in den Himmel käme, weil er Sozialist sei. Als ich das hörte, bin ich für alle Zeiten von meinem Glauben abgefallen. Seit dieser Zeit sah ich nur noch die Lächerlichkeiten, die Ungereimtheiten, die Scheinheiligkeit und den Betrug innerhalb dieses Glaubens.

Dies läutete auch eine neue Phase im Krieg mit meiner Mutter ein, denn diese war streng, was die Lehre betraf, und sie erwartete dasselbe von ihren Kindern. So verbrachte ich meine Jugend im Streit mit meiner Mutter und im Streit mit dem Glauben, denn ich ließ mich natürlich nicht so mir nichts, dir nichts unterkriegen.

Die Folge war, dass ich mit einer Religion aufwuchs, aus der jede Schönheit und jeder Zauber verschwunden waren. Aber so klein ich auch war, ich wusste, dass das nicht wahr sein konnte. Dass es Betrug war. Eine Lüge.

Obwohl ich es damals nicht so hätte ausdrücken können, bestand da auch noch die subtilere Lüge über die Beschaffenheit der Realität selbst.

Die Tatsache, dass ich beinahe ertrank, hat jahrelang mein Leben auf gravierende Weise beeinflusst und verändert. Hätte ich den Begriff gekannt, hätte ich gesagt, dass die gängige Wirklichkeit mir wie eine virtuelle Wirklichkeit erschien. Es waren andere Wirklichkeiten möglich, genauso real, genauso gültig.

Vielleicht denkst du, dass ich verwirrt war, dass meine kindlichen Fantasien Besitz von mir ergriffen hatten. Auf gewisse Art und Weise war das sicherlich so. Aber die Grenzlinie zwischen Wirklichkeit und Fantasie ist oft dünn. Ich erdachte meine Fantasien nicht: Ich konnte mich in diesen Fantasien in eine andere Wirklichkeit projizieren. Ihr Realitätsgehalt war für mich genauso stark wie der der alltäglichen Wirklichkeit. Sogar noch stärker.

Ich entdeckte die Möglichkeiten meines eigenen Geistes. Ich tat damit, was ich wollte. Die Realität, die als Realität galt, erhielt dadurch etwas Zufälliges, Willkürliches. Und da sie nicht immer so schön war, akzeptierte ich sie auch nicht als etwas

Feststehendes, und ich wunderte mich darüber, dass andere Menschen das sehr wohl zu tun schienen.

Vielleicht denkst du jetzt sogar, dass ich verrückt geworden sei, genau wie meine Schwester. Aber so war es nicht. Ich funktionierte genauso gut wie andere Kinder. Ich hatte ausgezeichnete Schulzeugnisse, heckte Streiche aus, amüsierte mich mit meinen Schwestern und war beinahe nie krank.

Doch wenn ich allein in meinem Zimmerchen war, tauchte ich in diese andere Wirklichkeit ein. Ich legte mich aufs Bett und atmete auf eine bestimmte Weise. Der Atem wurde mein Schwungrad in die Unendlichkeit.

Durch spätere Studien habe ich begriffen, dass ich eine Art Pranayama-Übung machte, doch davon wusste ich damals natürlich noch nichts. Ich wusste bloß, dass ich dadurch, dass ich auf eine bestimmte Weise atmete, meinen Körper verlassen und überallhin reisen konnte, wohin ich auch wollte.

Ich konnte in andere Wirklichkeiten eintreten und aktiv daran teilhaben. Ich konnte durch das Weltall fliegen und dort Sterne und Planeten bewundern. Ich konnte in Sphären eintauchen, die vollkommen still und herrlich waren. Ich konnte mich auf Berge, Meere und in Wälder begeben und dort wirklich sein. Ich schlief nicht, Vikram, ich träumte nicht, ich war einfach da.

Die Möglichkeiten waren genauso zahlreich wie meine Fantasie reich war. Und doch lebte ich nicht in einer Fantasiewelt. Die alltägliche Wirklichkeit konnte ich allerdings auch nicht mehr richtig ernst nehmen.

Ich versuchte, meine jüngere Schwester daran teilnehmen zu lassen. Ich organisierte sogar eine Art Meditationssitzungen, wobei wir uns im Schneidersitz vor einer Kerze niedersetzten. Dann musste sie sich konzentrieren, und ich versuchte, ihr das Aus-sich-selbst-Treten beizubringen. Mein Schwesterchen begann rasch, sich zu langweilen, und dadurch kamen auch in mir Zweifel hoch. Langsam begann ich, meine paranormale Wirklichkeit zu vergessen.

Aber nicht ganz. Etwas so Überwältigendes geht nicht so einfach verloren. Mein ganzes Leben lang hatte ich Augenblicke, in denen diese Erfahrungen blitzartig zu mir zurückkehrten. Zum Beispiel, wenn ich an einer Bushaltestelle wartete. Die mich umgebende graue Wirklichkeit veränderte sich plötzlich in ein einziges Lichtmeer von Energie. Ich verschwand dann in diesem Meer und fühlte mich während einiger Sekunden komplett eins mit meiner Welt. Aber diese Erfahrungen machte ich leider nur sporadisch.

Obwohl ich also meine Fähigkeiten vernachlässigte, sind sie doch Teil von mir geblieben, und der Wunsch zu begreifen, was damals geschah, war stets präsent.

In der westlichen Philosophie ist für solche Dinge wenig Raum. Im Allgemeinen kümmert sie sich allein um Verstandesdinge. Alles, was darüber hinausgeht, ist das Transzendente, und darüber müssen wir schweigen. Genau da kommt die östliche Philosophie dagegen erst richtig in Schwung, und es zeigt sich, dass darüber sehr wohl vernünftige Dinge gesagt werden können.

Sie öffnete mir eine komplett neue Welt. Eine Welt, in der ich als Kind zufällig landete und worin sich meiner Meinung nach viele Kinder regelmäßig aufhalten. Bereits die Bibel sagt es: Wenn ihr nicht werdet wie die Kinder, werdet ihr das Reich Gottes nicht betreten. Da geht es nicht allein um Unschuld. Es geht um das Verlassen der Verstandeswelt. Es wird gelegentlich behauptet, dass dies auch das Geheimnis Johannes des Täufers war: Er soll die Menschen gerade lange genug unter Wasser gehalten haben, um ihnen eine derartige Erfahrung zu verschaffen.

Im Westen herrscht derzeit wieder viel Interesse an paranormalen Phänomenen. Die Psychologie beginnt, sich darum zu kümmern, doch fehlt ihr der Rahmen und die Tiefe der östlichen Philosophie, und sie stümpert vorläufig lediglich ein bisschen in der Thematik herum.

Auch bei uns gab es immer ein unterschwelliges Interesse am Paranormalen, dem jetzt mehr Ausdrucksmöglichkeiten eingeräumt werden. Wahrscheinlich ist dies dem Autoritätsverlust der Kirchen zu verdanken, die ein derartiges Interesse immer als teuflisch abgestempelt haben. Unsere Kirchenväter waren nie besonders großzügig mit Interpretationen: Wir müssen einfach alles als von oben gegeben annehmen.

Es fällt mir immer wieder auf, dass Menschen, die sich vom Paranormalen angezogen fühlen, in Wirklichkeit oft verkappte Machtmenschen sind. Aus welchem anderen Grund sollte jemand sich die Mühe machen, paranormale Fähigkeiten zu entwickeln? Viele der so genannten »übersinnlichen« Heiler leiden an Machtbesessenheit und sind sich dessen in den seltensten Fällen bewusst. Dies steht im Gegensatz zu euren Schwarztantrikern; die wissen verdammt gut, womit sie sich beschäftigen und gehen ganz darin auf.

Ich habe einmal einen indischen Philosophen sagen hören, dass ein Mensch eigentlich nur auf zwei Dinge in seinem Leben aus sein kann: Macht oder Liebe. Eine Zwischenform existiert nicht, das eine schließt das andere aus. Das ist sehr gut möglich. Bei den Weiß- beziehungsweise Schwarztantrikern wird es jedenfalls sehr deutlich.

Nietzsche vergaß die Liebe und glaubte, jeder sei ausschließlich an Macht interessiert. Das war einer seiner Gedanken, die mir als Studentin so sehr gegen den Strich gingen.

Als Kind vergaß ich unter dem Druck der alltäglichen Wirklichkeit die »paranormale« Welt wieder. Übrig blieb der Wunsch, sie einmal zu verstehen, genauso wie ich später den Wunsch entwickelte zu begreifen, worum es im Katholizismus eigentlich ging.

Idealerweise sollte Religion eine Quelle von lebenslanger Freude, von Halt, Trost, Anstand und Erhebung sein. Doch so, wie sie mir beigebracht wurde, degenerierte sie zu einem ernsthaften Handikap für meine persönliche Entwicklung.

Obwohl meine Eltern beide katholisch waren, nahm mein Vater dies weniger ernst als meine Mutter. Meine Mutter gehörte zu jener Art von Christen, gegen die Nietzsche so gewettert hat. Den Christen, die in der Angst vor Gott und seinen Geboten lebten, in Angst vor Kirche und Priestern. Den Christen der Selbstbeschränkung anstelle der Selbsterhöhung.

Meine Mutter war der Typ von Christin, die brav einem Pastor zuhörte, als der ein Jahr nach der Geburt ihres ersten Kindes fragte, wie es denn komme, dass sie noch nicht in Erwartung ihres zweiten Kindes sei. Sie nahm doch nicht etwa verbotene Medikamente? Schließlich gebar sie acht Kinder und hatte auch noch zwei Fehlgeburten.

Sie glaubte an so einen Pastor, der die Menschen nicht zu religiösem Bewusstsein und einem natürlichen moralischen Anstand zu inspirieren wusste und ihnen deswegen seine eigene kranke Moral auferlegte. Mit Aussicht auf die Hölle, wenn einer sich dem zu entziehen versuchte.

Deswegen strebte Nietzsche eine *Umwertung aller Werte* an: Diese christliche Lehre verdiente es, zerschlagen zu werden, totgeschlagen, lächerlich gemacht zu werden. Und das geschah dann auch. Einer solchen Lehre ist kein ewiges Leben beschieden.

Ich frage mich, warum die Kirche und ihre Religion nicht schon viel früher zusammengebrochen sind. Letzen Endes passierte es doch erst vor vierzig Jahren. Kannst du dir vorstellen, wie rückständig wir sind, wie viele Generationen durch alles, was mit Kirche und Religion zu tun hat, verkorkst wurden?

Wenn ich gegen den christlichen Glauben wettere, dann bezieht sich das vor allem auf die Art und Weise, wie er mir seinerzeit übermittelt wurde. Doch bin ich keine Ausnahmeerscheinung, Vikram. In den Niederlanden ist es eher so, dass diejenigen, auf die er eine positive Auswirkung hatte, die Ausnahme bilden.

Ich hatte Glück. Dadurch, dass ich beinahe ertrank, hatte ich mein eigenes religiöses Erlebnis gehabt, bevor ich noch mit dieser Religion konfrontiert wurde. Wenn auch vage, so wusste ich doch, dass ein Zusammenhang zwischen dem, was ich erfahren hatte, und dem, was Kirche und Priester mir durch die Kehle pressen wollten, bestand.

Ich sollte dreißig Jahre brauchen, um den genauen Zusammenhang zu begreifen, doch pries ich mich selbst glücklich, dass es mir letztlich doch geglückt ist.

Jede Religion beginnt mit einer moralischen Lehre. Diese ist, abgesehen von einigen kleinen Unterschieden, in allen Religionen dieselbe: Du sollst die Wahrheit sagen, du sollst nicht stehlen, du sollst die Frau deines Nachbarn nicht begehren und so weiter. Das, was eigentlich jeder immer schon weiß.

Warum dies so ist, ist eine philosophische Fragestellung, die heute immer wichtiger wird, da das moralische Bewusstsein einen so erschreckenden Tiefpunkt erreicht hat, dass die Gesellschaft untragbar zu werden droht.

Das ist in deinem Land oft noch schlimmer ausgeprägt als bei uns, Vikram. Jetzt da ich wirklich in der indischen Gesellschaft funktionieren musste, jetzt da mein Leben unbeschwerten Erforschens vorbei ist, wird mir dies umso deutlicher.

Überall in deinem Land ist fühlbar, dass Indien zu den korruptesten Ländern der Welt gehört. Auf Dauer beginnt das an einem zu nagen. Ich frage mich, wie man da noch funktionieren kann. Schon bei etwas so Einfachem, wie dem Kauf eines Liters Milch, wird man damit konfrontiert. In neun von zehn Fällen ist die Milch so mit Wasser verdünnt und mit Mehl wieder angedickt, dass, setzte man das Ganze in die Sonne, Chapatti entstünde.

Ich komme aus einem der reichsten Länder der Welt, wo man nicht ums Überleben kämpfen muss. Doch deswegen achte ich umso mehr darauf. Und ich gewöhne mich nie daran. Ich will nicht den Eindruck erwecken, selbst auch nur um ein Haar besser zu sein als die Menschen in Indien, Vikram. Ich bin ebenso unmoralisch wie der Rest der Menschheit. Deswegen interessiert es mich auch so.

Es entwickeln sich immer mehr Aggression, Gewalt und Kriminalität, und auch bei uns treibt die Korruption ihr Unwesen. Die von den Religionen auferlegten Sanktionen sind weggefallen, und das ist gut so. Eine Religion, die Sanktionen nötig hat, verdient ihren Namen nicht.

Es dauerte lange, bis Gott wieder in mein Leben trat. Es geschah in einem völlig unerwarteten Augenblick und an einem total unwahrscheinlichen Ort: in Berlin. Ich werde dir später mehr darüber erzählen.

Es sollte noch länger dauern, bis ich begriff, dass die christliche Lehre in Wirklichkeit eine fantastische Lehre ist, die keiner anderen Lehre, wie attraktiv diese auch sein mag, unterlegen ist. Nur könnte sie ein wenig toleranter im Hinblick auf andere Traditionen sein. Intolerante Religionen sind lebensgefährlich. Eine Religion ohne Toleranz wird letztlich auch wenig Mitgefühl mit menschlichen Schwächen haben und versuchen, sie zu unterdrücken, anstatt Mittel anzubieten, um diese Schwächen zu überwinden. Ironischerweise habe ich in Indien lernen müssen, was den Wert und die Größe des Christentums ausmacht.

Im Verlauf meiner Suche nach weisen Menschen landete ich schon auf meiner ersten Reise in einem christlichen Ashram, irgendwo im Süden Indiens. Dieser Ashram wurde von einem Benediktinermönch, Father Bede Griffiths genannt, geleitet. Früher einmal war er als Missionar von seinem Orden nach Indien geschickt worden, wo ihn die Spiritualität dermaßen fesselte, dass er nie mehr wegging und seinen eigenen, christlichen Ashram gründete.

Father Bede war ein beeindruckender Mann, der mit seinem

sonnengegerbten Körper, seinen langen grauen Haaren und seinem Bart Jesus ein bisschen ähnlich sah. Doch am Auffallendsten waren seine Augen. Sie strahlten so viel Weisheit, so viel Liebe, so viel Verständnis und Mitgefühl aus, dass es beinahe wehtat. Augen, denen man ansehen konnte, dass sie jahrelang in Meditation versunken waren. Er übte einen viel stärkeren Einfluss auf mich aus als ich damals erkannte. Der Ashram lag an einem der herrlichen Plätze, an denen Indien so reich ist. Dies ist auch der Sinn eines Ashrams: Der Ort selbst muss zu Besinnung, zu Reflexion, zu Ruhe und Frieden inspirieren. Dieser war in einem Palmenwald an einem der heiligen Flüsse gelegen. Ordentlich angelegt und gepflegt, sauber, ruhig und äußerst angenehm.

Dreimal täglich hielt Father Bede eine kurze Messe in einem offenen Raum, der als Kapelle diente, und vor dem Abendessen las er ein Stück aus einem Buch vor, das er interessant fand. Das Thema während meines Aufenthaltes dort lautete: Frauen und Spiritualität.

Auch wissenschaftliche Entwicklungen fanden sein Interesse. Er zog Wissenschaftler aus allen Teilen der Welt an und führte mit ihnen lebendige Diskussionen über die Berührungspunkte zwischen Wissenschaft und Spiritualität.

Ich bin in den Niederlanden einmal dem Exabt eines großen Klosters begegnet, der mit Father Bede befreundet war. Er war durch ihn so inspiriert worden, dass er den Mönchen auf dem Speicher des Klosters Unterweisungen in Meditation gab. Die Kirche reagierte wenig dankbar und machte kurzen Prozess mit ihm: Er wurde seines Amtes enthoben.

Father Bede stand auch für ein persönliches Gespräch zur Verfügung, und das wünschte ich mir. Als er mich empfing, beeindruckte mich seine Erscheinung so sehr, dass ich verlegen wurde. So verlegen, dass ich keine Möglichkeit sah, vollen Gebrauch von dieser Gelegenheit zu machen. Wenn ich einer wirklich großen Persönlichkeit gegenübersitze, erscheinen mir meine Fragen häufig trivial und überflüssig, da die Antwort bereits vor mir sitzt. Im Angesicht echter Weisheit fühle ich mich geradezu mit Dummheit geschlagen.

Er vermittelte mir einen Eindruck, wie der Mensch gedacht ist, was ein Mensch sein kann, wenn er sein volles Potenzial ausschöpft. Ich wurde still angesichts von so viel Schönheit.

Die Tatsache, dass er, ungeachtet seiner starken Beeinflussung durch den Hinduismus, der christlichen Lehre dennoch treu geblieben war, erstaunte mich. Ich selbst hatte mit dem Studium des Hinduismus eben erst begonnen, war jedoch von dessen Tiefe und Weisheit so fasziniert, dass ich für nichts anderes mehr Augen hatte. Für mich stand damals fest, dass der Hinduismus dem Christentum in vielerlei Hinsicht unendlich überlegen war.

Father Bede verstand meine Verwirrung. Vielleicht war auch er durch diese Phase gegangen. Lächelnd begann er mir zu erzählen, dass es keinen höheren oder schnelleren Weg als den der Liebe gebe und dass keine andere Lehre dies besser ausgearbeitet habe als das Christentum. Er sagte mir, dass es nicht schaden könne, unterschiedliche Religionen zu studieren. Es bereichere lediglich mein religiöses Bewusstsein. Er machte mir auch klar, dass ich nicht per se jetzt zu wählen brauchte. Ich konnte ja innerhalb jeder Religion meinen eigenen Weg auf Gott zugehen. Ich wünschte, ich hätte einen Kassettenrekorder mitgenommen, denn das alles überrumpelte mich zu sehr, als dass ich es gleich hätte aufnehmen können.

Ich tröste mich jedoch mit Plato, der sagt, dass jedes wirkliche Lernen Kommunikation zwischen zwei Seelen ist, wobei Worte von untergeordneter Bedeutung sind. Er geht davon aus, dass keine einzige Philosophie Wahrheit über den Weg der Schrift kommunizieren kann. Allein durch direkten Kontakt kann eine Seele die Flamme in einer anderen entfachen. Es handelt sich um eine echte Übertragung. Alles andere ist im besten Fall Weitergabe von Information und im etwas schlechteren Fall

Indoktrination. Das, was Father Bede sagte, war mir jedenfalls aus der Seele gesprochen.

Er gab mir nicht nur meinen Glauben an das Christentum zurück, sondern zugleich meinen Glauben in den Glauben allgemein. Glauben heißt Vertrauen. Vertrauen, dass so etwas wie Gott existiert. Das, was die Kirche sagt, brauche ich nicht zu glauben, wenn ich das Gefühl habe, dass es nicht der Wahrheit entspricht. Es gibt in allen Religionen etwas, dem ich nicht vertraue und woran ich folglich nicht glaube. Echte Spiritualität ist nicht das Vorrecht von Religionen, sondern eine Frage wahrhaftigen Glaubens.

Das war eine wichtige Erkenntnis. Auch eine Erkenntnis, dass meine Erfahrungen als Jugendliche mit dem Katholizismus nicht nur auf Dummheit und Irrtum beruhten. Die Erkenntnis, dass ich es lediglich mit unwissenden Menschen zu tun gehabt hatte, die selbst auch nichts davon begriffen.

Prinzipiell ging es um etwas sehr Schönes. Es war kein böser Komplott gewesen, mit dem Ziel, mir das Leben sauer zu machen. Für diese Einsicht werde ich ihm immer dankbar sein.

Das letzte Mal, dass ich dorthin kam, war er ernsthaft krank. Die ganze Atmosphäre im Ashram hatte ebenfalls die Ausstrahlung von Krankheit, wie immer, wenn ein geliebter spiritueller Lehrer sein Leben zu verlieren droht. Alle waren stark deprimiert, wodurch die spirituelle Atmosphäre gänzlich verschwunden war. Wenig später hörte ich, dass er gestorben sei.

Ich bin stolz und dankbar, dass ich dieser großen Seele begegnen durfte. Menschen wie er sind der lebendige Beweis dafür, was eine Religion vermag. Nur die Religion kann einen Menschen so schön machen, so vollkommen, und genau dies ist es auch, was man von ihr erwartet. Welche andere Instanz wäre imstande, einen Menschen so zu perfektionieren? Der Kunst gelingt es nicht, genauso wenig wie der Wissenschaft.

Der Liebe gelingt es wohl, doch nur, wenn die Liebe letztlich spirituell wird. Das heißt, wenn sie zu einer allumfassenden Liebe gedeiht, anstatt zu einer, die sich auf etwas Spezielles richtet. Und so eine Liebe könnte man als religiös umschreiben. Nicht alles an einer Religion ist spirituell und nicht jede Spiritualität religiös. Das ist das Verwirrende an Religionen. Wenn sie funktionieren, bringen sie das Schönste, was es gibt, hervor, funktionieren sie nicht, pervertieren sie zum Hässlichsten.

Father Bede bewahrte mich vor jedem Dogmatismus und gab mir den Respekt gegenüber dem Christentum zurück, indem er betonte, dass das Christentum die Religion der Liebe verkörpere. Dass der christliche Gott Liebe ist. Dass Liebe an und für sich göttlich ist. Er lehrte mich das, was die Propheten meiner Jugend bereits sagten: »All you need is love.«

Darüber hinaus gab er mir den Mut, meinen eigenen Weg zu gehen. Ich brauchte ja nicht zu wählen. Ich brauchte lediglich dafür zu sorgen, dass meine Liebe intakt blieb und sich zu einer allumfassenden Liebe entwickelte. Und dabei waren alle Mittel erlaubt.

»Sei dir selbst ein Licht«, sagte der Buddha. Es bleibt mir kein anderer Weg.

Ab und zu blicke ich mit Neid und Wehmut auf Menschen, deren religiöse Erziehung ihnen wirklich das gebracht hat, was sie bringen muss. Die sich vorbehaltlos ihrem Gott geben können. Frei von Zweifel, ohne Zögern – die totale Hingabe.

Das ist wunderschön anzusehen, besonders in Indien, wo sehr deutlich wird, was Religion in einem solchen Falle vermag. Für die Mehrzahl der Inder bedeutet Gott in erster Linie Fest. Ich staune jedes Mal wieder neu über das Ausmaß religiöser Festivals in Indien, über all die Zeit und das Geld, die darauf verwendet werden. Und nicht nur einmal jährlich, sondern alle naselang.

Es macht die Menschen schön, würdevoll und erhebt sie über ihren oft einfachen Status. Alle Ungerechtigkeit, aller Schmutz,

Armut, Krankheit und Elend werden zunichte angesichts der Gnade und Erhabenheit, die ihnen ihr Glaube verleiht. Er steht ihnen ins Gesicht geschrieben. Wörtlich und im übertragenen Sinne.

Ich las einmal, was ein einfacher indischer Bauer auf die Frage, ob er einen Glauben besäße, antwortete: »Ich wäre ganz schön verrückt, wenn ich keinen hätte.« Und das stimmt, Vikram, er wäre wirklich ganz schön verrückt.

Auch die Art und Weise, wie der integre Gläubige mit seinen Göttern umgeht, kann mich komplett in Rührung versetzen. Nimm das Beispiel eines anderen armen Inders, der von weit her nach Benares kam, wahrscheinlich zu Fuß, um den berühmten Viswhanath-Tempel zu besuchen, und der im Eingang des Heiligtums, alles und jeden um sich her vergessend, ausrief: »Lord, I have come to you!«

Ich bin zur totalen Hingabe nicht fähig, Vikram. Mein Gottglaube ist ein wankelmütiger. Mein Hintergrund, meine Entwicklung und meine Kultur stehen mir im Weg. Ich bin fähig, mich von einem Dalai Lama, einem Sai Baba oder einem Father Bede inspirieren zu lassen. Auch echte Kunst, Weisheit oder Naturschönheit können mich inspirieren. Davor kann ich sogar auf die Knie fallen, auch dies bereitet mir keine Mühe.

Doch mich rückhaltlos, frei von Zweifel, Gott hinzugeben, nein, das ist eine Unmöglichkeit für mich geworden. Meine Kultur hat mir keine Gottesfurcht mitgegeben. Die Verehrung meiner Kultur gilt dem Goldenen Kalb: Ruhm, Macht und Status, physischer Schönheit, Betäubungsmitteln. Allem Möglichen. Ich muss andere Wege beschreiten.

Ungeachtet der Streitereien mit meiner Mutter, mit den Lehrern, Kaplänen und Pastoren, ungeachtet meiner hartnäckigen Versuche, genau das zu tun, was diese papistischen Leute mir verboten, muss in meinen jungen Jahren doch eine Faszination für den Glauben entstanden sein, so wie andere Erfahrungen eine Faszination für die Philosophie bewirkten.

Beide trafen letztlich in der östlichen Philosophie zusammen. Doch dem ging, wie du weißt, ein akademisches Studium westlicher Philosophie voraus. Ein Studium, das ich mit Vergnügen absolvierte, ungeachtet der Tatsache, dass ich nicht die Antworten fand, nach denen ich auf der Suche war. Ich war schon etwas älter, als ich damit begann. Nicht frisch vom Gymnasium, denn dort hatte man mich wegen ausschweifenden Betragens bereits vor der Abschlussprüfung weggeschickt.

Zwischen sechzehn und zwanzig wanderte ich ziemlich hilflos von einem trübsinnigen Bürojob zum folgenden. Natürlich eignete ich mich nicht dafür, in Büros herumzusitzen, und so wurde ich dann auch ständig entlassen.

Den letzten dieser Jobs hatte ich bei einem Buchimporteur, bei dem regelmäßig ein junger Verleger vorbeikam. Eines schönen Tages fragte der mich, ob ich seine Assistentin beim Aufbau eines neuen literarischen Verlages werden wolle. Das ließ ich mich nicht zweimal fragen. Ich verbrachte fünf glückliche, lehrreiche Jahre in der inspirierenden Gesellschaft des Verlegers, seiner Dichter, Autoren und Künstler. In gewissen Augenblicken dachte ich, dass ich dort bis zu meiner Pensionierung bleiben könne und dass ich damit sehr zufrieden sein könne. Doch war ich nicht hundertprozentig mit dem Herzen dabei. Mein Herz gehörte meinen Fragen, meinem Staunen, meiner Verwirrung. Ich entschied mich, Philosophie zu studieren und das Unsichere dem Sicheren vorzuziehen.

# V

Philosophie, Weisheitsliebe, die Königin der Wissenschaften, wie sie früher genannt wurde. Ich genoss dieses Studium, Vikram. Fünf Jahre Fest auf der Universität von Amsterdam. Ich meine hiermit nicht die üblichen Studentenfestchen, die Trinkgelage, das Herumschwadronieren und Faulenzen. Das gab's auch, sicherlich, das gab es auch.

Ich war an eine 40-stündige Arbeitswoche gewöhnt und hatte keinerlei Mühe, diesen Rhythmus beizubehalten. Oft wurde sogar eine 80-stündige Arbeitswoche daraus, so sehr genoss ich es, obwohl sich die Philosophie – fern von Weisheitsliebe, geschweige denn Königin der Wissenschaft – in einer Identitätskrise befand. Sie glaubte nicht mehr an Wahrheit, liebte die Weisheit nicht mehr, und wenn du mich fragst, so ist die moderne Philosophie alles andere als weise.

Die Weisheit ist wie eine Frau, Vikram. Du musst sie lieben, sonst gibt sie sich nicht wirklich. Die Weisheit besitzt »gute Gründe, ihre Gründe zu verbergen«, um einen deutschen Philosophen zu paraphrasieren, der dasselbe über die Frau sagt.

Doch es wehte ein frischer Wind, damals in Amsterdam. Es gab ein paar kompetente und integre Dozenten und sogar einige große Geister. Freigeister, Leute, die selbst nachdachten, mit bestimmten Vorstellungen rangen und einen partizipieren ließen. Leute, die zeigen wollten, dass man dieses denken konnte, aber genauso gut auch jenes. Die versuchten, einem das Denken beizubringen, gänzlich ohne Dogmen. Oder auf Basis des Dogmas, dass Wahrheit nicht existierte.

Es war eine gute Ausbildung. Die Götter waren mir günstig

gesonnen. Die Metaphysik war noch nicht aufgehoben. Dies sollte kurz nach meinem Weggang geschehen.

Kannst du dir das vorstellen, Vikram? Über das Absolute, das Sein selbst, wird nicht mehr gesprochen. Was einst als Krone der westlichen Philosophie galt, haben sie aufgegeben. Zuerst haben sie Gott und anschließend das Absolute aufgegeben. Das konnte nicht ausbleiben, natürlich. Gott repräsentierte seit der Einführung des Christentums – auf welche Weise auch immer – lange Zeit das Absolute im westlichen Denken.

Doch ging der christlichen noch eine weitere Philosophie voraus, worin Gott noch nicht mit dem Absoluten zusammenfiel: die griechische. Die Metaphysik blieb demnach noch ein Weilchen bestehen als ein *important type of nonsense*, wie es ein englischer Philosoph ausdrückte. Doch letztendlich triumphierte der rationale Geist, wo für das Absolute oder einen Gott kein Platz war. Es war eine Art Heiligsprechung des rationalen Denkens. »Worüber man nicht sprechen kann, darüber muss man schweigen«, diktierte Wittgenstein. Worauf einer der Amsterdamer Freigeister replizierte: »Aber, meine Damen und Herren, worüber man nicht sprechen kann, darüber kann man doch auch nicht einfach schweigen?«

Das sprach mir aus der Seele, und ich fasste eine Vorliebe für die Metaphysik. Doch schätzte ich gleichermaßen Wissenschaftsphilosophie, Logik und vor allen Dingen Erkenntnistheorie, die Theorie, die sagt, was stichhaltige Kenntnisse sind und was nicht, was man kennen kann und was nicht.

Nun, das wollte ich wohl wissen. Kann man das Absolute kennen? Kann man Gott kennen? Die Antwort der Philosophie sollte letztlich »Nein« lauten, und innerhalb ihres Denkrahmens musste die Antwort auch Nein lauten.

Später sollte ich begreifen, dass der Rahmen selbst zu begrenzt war. Der größte Bereich der westlichen Philosophie bleibt innerhalb des intellektuellen Kaders und leugnet die Möglichkeit, über diesen hinauszugehen und doch noch wahres oder stichhaltiges Wissen zu versammeln. Dies ist ihre größte Beschränkung.

Die Metaphysik wird zumindest noch einer ersten Intuition gerecht, nämlich dass alles ein zusammenhängendes Ganzes ist. Sie spekulierte darüber und kam zu dem Schluss, dass nicht alles relativ sein konnte. Es musste also so etwas wie das Absolute geben.

Ich habe einmal einen der Dozenten verzweifelt ausrufen hören, dass es vollkommen unwissenschaftlich sei, so etwas wie das Absolute nicht anzunehmen. Es ist eine logische Ungereimtheit. Wirklich beweisen konnte er es letztlich natürlich nicht. Er argumentierte überwiegend vom Herzen aus, kam damit aber nicht durch.

Herz und Intuition erhalten in der Philosophie wenig Raum.

Letztlich haben sie vielleicht doch Recht mit ihrem *important type of nonsense*. Nicht weil das Absolute nicht existiert, sondern weil man vom Intellekt aus gesehen tatsächlich nicht so viel darüber sagen kann. Dazu bedarf es mehr.

Als angehende Studenten wurden wir gefragt, warum wir Philosophie studieren wollten. Wir wüssten doch sicherlich, dass damit noch nicht mal trocken Brot zu verdienen sei?

Es waren die siebziger Jahre, eine Zeit des Luxus, verglichen mit der Periode, die darauf folgte. Den Niederlanden ging es gut. Die Ölkrise war soeben überstanden, es gab keine Arbeitslosigkeit, keine Rezession, besser konnte es kaum werden. Ich bin froh, dass meine Jugend in diese inspirierenden Jahre fiel. Amsterdam brauste vor Kreativität. Nichts schien unmöglich, alles war erlaubt. Themen gab es genügend für den modernen Philosophen. Der Marxismus war wieder populär, die zweite feministische Bewegung kam auf, es fand eine sexuelle Revolution statt, die Neutronenbombe wurde erfunden. Natürlich interessierte das alles auch mich in starkem Maße.

Allerorts wurde lebendig diskutiert. Meine besten Freunde

und mein damaliger »Verlobter« bezeichneten sich als Marxisten. Ich fand jedoch rasch heraus, dass dies nicht meine Themen waren. Ich hatte das Gefühl, ich müsse erst andere Dinge wissen. Ich suchte nach der Weisheit und Wahrheit, die sich hinter der Oberfläche verbargen. Auch von der feministischen Diskussion, die damals geführt wurde, hielt ich mich fern. Nicht dass die Thematik mich nicht interessiert hätte, schließlich war ich selbst eine Frau. Doch wurde die Kritik gegenüber Männern zu Beginn noch auf grobe Manier geäußert. Und das war gegen meine Überzeugung. Ich mochte Männer zu sehr. Wie hätte ich sie nicht schätzen sollen? Meine fantastischsten Stunden hatte ich mit Männern verbracht, so sehr ich auch auf die Gesellschaft von Frauen eingestellt war. Später sollte ich mich noch mehr darin vertiefen; ich versuchte sogar, eine weibliche Logik zu entwerfen.

Doch standen mir diese Fragen damals, als ich zu studieren begann, nicht so klar vor Augen. Anfangs wurde ich auch von vielen Dozenten und Studenten ein bisschen misstrauisch beäugt. Mein Aussehen versprach offensichtlich nicht viel Ernst und Tiefgang. Vielleicht herrschte heimlich auch noch die Überzeugung vor, dass Frauen sich nicht mit Philosophie beschäftigen sollten. Es wurde nicht besonders viel von uns Frauen erwartet. Faktisch waren wir frei, denn heiraten und Kinder kriegen mussten wir nicht mehr. Ich war auch nicht sonderlich ehrgeizig und fühlte mich nicht getrieben von der Vorstellung, eine gute Stelle bekommen oder viel Geld verdienen zu müssen. Die Mitteilung, mit der Philosophie sei nicht mal trocken Brot zu verdienen, beeindruckte mich denn auch nicht besonders. Ich wusste, dass ich in einem Land wie den Niederlanden niemals vor Hunger oder Kälte umkommen würde. Der Rest war für mich Nebensache. Geld spielte keine Rolle; ein gutes Leben hieß für mich ein freies Leben, in dem ich das tun konnte, was ich nicht lassen konnte.

Ich hatte immer wenig Geld gehabt und mich davon nie stören lassen. Vorläufig besaß ich ein Stipendium, und das bedeutete für die kommenden fünf Jahre genügend Sicherheit. Kommt Zeit, kommt Rat.

Auf die Frage an uns Studienanfänger, warum wir Philosophie studieren wollten, antwortete ich, mehr über das Bewusstsein und die Zeit wissen zu wollen. Glücklicherweise finden Philosophen eine derartige Fragestellung völlig normal. Was ich nicht wusste und was mir damals auch nicht gesagt wurde, war, dass Bewusstsein und Zeit für westliche Philosophen ebenfalls ein großes Rätsel darstellen.

Mein Interesse für diese Thematik war ein Überbleibsel meiner sonderbaren Erfahrungen. Als Kind hatte ich ja oft mit meinem Bewusstsein gespielt. Und während dieser Spiele war ich in einer anderen Zeit gelandet, die irgendwo an einem anderen Ort zu existieren schien. Dadurch vermutete ich, dass Zeit und Bewusstsein miteinander zu tun hatten.

Auf meiner Grundschule sah man vom Klassenzimmer aus auf eine große Kirchturmuhr. Wann immer ich mich langweilte, starrte ich auf diese Uhr. Ich sah die Sekunden, Minuten, Stunden verstreichen. Wo waren sie geblieben? Wohin gingen sie? Und was verbarg sich hinter dem Begriff Ewigkeit, worüber sie im Kindergottesdienst sprachen? Keine Aneinanderreihung von Jetzt-Augenblicken, so viel war sicher. Auch keine Aneinanderreihung von Sekunden, denn hatte ich nicht in einer einzigen Sekunde die Ewigkeit erfahren – im Augenblick, da ich beinahe ertrank? Ewigkeit ist außerhalb von Zeit; doch was ist dann Ewigkeit, was ist Zeit?

Die westliche Philosophie konnte also meine Fragen nicht beantworten. Daher mein Gefühl, nach Studienende noch nicht fertig zu sein. Daher mein Wunsch, Antworten woanders zu suchen.

Ich weigerte mich zu glauben, dass die Erfahrungen meiner Kindheit Halluzinationen gewesen seien. In allem Übrigen war ich doch ein ganz normales Kind gewesen? Und außerdem, was ist eine Halluzination? Das Wort weckt Assoziationen mit Kranksein. Doch was ist es genau? Eine chemische Reaktion im Gehirn, wird ein Neurologe oder Psychologe vielleicht sagen, doch das ist die Erleuchtung ebenfalls.

Ich musste und würde die Wahrheit herausfinden. Vielleicht fragst du dich, Vikram, warum ich dann nicht Psychologie studiert habe. Mehr oder weniger intuitiv wusste ich jedoch, dass ich da überhaupt keine Antwort auf meine Fragen erhalten würde.

Was wusste die Psychologie? Sie ist bei uns im Westen eine Wissenschaft, die in den Kinderschuhen steckt. Sie ist gerade hundert Jahre alt. Wenn du zehn Psychologen fragst, was die Psyche ist, bekommst du zehn unterschiedliche Antworten. Oder überhaupt keine.

Ich hatte einige Psychologiebücher gelesen und war einerseits schockiert über die Unwissenheit der Autoren und andererseits über die Entschiedenheit, mit der sie glaubten, Menschen heilen zu können.

Ich war damals bereits der Meinung, die Psychologie müsse ein Ableger der Philosophie sein: Erst wenn man weiß, was der Mensch in seinem tiefsten Wesen ist, kann man vielleicht herausfinden, was ihm fehlt und wie man dies zum Besseren wenden kann. Doch hatte man nicht nur keine Ahnung vom Wesen der Psyche, man ging der Einfachheit halber auch davon aus, dass es sich hierbei um eine Frage handelte, die nicht zu beantworten war. Ist das nicht entmutigend, Vikram?

Nein, ich brachte der Psychologie großes Misstrauen entgegen und habe es dann auch lange vor mir hergeschoben, mich einer Therapie zu unterwerfen. Doch dann kam eine Zeit, in der mich gewisse Erlebnisse so sehr in Verwirrung brachten, dass ich ohne fremde Hilfe da nicht mehr herauskam.

Als ich, sehr viel später, Kurse über buddhistische Philosophie gab, lud ich einmal einen Gast ein, der als Psychologiedozent an der Freien Universität von Amsterdam lehrte. Diesem Mann drohte die Entlassung, weil er auf dieser sehr christlich ausgerichteten Universität mit dem Buddhismus sympathisierte. Meiner Ansicht nach hätte er keinen besseren Lehrmeister wählen können. Denn was die Kenntnis des Geistes betrifft, so lässt der Buddha Leute wie Freud bereits beim Start weit hinter sich.

Dieser Dozent wurde später tatsächlich entlassen. Das ist unser Wissenschaftsstand innerhalb der Psychologie. Und scheinbar auch der Stand des Christentums. Und das in einer Zeit, in der Depressionen und Neurosen epidemische Ausmaße anzunehmen beginnen. Man schätzt, dass ein Drittel der Bevölkerung meines Landes an psychischen Problemen leidet. Und das ist noch optimistisch geschätzt, wahrscheinlich hat sogar die Hälfte der Bevölkerung psychische Hilfe nötig. Und die ist beinahe nicht zu kriegen: Da muss der Blinde den Lahmen leiten.

Das ist doch beängstigend. Wie kann eine Gesellschaft auf Dauer funktionieren, wenn mehr als die Hälfte der Bevölkerung psychische Probleme hat? Und wie sieht das übrigens bei der zweiten Hälfte aus? Ist die denn wirklich geistig gesund, oder gibt sie das nur vor?

Ich übertreibe ein wenig, Vikram, es gibt bei uns selbstverständlich glückliche, zufriedene Menschen, die ein harmonisches Leben führen. Doch nicht so viele wie in deinem Land. Die Situation ist dringlich, und von der Psychologie erwarte ich keine Rettung. Sicherlich nicht, solange es den Praktizierenden verboten ist, sich durch den Buddha, den größten Psychologen aller Zeiten, inspirieren zu lassen.

Obwohl dies für mich damals alles nur vage Vermutungen waren, erfüllte mich die Wahl meines Studiums mit Zufriedenheit. Die westliche Philosophie besaß immerhin die Bescheidenheit und Eleganz, zuzugeben, dass sie mit Rätseln konfrontiert war. Ich bin sicher, dass die Psychologie früher oder später den Buddha entdecken wird. Auch bin ich sicher, dass die Philosophie ihre Krise eines Tages überwinden wird. Wahrheit und

Weisheit sind ewig, ebenso wie der menschliche Drang, danach zu suchen. Ich denke, die Krise der Philosophie besteht darin, dass sie dies nicht mehr ernst nimmt. Wahrheit existiert nicht mehr, das Absolute hat ausgedient, Gott gibt's nicht mehr. Lang lebe die Relativität.

Der Letzte, der noch über das Absolute zu sprechen wagte, war Hegel. Nicht Nietzsche hat Gott den Garaus gemacht, sondern Hegel. Heimlich, denn hätte der damalige deutsche König seine Schriften lesen können, wäre er einen Kopf kürzer gemacht worden. Also schrieb er so abstrakt, dass der König ihn ebenso wenig verstand wie Nichtphilosophen und selbst viele Philosophen. »Alles Wirkliche ist vernünftig, alles Vernünftige ist wirklich«, lautet einer seiner berühmtesten Gedanken.

Nicht Gott, sondern die Vernunft, die Begrifflichkeit, wurde das Absolute.

Ich schätzte Hegel durchaus. Ich bewunderte in hohem Maße seine Präzision, die Schärfe seines Verstands, seine Eigenwilligkeit und seinen Mut. Eine der ersten Passagen, die ich als Studentin von ihm las, war eine Äußerung über Freiheit.

Noch so ein philosophisches Thema. Was ist Freiheit? Für mich auf jeden Fall das am stärksten begehrte Gut, deswegen sprach der Abschnitt mich doppelt an. Er behauptete, in einem für ihn typischen knappen Statement, dass Freiheit immer nur Freiheit *in* etwas bezeichnen kann und niemals Freiheit *von* etwas. Freiheit in Gebundenheit ist die einzige wirkliche Freiheit, Freiheit von jeglicher Gebundenheit der Tod. Mehr sagt die Passage eigentlich nicht. Hegel interpretiert nicht. Er konstatiert für gewöhnlich, und darüber kann man dann weiter nachdenken. Er ist streng und verlangt absolute Schärfe im Denken.

Obwohl ich die Metaphysik schätzte, die Spekulationen über das Absolute, über das Sein an sich, fand auch ich, dass Philosophie letztlich vom Leben handeln müsse. Doch für mich schlossen die beiden einander nicht aus. Im Gegenteil.

Ob man es nun anstrebt oder nicht, betrachtet man das Leben doch immer von einem bestimmten Gesichtspunkt aus. Und tatsächlich sind nur zwei Perspektiven denkbar: Entweder beruht alles auf dem Zufallsprinzip, oder es gibt einen bestimmten Plan innerhalb des Ganzen. Entweder ist mit dem Tod alles zu Ende, oder es geht weiter.

Denkt man über das Leben nach, so ist ganz sicher von Belang, von welcher Warte aus man es betrachtet. Mir will es nicht in den Kopf, dass ich einzig und allein ein endlicher Zufall sein soll. Nicht weil dieser Gedanke mich störte, sondern weil es so viele Hinweise gibt, die auf das Gegenteil deuten. Bereits Einstein sagte, dass Gott nicht würfelt. Alles kann dann relativ sein, sogar chaotisch, doch muss es etwas geben, das selbst nicht mehr relativ ist. Es geht nicht anders.

Aristoteles, der Philosoph, der den Begriff Metaphysik erfand, ging nicht von der Annahme eines Gottes aus. Er sah es etwas abstrakter und nannte das Absolute den »unbewegten Beweger«. Ein sehr schöner Einfall, der zugleich auch die Probleme der Metaphysik glänzend wiedergibt. Alles, was wir über das Absolute sagen, ist selbst nicht mehr absolut und dadurch widersprüchlich. Dies ist das ewige Problem der Metaphysik: Sie spricht über Dinge, über die man nichts sagen kann. Es bleiben Spekulationen.

Deswegen hat man die Metaphysik abgeschafft. Sie genügte den Regeln der Rationalität nicht, den Forderungen der Wissenschaft. Doch ist die Metaphysik ganz sicher ein wichtiger Bestandteil der Philosophie. Sie lässt uns über die tief verwurzelte Intuition, dass alles eins ist, nachdenken. Das sehen wir auch in den Naturwissenschaften, wo man weiterhin nach dem ersten Teilchen sucht, auf das alles zurückgeht.

Das, was die Philosophen sich kaum mehr zutrauen, wird jetzt von den Naturwissenschaftlern übernommen. Immer mehr Wissenschaftler interessieren sich wieder für Gott, denn Rätsel können nicht mit wissenschaftlichen Methoden gelöst werden.

Und der Drang zur *Theory of Everything* bleibt, er ist uns inhärent. Es besteht also Hoffnung, dass das Absolute, Gott, über die Hintertür wieder hereingeholt wird.

Inzwischen ist die Naturwissenschaft das neue Absolutum geworden, auch innerhalb der Gesellschaft. Die Wissenschaft als neuer Gott. Allmächtig und allwissend.

Wäre es nur wahr. Sie ist beispielsweise nicht einmal imstande, uns zu erzählen, wie wir ein glückliches und harmonisches Leben führen können. Dafür ist Weisheit notwendig. Das, wovon die Philosophie sagt, sie schätze es.

Wenn ich Religionen schätze, Vikram, dann wegen ihres Weisheitsgehalts. Es ist schade, dass die Philosophie zum jetzigen Zeitpunkt nicht daraus schöpft. Sie könnte den Nonsens bloßlegen, aber auch das Wertvolle, das Wahre. Sie könnte Menschen, die Religionen gegenüber misstrauisch sind, eine Stütze bieten. Sie könnte eine echte Aufgabe haben: Philosophie als die wahre Weisheitsliebe.

Die Philosophie müsste das Beste aus beidem kombinieren: die Weisheit der Religionen und die Rationalität der Wissenschaften. Eine Rationalität, die das Absolute einschlösse. Plato konnte dies noch, Thomas von Aquin beherrschte es auch, und bei dem einzigen wirklich berühmten niederländischen Philosophen, Spinoza, war dies sogar eine ausdrückliche Forderung. Doch bei den beiden Letzten hatte sich die christliche Dogmatik bereits eingeschlichen. Sie trauen sich nicht mehr, die modernen Philosophen. Sie können nicht mehr.

Bei einem Versuch, den Teilnehmern meines Kurses zur östlichen Philosophie zu erklären, was Weisheit ist, erzählte ich ihnen eine buddhistische Anekdote über eine weise Frau, die ein kleines Teehaus besaß. Sie schenkte den Menschen Tee ein, und wann immer sie jemanden sah, den sie für geeignet hielt, teilte sie ihm ihre Weisheit mit. Sie war sehr weise, diese alte Dame. Kam jedoch jemand herein, der fragte, was Weisheit sei, nahm sie diese Person mit in ihre Küche und schlug ihm oder ihr mit der Bratpfanne auf den Kopf.

Und so ist die Frage nach Weisheit denn auch keine einfache. Weisheit ist mehr als Intelligenz. Es gibt intelligente Menschen, die ausgesprochen närrisch sind, doch gibt es keine dummen Weisen. Es hat mit dem Leben zu tun. Es hat mit dem Wissen über das Leben zu tun, es hat mit Mitgefühl zu tun. Und mit Liebe.

Aber was ist es? Ein Grad von Perfektion, habe ich vom Buddha gelernt. Doch was ist dann Perfektion?

Es ist schade, dass den modernen Philosophen noch so wenig an Buddha gelegen ist, denn seitens der Gesellschaft wird dringlich an ihr Verantwortlichkeitsgefühl appelliert. Methoden, die ethische Probleme lösen, sind gefragt. Nun, da der Glaube als Fundament weggefallen ist, sucht man nach einer neuen Basis von Werten und Normen. Und das führt zu der Frage, wie wir leben müssen und warum.

Ich wuchs in einer Zeit auf, in der alle Normen und Werte über den Haufen geworfen wurden. Nietzsche bekam Recht mit seiner »Umwertung aller Werte«. Doch daraus resultierte kein *Übermensch*. Manchmal erhält man eher den Eindruck, dass alles auf dem Kopf steht.

In unserer Gesellschaft scheint die Eitelkeit zum höchsten Wert an sich geworden zu sein. Wer nicht eitel ist, bringt es nicht weit. Bescheidenheit disqualifiziert einen Menschen. Ehrlichkeit wird als Naivität bewertet. Warum sollst du ehrlich sein, wenn alle in deiner Umgebung den Betrieb hereinlegen? Warum sollst du die Wahrheit sagen, wenn alles eine einzige große Lüge ist? Warum sollst du deinen Mitmenschen nicht ausbeuten, wenn er sich anbietet?

Ist das nicht pervers, Vikram? Entspricht das nicht eher einer »Entwertung aller Werte« als einer »Umwertung aller Werte«? Man könnte auch sagen, dass du einfach nur deinem Herzen folgen musst. Du hast doch niemanden nötig, der dir erzählt, was gut oder schlecht ist?

Ja, das wäre möglich, wenn du es verstanden hättest, dein Herz ein wenig rein zu halten. Doch ist dies beinahe unmöglich, wenn du so viel Verwirrung ausgesetzt bist.

Die Philosophie unternimmt inzwischen einen verzweifelten Versuch, der Moral ein Fundament zu schaffen, doch ohne großen Erfolg. Sie stützt sich dabei auf die Rationalität und geht damit absolut konform mit den Forderungen unserer Zeit. Doch ist es genau diese Rationalität, die für den Verfall der Moral verantwortlich ist. Rationalität ohne Miteinbeziehung des Absoluten ist ganz und gar nicht rational.

Dies meinte der Dozent, als er sagte, es sei höchst unwissenschaftlich, so etwas wie das Absolute nicht vorauszusetzen. Um der Moral eine solide Basis zu geben, haben wir nicht unbedingt einen Gott nötig, aber doch ein Absolutes.

Der Buddha arbeitete überhaupt nicht mit Göttern. Auch er hatte die Götter abgeschafft, doch nicht das Absolute. Übrigens hat er die Existenz von Göttern weder bestätigt noch geleugnet. Das Nachdenken oder Spekulieren über Gott liefert keinen Beitrag zu deiner Erleuchtung, pflegte er zu sagen. In diesem Sinne war auch er kein Metaphysiker.

Was ist dann das Absolute des Buddha?, könnte man fragen. Das große Nichts, die Leerheit!

Das klingt vielleicht ein wenig enttäuschend, und doch ist es so. *Nirvana* bedeutet »das Verlöschen der Flamme«. Die Flamme steht für das Bewusstsein, das ewig in Bewegung ist, ewig flackert. Das Absolute steht für den erleuchteten, befreiten Menschen, eins mit dem Nichts, eins mit Allem.

Der wirkliche *Übermensch.*

Wir brauchen nicht alle Buddhas zu werden; einer ab und zu ist genug. Doch wenn wir so gern rational sein wollen, was die Moral angeht, warum nicht den Buddha um Rat fragen?

Der Buddha ist superrational in seinen Methoden und Experimenten. Doch sein *Achtfacher Pfad* beginnt zuallererst mit der »rechten Erkenntnis«, dem Ausrichten der Perspektive. Zu Beginn muss man annehmen oder glauben, dass das, was der Buddha sagt, der richtigen Perspektive, der richtigen Erkenntnis entspricht, um es danach zu einer gelebten, erfahrenen Wahrheit zu machen. Beim Buddha bekommt man nichts geschenkt.

Es vertiefen sich inzwischen mehr und mehr Frauen in die Philosophie; vielleicht macht das Mut zur Hoffnung. Frauen sind die Hüterinnen der Moral. Sie müssen es wohl oder übel, denn sie haben Kinder zu erziehen. Eine schlechte Moral wendet sich sofort gegen sie selbst in Gestalt widerspenstiger Kinder, die ihnen das Leben sauer machen.

Manchmal denke ich sogar, dass Religionen nicht allein *von* Männern gemacht sind, sondern überwiegend auch *für* Männer. Ich habe auch lange Zeit gedacht, dass, wollte man einen allgemeinen Unterschied zwischen Männern und Frauen benennen, es vielleicht der Unterschied ist, den ein indischer Philosoph anführte, als er die Menschheit in zwei Gruppen unterteilte: die, die auf Macht aus sind, und die, die Liebe suchen.

Frauen werden gezwungen, über Moral nachzudenken. Viel direkter als Männer. Nicht abstrakt, sondern konkret.

Leider habe ich selbst keine Kinder bekommen, doch höre ich von vielen Frauen, dass das Gebären eines Kindes eine höchst spirituelle, um nicht zu sagen mystische Erfahrung sein kann, die sie dem Göttlichen näher bringt als jede andere Erfahrung. Kinder gut zu erziehen, zwingt sie, ihren Egoismus loszulassen, ein anderes wichtiges Ziel religiösen Erlebens.

Kinder sind auch sonst eine lebenslange Übung im Loslassen. Eine gute Mutter erzieht ihre Kinder nämlich zur Selbstständigkeit; früher oder später muss sie sie gehen lassen. Kurz gesagt, Kinder kriegen und erziehen kann ein vollständiges spirituelles Training sein.

Sollte der Buddha dies gemeint haben, als er versuchte, die Frauen von seiner Religion fern zu halten? Hat er gemeint, sie hätten sie gar nicht nötig? Warum ist der Trottel nicht etwas deutlicher gewesen?

Es fällt mir schwer zu glauben, dass der Buddha, der immer eine enorme Weisheit an den Tag legte, einen dummen Fehler machte, der sich auf die Hälfte der Menschheit bezieht. Dahinter muss etwas stecken.

Durch die Ohnmacht der Wissenschaft und den Bankrott der Religion, den Menschen angesichts ihrer großen Lebensfragen festen Halt zu bieten, könnte der westlichen Philosophie eine schöne Aufgabe erwachsen. Hoffentlich greift sie die einmal auf.

Die Philosophie deiner Tradition hat dies immer gewusst. Im Unterschied zur westlichen Philosophie ist sie immer besonders praktisch gewesen. Sie steht einzig und allein im Dienste des Lebens. Weisheitsliebe ist bei euch keine leere Behauptung, sondern beinahe Volkscharakter.

Deine Tradition kennt das Wort Philosophie denn auch nicht. Anstelle von Philosophie sprecht ihr über *darshana*, was im wörtlichen Sinne Gesichtspunkt oder Sichtweise bedeutet. Es gibt sechs unterschiedliche, offizielle Darshanas, die alle einen anderen Aspekt des Lebens beleuchten.

Die Sutren des *Patanjali* gehören beispielsweise zu einem dieser Darshanas. Sie sind jedoch nur die praktische Ausarbeitung eines anderen Darshanas, das dafür das philosophische Fundament bildet. Darin scheint so viel Weisheit enthalten zu sein, dass Indien die älteste lebende Kultur besitzt, die noch immer vital und voller Energie ist, noch stets imstande, neue Impulse zu geben und zu empfangen. Und das mindestens seit fünftausend Jahren, doch höchstwahrscheinlich noch viel länger.

Ich fühle Respekt vor der Zeit, Vikram. Übersteht etwas den Zahn der Zeit so lange, so muss darin viel Weisheit, viel Wahrheit enthalten sein, anders geht es nicht. Lügen überleben nicht so lange. Es gibt immer kritische Geister, die sie demaskieren.

Deine Kultur ist so alt und lebendig, da sie auf einem handfesten Fundament beruht. Die Weisheit kommt aus dem Osten, das steht schon in der Bibel.

Buddhas Weisheitsbegriff geht tatsächlich so tief, dass er für den durchschnittlichen Laien unerreichbar scheint. Deswegen wollte er zu Beginn seine Weisheit auch nicht preisgeben, so steht es in den Annalen geschrieben. Er hat es schließlich doch getan, und da liegt sie nun, als Vorbild, als Lehre, als Auftrag.

So viel Freude ich auch an meinem Philosophiestudium hatte, es ließ mich letztlich mit leeren Händen zurück. Es hat mehr Fragen aufgeworfen als beantwortet. Doch hat es mir das Denken beigebracht. Es hat mich kritisch gemacht und damit vor viel Dummheit bewahrt. Es hat mich vor jeglichem Dogmatismus behütet. Es hat mich für Betrug sensibel gemacht. Es hat mir geholfen, meine Abneigung gegen Religionen abzulegen. Es hat mir, kurz gesagt, viel Freiheit gegeben.

Als ich dreißig wurde, zwei Jahre vor meinem Studienabschluss, kam ich zu dem Schluss, dass, wollte ich fit bleiben und meine gute Figur behalten, ich nun systematisch etwas dafür tun musste. Bis zu diesem Zeitpunkt war alles wie von selbst gegangen, doch vermutete ich, dass man ab diesem Alter der Natur ein bisschen nachhelfen musste.

Ich war nicht besonders scharf auf Sport; einem Ball hinterherzurennen, machte mir beispielsweise überhaupt keine Freude. Dagegen hielt ich viel vom Laufen, am liebsten in freier Natur, doch das betrachtete ich weniger als Sport.

Dies beschäftigte mich bereits ein Weilchen, als ich bei jemandem ein Yogabuch im Bücherschrank stehen sah. Ich wusste nicht viel über Yoga, wusste nur, dass es eine Art Gymnastik war. Ich wusste auch, dass mein älterer Bruder bereits von Jugend an Yoga machte, doch sprach er nie darüber. Viel später berichtete mir meine Mutter, dass ein Pastor bei ihr gewesen sei, um sie auf die Gefahren des Yoga hinzuweisen. Hätte sie mir dies bereits früher erzählt, hätte ich wahrscheinlich viel eher damit begonnen.

Vor allem die Fotos einer bildschönen, überaus beweglichen Dame sprachen mich an.

Das Buch versprach goldene Berge. Yoga sei nicht bloß ein Mittel, um alle Leiden für immer loszuwerden, es sei auch eine ausgezeichnete Methode, um innere Ruhe und Klarheit zu finden. Ein Zaubermittel.

Vor allem gefiel mir ein detaillierter Unterrichtsplan in diesem Buch, den ich zu Hause ausprobieren konnte, und dass ich nichts weiter benötigte, als ein paar locker sitzende Kleidungsstücke. Die Philosophie des Yoga fand kaum Erwähnung, doch umso ausführlicher waren die Anweisungen für ein korrektes Ausführen der Übungen, der *Asanas*.

Sie waren mir wie auf den Leib geschrieben. Ich wurde eine äußerst disziplinierte Schülerin und beherrschte die Asanas im Handumdrehen. Schnell widmete ich dem Yoga mindestens eine Stunde täglich, was nicht nur eine willkommene Abwechslung für die Stunden, die ich über den Büchern verbrachte, darstellte, sondern mir tatsächlich ein gutes Körpergefühl vermittelte.

Mein Körper wurde kräftiger, geschmeidiger, gesünder. Ich war hochzufrieden, dass ich das Yoga entdeckt hatte, und fühlte nicht das geringste Bedürfnis, mich in dessen Hintergründe zu vertiefen. Ich wusste kaum, dass es die gab.

Durch das Yoga wurde ich mir zum ersten Mal im Leben wirklich meines Körpers bewusst. Zuvor hatte ich ihn allein als eine Art Fahrzeug, in dem ich mich fortbewegte, gesehen. In all diesen Jahren, in denen ich mich mit der westlichen Philosophie beschäftigt hatte, war ich keinem einzigen Philosophen begegnet, der ausführlich den Einfluss des Körpers auf den Geist thematisiert hätte. Als hätten all die Philosophen eigentlich keinen Körper, und besaßen sie einen, dann hatte der mit Philosophie wenig zu tun.

Es gab auch keine philosophische Tradition, die sich mit Sexualität beschäftigte. Sex spielte innerhalb der Philosophie eine minimale Rolle – obwohl ich in meinem eigenen Leben doch solche Mühe damit hatte. Nicht mit dem Sex selbst, den fand ich herrlich, doch mit allem, was sich darum herum abspielte: den Gedanken, Gefühlen, Regeln, Geboten und Verboten. Nein, die westliche Philosophie stellte keine große Hilfe bei den Problemen des Alltags dar.

Ich sagte es bereits, Vikram, es war die Zeit der sexuellen Revolution, was bedeutete, dass man auf erotischem Gebiet machen konnte, was man wollte. So gab es eine Zeit, in der ich drei Liebhaber gleichzeitig hatte. Rückblickend frage ich mich, woher ich die Zeit und Energie dafür nahm, denn das war doch nicht meine einzige Beschäftigung. Holte ich sie mir vielleicht aus dem Yoga?

Der Freund, den ich liebte, war immerzu betrunken und kaum imstande, Sex zu haben. Der Freund, mit dem ich eine leidenschaftliche sexuelle Beziehung pflegte, hatte eine Freundin mit zwei Kindern und demzufolge kaum Zeit. Den dritten gab es, weil die beiden ersten nur halb taugten, und auch er war eher mittelmäßig.

Gott sei dank dauerte dieser Zustand nicht so lange an, und doch gab es diese Zeit. Ich wusste, dass das, was ich tat, schlecht war. Ich fühlte es in meiner Seele, konnte aber nicht so leicht herausfinden, warum es eigentlich so schlecht war.

Ich war sicherlich auch keine Ausnahme. Kein moderner Mensch kümmerte sich mehr darum, doch für mich wurde Sex immer mehr zu einem Rätsel. Er wurde zu einer immer bedeutungsvolleren Frage und schließlich zu einem meiner Lieblingsthemen. Der letzte Kursus, den ich gab, war ein Philosophiekurs zum Thema Sexualität, doch werde ich dir ein andermal mehr darüber erzählen.

Deine Tradition hat das *Kamasutra* hervorgebracht, jenes kuriose Handbuch über Liebe und Sexualität. Sie ließ die Kajuraho-Tempel entstehen, eine glänzende steinerne Ode an die Erotik. In deiner Tradition spielt das Körperlich-Sinnliche denn auch eine große Rolle. Auf diesem Gebiet kann ich mehr von dir lernen als du von mir.

Zurück zur westlichen Philosophie, die alles andere als erotisch und sinnlich ist. Ich begann zu vermissen, dass sie dem Körper und der Sexualität so wenig Aufmerksamkeit schenkte. Ich schrieb es der typisch männlichen Neigung zur Abstraktion zu und einem Frauenmangel unter den Philosophen. Ich schrieb es auch dem christlichen Geist zu, der, ungeachtet aller Freiheit, noch immer durch die westliche Philosophie weht.

Ob wir nun christlich sind oder nicht, so leben wir doch in einer Kultur, die größtenteils von christlichen Wertvorstellungen geprägt ist. Und was das Christentum dem Körper angetan hat, sollte man beinahe kriminell nennen können.

Der Körper als Sitz der Sünde; vor allem der der Frau natürlich, der ewigen Verführerin. Der Körper mit seinen abartigen Neigungen und unanständigen Bedürfnissen. Der Körper, der einem wirklich religiösen Leben immer nur im Weg stand. Es war besser, diesen Körper ganz und gar zu vergessen.

Was für ein verhängnisvoller Irrtum. Vielleicht der größte von allen. Ein Irrtum, von dem wir uns noch immer nicht erholt haben. Er wurde zu einem meiner Themen, dieser Körper. Das Yoga machte mir klar, wie groß der Einfluss des Körpers auf den Geist ist. Bereits Plato sagte es: Ein gesunder Geist in einem gesunden Körper. Plato war auch einer der wenigen, der Sexualität innerhalb der Philosophie thematisierte. Ein prächtiges Plädoyer; ich kann es jedem nur empfehlen. Erstklassige Philosophie, auch wenn ich nicht immer mit ihm einverstanden bin. Ich werde dir später berichten, warum.

Ich grenzte mich dann auch immer stärker gegen das ab, was ich damals als »männliches Denken« ansah. Vergiss nicht, dass dieses Thema in jener Zeit heftig diskutiert wurde und dass endlich auch mehr Raum für »weibliches Denken« entstand.

Als Philosophiestudentin konnte man es sich nicht erlauben, keinen Standpunkt zu beziehen.

Doch gab es innerhalb der philosophischen Tradition nur wenige Frauen. Ein eigenwilliger Student, so ein pseudobrillanter, unverschämter Scherzkeks, erzählte mir einmal, dass Frauen nicht denken könnten, weil sie nicht mit Abstraktionen umgehen können. Und sie könnten nicht mit Abstraktionen umgehen, weil sie sie nicht erfunden hätten, so weit der Scherzkeks. Sie könnten nicht zum Allgemeinen kommen. Frauen blieben im Individuellen, im Besonderen stecken.

Vielleicht stimmt das. Vielleicht verlassen Frauen das Individuelle oder das Besondere nicht. Aber nicht deswegen, weil sie dazu nicht fähig wären, sondern weil sie den Nutzen davon nicht einsehen. Schließt das Allgemeine das Besondere aus, worin besteht dann der Wert dieses Allgemeinen, dieser Abstraktion? Was ist es dann außer durchschnittlich?

Eine Zeit lang ließ ich mich von der Ideologie des neu erwachten Feminismus mitreißen und begann, männliches Denken als aggressives, nahezu vergewaltigendes Denken zu betrachten. Es schuf eine Ordnung, die es nicht gab. Es schuf eine Scheinordnung. Hinter der Scheinordnung liegt das Chaos des Individuellen. Doch tiefer, hinter dem Chaos, liegt die Ordnung der Einheit von allem. Das war der Ausgangspunkt für die weibliche Logik, die ich entwerfen wollte.

Ich war überzeugt, dass Frauen anders als Männer denken. In meiner Kultur steht der Ausdruck »weibliche Logik« für eine Logik, die alles andere als logisch ist, die aber häufig doch eine Wahrheit enthält. Es ist ein degradierender Ausdruck, den Männer verwenden, um deutlich zu machen, dass sie Frauen nicht verstehen.

Doch was ist anders an der Art, wie Frauen denken? Und warum? Das wollte ich untersuchen, denn für mich stand fest, dass Frauen dem Denken etwas Essenzielles hinzufügen. Etwas, das Männer aus Bequemlichkeit weglassen, weil es ungreifbar ist. Ist es vielleicht die Weisheit als *important type of nonsense*?

Ich vermutete ebenfalls, dass die Fragen, die mich dazu brachten, ein Philosophiestudium aufzunehmen, damit zu tun haben konnten. Die Fragen waren jedoch viele Jahre später immer noch nicht beantwortet, und ich begriff, dass meine Fakultät mir die Antworten nicht geben würde. Ich würde woanders weitersuchen müssen. Ich wollte wissen, wie in anderen Kulturen darüber gedacht wurde. Ich wollte nach Asien und Amerika.

Doch zuerst wollte ich mein Handwerkszeug noch ein wenig auf Vordermann bringen. Ich wollte nach Deutschland, um Hegels Logik noch besser zu verstehen. Ich beantragte ein Stipendium, um in West-Berlin für eine Promotion Forschungsarbeiten betreiben zu können. Was ich dort genau tun wollte, war mir genauso ein Buch mit sieben Siegeln wie die Stadt selbst. Ich wusste nur, dass ich dort sein wollte und dass ich dafür Geld benötigte.

Ich vertiefte mich immer mehr in mein Thema einer weiblichen Logik, erkannte aber, dass, wollte ich ein Stipendium, ich dies besser nicht erwähnte. Meine Gedanken waren zu vage, ungeordnet und sicherlich nicht akademisch. Also schrieb ich an das Goethe-Institut, dass ich über Hegels Logik promovieren wolle, und reichte einen ordentlichen Forschungsantrag ein. Ich beendete mein Studium, bekam das Stipendium, und das nächste Abenteuer konnte beginnen.

# VI

Offensichtlich wurde in Berlin immer viel geliebt und philosophiert, denn dieses ehemalige Bollwerk der SS wurde die Stadt von Sex und Spekulation genannt. Dies sollten auch meine vornehmlichsten Beschäftigungen werden.

Es war 1983, fünfzig Jahre nachdem die Nazis an die Macht gekommen waren. Dies konnten die Deutschen nicht unbeachtet vorübergehen lassen: Es sollte ein Jahr werden, das ganz im Zeichen des Zweiten Weltkriegs stand, des Mordes an sechs Millionen Juden, der Nazis und der Verarbeitung dieser grauenvollen Zeit. Ich hatte dies nicht bedacht, als meine Wahl auf West-Berlin fiel, doch sollte ich immer wieder daran erinnert werden. Es sollte ein viel bewegtes und in vielerlei Hinsicht aufschlussreiches Jahr werden.

Ich schien plötzlich und beinahe buchstäblich im kollektiven Gewissen der Bundesrepublik gelandet zu sein. Hier war damals der Plan für die *Endlösung der Juden* entstanden.

Die Universität war weit entfernt von der Innenstadt gelegen. Sie war ein unangenehmes Gebäude, diese Freie Universität. Groß, unübersichtlich und – wie eine Putzfrau, die ich nach dem Weg fragte, es ausdrückte – menschenfeindlich.

Obwohl ich die ausgedehnten Wälder und Seen in Berlin genoss, vermisste ich meine Amsterdamer Universitätsgebäude, die gemütlich in der Innenstadt standen. Die Atmosphäre in Berlin war merklich weniger offen, weniger informell als in Amsterdam, doch befand ich mich natürlich unter Deutschen, von denen viele unter der nazistischen Vergangenheit litten.

Dies trat zutage, als ich die erste Vorlesung meines Professors besuchte, der als hervorragender Hegel-Spezialist bekannt war. Schwitzend und händeringend stand er vor seinen Zuhörern und kündigte an, dass auch dieses Seminar im Zeichen des Zweiten Weltkriegs und der Ausrottung der Juden stehen würde.

Selbstverständlich traf ihn kein Tadel. Er war einer jener Deutschen gewesen, die auf der richtigen Seite standen. Doch fühlte auch er sich für das Geschehene verantwortlich, und das stand ihm ins Gesicht geschrieben. Auch er fühlte sich schuldig, was ihn zwar sympathisch, seine Ausführungen jedoch nicht besonders brillant machte.

Das Thema der Vorlesung lautete: »Ist Philosophie nach Auschwitz noch möglich?« Die bekannte Frage eines anderen berühmten deutschen Philosophen. In meinen Augen war Philosophie nach Auschwitz nicht nur möglich, sondern sogar notwendiger denn je. Ich hatte nie auf philosophische Manier über den Krieg oder über die Judenverfolgung nachgedacht. In den Niederlanden werden wir jedes Jahr durch die Gedächtnisfeier am 4. Mai daran erinnert, doch hatte ich keine bestimmte Ansicht darüber. Für mich war der Holocaust lediglich ein weiterer Beweis für die Bestialität, zu der Menschen fähig sind und wovon die Geschichte voll ist.

Sogar die Tatsache, dass selbst in meinen Adern ein paar Tropfen jüdischen Bluts fließen, schien mir unwichtig. Zwar wurde ich immer merkwürdig emotional, wenn ich an die Konzentrationslager dachte, doch drückte ich das lieber weg. Was dort geschehen war, war zu erschütternd, um es verstehen zu können, zu abscheulich, um darüber nachzudenken.

In Berlin sollte sich zeigen, dass es mir sehr unter die Haut ging, mehr, als ich je vermutet hatte. Es war der Beginn einer Konfrontation mit dem Holocaust, der mich zusammen mit den Folgen der *Endlösung* noch lange Zeit beschäftigen sollte. Ich hatte nicht danach gesucht, hatte nicht darum gebeten, doch plötzlich saß ich da mittendrin.

Meine erste Berliner Freundin war Susan, eine anziehende junge jüdische Frau aus New York. Ich war ihr zufällig begegnet. Sie wollte, genau wie ich, die deutschen Philosophen studieren und hatte dafür, wie ich auch, von einer deutschen Institution Geld bekommen.

Susan erzählte mir, dass sie ihr Philosophiestudium im schicken Yale durch Stripteasetanzen in einem New Yorker Nachtclub finanziert hatte. Das fand ich äußerst amüsant und pikant. Ich sah sie vor mir, wie sie sich zwischen ihren Auftritten in Kants *Kritik der reinen Vernunft* vertiefte. Es hat ihr sicherlich die Geistesabwesenheit gegeben, die ihrem Akt jenen besonderen *touch* verlieh. Die verträumte Stripteasetänzerin.

Genau wie ich hatte Susan neben dem offiziellen ein ganz persönliches Ziel. Ihrem Forschungsantrag zufolge war sie nach Berlin gekommen, um Kant zu studieren, doch in Wirklichkeit wollte sie wissen, wie weit die Deutschen in ihrer *Vergangenheitsbewältigung* gekommen waren. Susan sah nicht nur überall Zeichen von Judenhass, sondern prognostizierte auch ein baldiges Wiederaufleben des Faschismus.

Ganz Unrecht konnte ich ihr nicht geben. Ich war ziemlich schockiert von der Tatsache, dass wildfremde Leute mir schon ein paarmal zu meinem »prachtvollen arischen« Aussehen gratuliert hatten. Meist waren es alte Menschen, die das zu mir sagten, das wohl, aber dennoch …

Susan dagegen wurde der Rücken zugewandt, sobald man hörte oder vermutete, dass sie Jüdin war. Oft sagte sie gleich im ersten Gespräch mit völlig Unbekannten rundheraus, dass sie jüdisch war, was ich zwar mutig fand, aber auch unnötig provokant.

Ich entwickelte eine leichte Abneigung der Judenfrage gegenüber, was mich ziemlich überraschte. Sie war doch eine wichtige Sache, über die man nachdenken musste? Sie sollte eines der mysteriösen Rätsel meines Lebens werden und später noch viel geheimnisvollere Formen annehmen.

Nach meiner Zeit in Berlin hatte ich eine Zeit lang ausschließlich jüdische Liebhaber. Einen nach dem andern, ohne dass ich sie daraufhin ausgewählt hätte. Die Beziehung zu meinem letzten jüdischen »Verlobten« war der direkte Anlass dafür, dass ich in Therapie wollte. Ich erlitt in jeder Liebesbeziehung Schiffbruch und wollte herausfinden, warum das so war.

Mein erster Therapeut war ein Mann, der mit einem »Hellseher« zusammenarbeitete. Das vereinfache die Behandlung, sagte er. Ich fand das alles sehr eigenartig, war aber auch neugierig zu sehen, wie ein echter Hellseher dann zu Werke ging.

Ich ging zusammen mit meinem jüdischen Freund, der Arzt war, hin; er hatte mir diesen Therapeuten als kompetent und zuverlässig empfohlen. Ich tauschte ein paar Worte mit dem Hellseher, der mir während unseres Gesprächs mit durchdringendem Blick starr in die Augen sah. Plötzlich fragte er mich, ob ich etwas über meine früheren Leben erfahren wolle.

Ich hatte damals schon ein paar Jahre Beschäftigung mit östlicher Philosophie hinter mir, demzufolge war die Vorstellung früherer Leben für mich nicht neu. Mehr noch, in den Kursen, die ich über östliche Philosophie gab, verteidigte ich steif und fest die Wiedergeburtstheorie. Als Argument führte ich ins Feld, dass der Glaube an den Tod als absolutes Ende ein Glaube im wörtlichen Sinne war: Er ist vollständig unbeweisbar und muss deshalb immer Glaube bleiben. Während die Wiedergeburtstheorie dagegen vielleicht niemals bewiesen werden wird, doch in jedem Fall genug Einfluss hat, um sich in jemandes Leben zu manifestieren: Hin und wieder erhalten Menschen »Beweise« dafür, dass sie früher bereits einmal gelebt haben.

Weiterhin hatte ich mich durch die Tatsache überzeugen lassen, dass der größte Teil der Weltbevölkerung immer so darüber gedacht hat und dies bis zum heutigen Tag tut. Das Christentum sieht das natürlich ganz anders, doch waren die christlichen Vorstellungen für mich stets noch viel unglaubwürdiger und konnten auf keiner anderen Grundlage beruhen als einer mythischen Wiedergabe der Wirklichkeit.

So, wie die Dinge nun wirklich standen, war in beiden Fällen – der Tod als Endpunkt und als Zeitpunkt der Wiedergeburt – von *Glaube* die Rede, man konnte also zwischen beiden Optionen wählen. Ich fühlte mich durch den Glauben an eine Wiedergeburt mehr angesprochen als durch einen Glauben, der den Tod als absolutes Ende betrachtete.

Viele Menschen betrachten den Reinkarnationsgedanken als Eskapismus. Als Weigerung, die harte Wirklichkeit eines endlichen Lebens zu akzeptieren. Sie verteidigen ihren Standpunkt häufig mit so viel giftigem Fanatismus, dass ich auf die Idee verfiel, die Menschen hätten das Gefühl, ihnen würde etwas weggenommen: War es vielleicht die Möglichkeit, absolute Ruhe zu finden? Oft handelt es sich auch um Menschen, die eine morbide Todesangst an den Tag legen.

Als der Hellseher mich also fragte, ob ich etwas über meine früheren Leben wissen wolle, sagte ich prompt und leider ohne nachzudenken: Ja!

Er erzählte mir, dass ich in meinem vorigen Leben in jugendlichem Alter in einem Konzentrationslager umgekommen sei. Dies sei die Folge eines früheren Lebens als Hexe im Mittelalter gewesen, wo ich meine Macht nicht immer auf gute Weise gebraucht hätte. Als er dies sagte, blickte er mich streng und strafend an, als sei ich noch immer eine Hexe.

Ich fühlte, wie eine Welle von Widerwillen durch meinen Körper ging. Ich verabscheute ihn und bereute meine übereilte Zustimmung, bereute die Fahrt dorthin, die Wahl meines Therapeuten. Das hatte ich von einem Mann, der wusste, dass ich zu ihm kam, weil ich Probleme hatte, nicht erwartet. Wie konnte er es wagen, mir derart schreckliche Dinge zu erzählen?

Als ob es mir jetzt noch helfen könne, zu wissen, dass ich vergast wurde, weil ich ein böse Hexe gewesen war. Na danke! Wütend und niedergeschlagen ging ich nach Hause.

Doch schien der Mann auf einen Knopf gedrückt zu haben, der Türöffner war für immer bizarrere Vorstellungen und Gefühle. Ich erinnerte mich plötzlich an seltsame Erlebnisse aus früheren Zeiten: Irgendwo, beispielsweise in einem Café, wo ich mich aus ganz alltäglichen Gründen aufhielt, normal gekleidet, mit normalem Gesichtsausdruck, kam jemand auf mich zu, ein ebenso normal aussehender Mann oder eine Frau, sah mich an und sagte: »Du bist eine Hexe.«

Ich hatte diese Menschen dann mit erstauntem, fragendem Blick angesehen, doch meist waren sie genauso schnell wieder verschwunden, wie sie aufgetaucht waren, sodass ich nicht um eine Erklärung bitten konnte.

Ich erinnerte mich später auch, dass ich als Kind einen stets wiederkehrenden Traum gehabt hatte, aus dem ich, laut nach meiner Mutter schreiend, wach wurde. In meinem Traum befand ich mich in einem dunklen, engen Raum, zusammen mit verängstigten, nackten Menschen, die weinten, schrien oder beteten.

In diesem Alter hatte ich noch nie Filmbilder eines Konzentrationslagers gesehen, und ich erinnere mich auch noch an meine entschiedene Weigerung, sie anzuschauen, als sie, Jahre später, vom Fernsehen ausgestrahlt wurden. In den Tagen rund um die Gedächtnisfeier für die Toten wurden regelmäßig Dokumentarfilme über die Lager gesendet, doch ich konnte es nicht einmal eine einzige Sekunde ertragen, auch nur einen Blick darauf zu werfen, und drehte entschieden meinen Kopf weg.

Doch ich habe nie Angst gehabt, mit Leichen konfrontiert zu werden. So habe ich einmal voll Interesse an einem für westliche Gemüter so Grauen erregenden *sky-burial* teilgenommen, in Lhasa, das so hoch gelegen ist, dass Brennholz dort knapp ist. Einige männliche Familienmitglieder brachten den Toten zu einem bestimmten Platz, unmittelbar vor den Toren der Stadt, wo sich eine Gruppe Mönche versammelt hatte, die das Ritual begleitete, und der – tja, wie bezeichnet man einen solchen Mann – Häuter, Schächter?

Während die Mönche ihre Mantras murmelten, hackte dieser Mann die Leiche in kleine Stücke, nachdem er sie zuerst gehäutet hatte. Von einem Bergkamm aus sahen ruhelos die Geier zu, sie wussten sehr gut, was geschehen würde. Als der Mann seine schaurige Arbeit zu Ende gebracht hatte, machte er den Geiern gegenüber eine bestimmte Geste und schaute, dass er wegkam. Dann stürzten sich die Geier auf die Leichenstücke, und innerhalb von zehn Sekunden war der Platz wieder blitzblank. Die Geier flogen weg und nahmen den Toten mit in die Lüfte.

Ich verfolgte das komplette Ritual von Anfang bis Ende, ohne mich zu rühren. Ich war wie gebannt und fand es anrührend schön. Auf diese Weise sollte auch mein Körper eines Tages weggeräumt werden dürfen.

Natürlich ist das Beiwohnen eines solchen Rituals nicht zu vergleichen mit dem Anschauen von Filmaufnahmen aus einem Konzentrationslager, doch war meine Reaktion auf die Bilder außergewöhnlich stark. Steckte vielleicht doch ein Körnchen Wahrheit in dem, was der Idiot mir erzählt hatte, Vikram?

Doch was fing ich mit einer so wahnsinnigen Information an? Anfangs fühlte ich mich dadurch nur noch mehr verwirrt und probierte, es einfach aus meinem Kopf zu verbannen. Einfach so zu tun, als hätte ich es nie gehört. Doch fühlte ich mich weiterhin elend und wusste, dass ich Hilfe nötig hatte.

Aufgrund meines Misstrauens in Bezug auf etablierte Psychologen entschied ich mich, mein Glück im alternativen Sektor zu suchen. Das wurde damals gerade modern. Es erschienen immer mehr Therapeuten, die glaubten, über spezielle Begabungen zu verfügen.

Wer schildert meine Überraschung, als auch der zweite, der

dritte und selbst der vierte »Therapeut«, den ich aufsuchte, mir ungefragt erzählte, dass ich in einem Vernichtungslager umgekommen war? Sogar ein Inder las es mir aus der Hand. Sobald sie davon anfingen, brach ich die Behandlung unverzüglich ab, doch verfolgte es mich weiterhin.

Hier im Westen ist eine gefährliche Entwicklung im Gange, Vikram. Alternative Heiler sind dafür ein bezeichnendes Vorbild. Ich erzählte dir von der ausgeprägten geistigen Not vieler Menschen. Ich erzählte dir auch von den unzureichenden Behandlungsmethoden der meisten etablierten Psychologen. Viele Menschen suchen ihr Heil jetzt bei jemandem, der über paranormale Fähigkeiten zu verfügen glaubt. Es gibt ja viele Krankheiten, die mit herkömmlicher Medizin nicht geheilt werden können. Ich behaupte nicht, dass es paranormale Fähigkeiten nicht gibt, aber doch, dass es lebensgefährlich ist, wenn Leute ohne eine fundierte Ausbildung und – was noch schlimmer ist – ohne eine hoch entwickelte Moral ihre »Begabung« auf leidende Mitmenschen loslassen und dafür meist auch noch viel Geld verlangen. Sie verschlimmern die Sache lediglich und vergrößern das Leiden und die Verwirrung.

Diese Entwicklung ist durch eine Bewegung, die hier *New Age* genannt wird, entstanden, und ihr hängen Menschen an, die auf unterschiedliche Weisen nach einem neuen Lebenssinn suchen. Sie fungiert als Ersatz für die verschwundene Religion, denn anscheinend hat der Mensch doch Halt nötig.

Es tauchen New-Age-Propheten auf, die den Menschen gewissermaßen den Weg zeigen sollen. Oft greifen sie dabei auf die östliche Tradition zurück, die dann ein bisschen mit westlicher Weisheit vermengt wird, um sie für den modernen Menschen verdaulicher zu machen. Dass dabei regelmäßig gefährlicher Unsinn ausgekramt wird, wird dich kaum überraschen.

Solange sie sich dabei mit unschuldigen Therapien beschäftigen, ist nicht viel dagegen einzuwenden. Aber sobald diese Propheten Menschen in okkulten Wissenschaften ausbilden und in den Rang von *Heilern* befördern, wird es ein Stück gefährlicher. Vor allen Dingen, wenn sie nicht die einwandfreie moralische Haltung, die dem zugrunde liegen muss, zum Ausgangspunkt nehmen. Sie spielen dann mit Kräften, die sie nicht unter Kontrolle haben. Sie spielen mit dem Feuer.

Ich begreife jetzt auch, warum die christliche Kirche diese Art Propheten als teuflisch verbannt hat. Doch tatsächlich brauche ich dir hierüber nichts zu erzählen. In keinem Land der Erde gibt es so viele übersinnliche Heiler wie in Indien. Kein Land der Welt hat so viele Techniken erfunden, um paranormale Fähigkeiten zu entwickeln.

Schau dir nur eure netten Schwarztantriker an. Gerade die Entwicklung paranormaler Fähigkeiten zeigt, wie wichtig es ist, diese mit einer hoch entwickelten Moral zu verbinden. Schließlich sind sie da, um dem leidenden Mitmenschen zu helfen.

Am buntesten trieb es Therapeut Nummer vier, sie hieß Irma. Durch die Stresssituation, in der ich mich befand, bekam ich Schmerzen im ganzen Körper, die den Stress natürlich noch vergrößerten. Selbst Yoga half nicht mehr. Irma war mir als »Magnetfeldtherapeutin« empfohlen worden, die diese Schmerzen lindern oder sogar ganz heilen konnte. In meiner Ratlosigkeit war ich bereit, alles auszuprobieren.

Als ich bei Irma klingelte und sie die Tür öffnete, sah ich, dass ihr Gesicht sich verdüsterte. Sofort sank mir der Mut. Konnte diese Frau mir helfen? Sie war zu jung und sah nicht sonderlich intelligent aus. Nervös schleppte sie mich in ihr Wohnzimmer, das gleichfalls als Behandlungszimmer diente, und legte sofort und ungefragt los.

Irma behauptete, Hellseherin zu sein, und sagte, sie habe bei meiner Ankunft sofort schockierende Bilder vor sich gesehen. Bilder, die sie niemals zuvor gesehen habe, die jedoch zu den Bildern passten, die sie in anderen Fällen empfing.

Sie erzählte mir, dass sie in ihrem vorigen Leben in einem Konzentrationslager gestorben war; entsprechende Bilder teilten sich ihr regelmäßig mit. Als sie die Tür für mich geöffnet habe, sei da ein Extrastoß an Information hinzugekommen. Wir seien gemeinsam in einer Zelle in Ravensbrück interniert gewesen, und ich sei durch die Ärzte dort regelmäßig für medizinische Experimente missbraucht worden, vor allen Dingen für Experimente, die mit Befruchtung und Schwangerschaft zu tun hatten. Das war auch der Grund dafür, dass ich nie schwanger wurde, sagte sie.

Nun stimmte es, und das ist das Verwirrende, dass ich unter meiner Kinderlosigkeit litt. Das hatte ich ihr gegenüber mit keinem Wort erwähnt, dennoch traf sie mit ihren Worten einwandfrei ins Schwarze.

Anschließend erzählte sie mir, dass ich in meinem vorigen Leben als achtzehn Jahre altes jüdisches Mädchen von meiner Familie weggeholt worden war und dass mein ein Jahr jüngerer Bruder, in den ich vernarrt war, woanders untergebracht worden war.

Dies sei der Grund, warum ich während der letzten Jahre ausschließlich mit jüdischen Männern Beziehungen hatte. Unterbewusst sei ich noch immer auf der Suche nach meinem Bruder. Er sei auch die Ursache dafür, dass alle diese Beziehungen missglückten, denn in Wirklichkeit war ich einzig und allein auf der Suche nach ihm.

Mein jetziger Freund sei mein Bruder aus diesem vorigen Leben, darum fühlte ich mich so stark von ihm angezogen. Doch genau aus diesem Grund könne ich auch niemals eine Mann-Frau-Beziehung mit ihm haben. Sie empfahl mir, eine Reinkarnationstherapie zu machen, um das alles nochmals zu erleben und damit von mir abzuschütteln, und nahm hundertfünfzig Gulden. Hör mal, rutsch mir den Buckel runter.

Dies war meine letzte Bekanntschaft mit einem alternativen Therapeuten. Doch ist die peinliche Geschichte noch nicht zu Ende, Vikram.

Vor nicht allzu langer Zeit – ich hatte die ganze Sache mehr oder minder vergessen, verband damit jedenfalls keine Emotionen mehr – fiel mein Blick auf eine winzig kleine Annonce in einer Rubrik, die ich normalerweise nie lese. Dort richtete ein Psychologiestudent einen Aufruf an Menschen, die glaubten, in einem früheren Leben in einem Konzentrationslager umgekommen zu sein.

Berührt durch diesen puren Zufall, dass ausgerechnet ich die Anzeige lesen musste, schrieb ich ihm einen Brief. Bin ich morbid, Vikram? Den Studenten freute meine Reaktion jedoch außerordentlich, und wir verabredeten uns rasch, um einander zu treffen.

Als ich ihm die Tür öffnete, war es diesmal an mir, im Bruchteil einer Sekunde auf seltsame Weise wie von einem Blitz getroffen zu sein: Der Junge sah aus, als habe er Henker in einem der Lager sein können. Und das, obwohl er doch einen so anständigen Eindruck machte.

Doch gut, ich ließ ihn herein, schenkte ihm eine Tasse Kaffee ein, und er legte los. Er zeigte mir das Buch eines Amerikaners, der sich mit demselben Thema beschäftigt hatte.

In diesem Buch rubrizierte der Amerikaner verschiedene Eigenschaften von Menschen mit einer vermeintlichen Lagervergangenheit aus einem früheren Leben. Es waren insgesamt neun, und ich erfüllte acht davon. Ich kann mich nicht mehr an alle erinnern, doch einige sind mir haften geblieben: In der Geburtenwelle nach dem Krieg in einer nichtjüdischen Familie geboren sein, sich nicht heimisch fühlen in der Familie, in die man hineingeboren wurde, kein jüdisch geprägtes Äußeres, meist blond, häufige Atemwegsprobleme und spirituelles Interesse.

Während wir hierüber sprachen, konnte ich mich nicht beherrschen und fragte ihn, ob er etwas dagegen einzuwenden hätte, wenn ich ihm etwas Unangenehmes sagte. Nein, das hatte er nicht, und ich teilte ihm meinen ersten Eindruck mit.

Zu meiner Überraschung erzählte er mir, dass bislang jeder, den er interviewt hatte, dasselbe gesagt habe, und dass das auch seine persönliche Motivation für diese Studie gewesen sei. Er selbst glaube es auch. Er wolle es in diesem Leben wieder gutmachen, dadurch dass er Menschen, die sich durch eine Lagervergangenheit aus einem früheren Leben belastet fühlten, half. Ist das nicht bizarr, Vikram? Unheimlich bizarr?

Du wirst dich sicherlich fragen, warum um Gottes willen ich mich mit derartig verrückten Sachen beschäftigt habe. Ehrlich gesagt, frage ich mich das manchmal selbst auch. Bei mir spielt immer eine merkwürdige Mischung aus Neugier und Abscheu mit, ein eigenartiger Widerspruch zwischen der Bereitschaft, all diese Menschen ernst zu nehmen, und der Annahme, dass sie total gestört sind. Sie kreuzen jedenfalls in regelmäßigen Abständen meinen Weg. Ich suche nicht danach, es geschieht mir.

Ich finde, es sollte verboten werden, in Therapien mit dieser Art von Information zu arbeiten. Was die östliche Philosophie mich gelehrt hat, ist, dass die Lehre von Karma und Wiedergeburt äußerst komplex ist und nur von wenigen Menschen durchschaut wird. Alle diejenigen, die glauben, hiermit arbeiten zu können, leiden an einer gefährlichen Art von Selbstüberschätzung.

Inwischen gab es in Berlin auch noch ganz andere Dinge, die mich zum Nachdenken brachten. Ich wollte meine Theorie einer weiblichen Logik weiter ausarbeiten. Ich ließ den Professor, der noch immer nervös und transpirierend den deutschen Geist zu ergründen suchte, Professor sein und beschloss, mich nur noch in Frauen und ihre Gedanken zu vertiefen.

Doch dann geschah etwas, das mein weiteres Leben ganz wesentlich verändern sollte. Was meinem Nachdenken über eine weibliche Logik eine gänzlich unerwartete Wendung geben sollte.

Auf einmal, mitten in Berlin, trat Gott in mein Leben. Gott, den ich total vergessen hatte. Gott, den ich überaus gelehrt »Das Absolute« oder »Das Sein an sich« nannte. Ein Gott, der keinerlei Konsequenz für mein tägliches Leben haben sollte, denn diesen Gott hatte ich als Projektion des ängstlichen menschlichen Geistes abgeschafft, als gewaltigen Irrtum, als Volksverdummerei.

Ich war sechs Wochen in Berlin, als ich bemerkte, dass meine Menstruation mehr als überfällig war. Von Panik befallen, ging ich zur nächstbesten Ärztin und machte einen Schwangerschaftstest. Sie teilte mir mit, dass ich tatsächlich schwanger sei und gab mir eine Adresse mit, wo ich einen Schwangerschaftsabbruch machen lassen konnte. Danach machte sie mir sei klar, dass die Sprechzeit abgelaufen sei, indem sie die nächste Patientin aufrief.

Ich war fassungslos. Da stand ich nun, mutterseelenallein in einer fremden Stadt, voller Pläne, die vom Gebären und Aufziehen eines Kindes meilenweit entfernt waren.

Das Kinderkriegen war ein Thema, das ich immer vor mir hergeschoben hatte. Ich war mir nicht sicher, ob ich Kinder haben wollte oder nicht. Doch in diesem Augenblick kam mir ein Baby wirklich sehr ungelegen.

Ich erkannte, dass ich über Leben und Tod entscheiden musste, fühlte aber, dass ich das nicht konnte. In meiner Verzweiflung begann ich zu beten, zu Gott. Ganz spontan, so wie es mir früher einmal beigebracht worden ist. Es beruhigte mich auf alle Fälle ein bisschen. Also betete ich in einem fort, und wochenlang tat sich nichts.

Dann begann ich zu rechnen. Falls ich schwanger war, musste die Empfängnis inzwischen etwa zwei Monate her sein. Doch hätte ich in einem solchen Fall einiges fühlen müssen: Spannungsgefühle in den Brüsten, Übelkeit, einen aufgedunsenen

Bauch, unbezwingbare Lust auf bestimmte Leckerbissen. Das alles war nicht vorhanden.

Ich begann zu vermuten, dass die gleichgültige Ärztin vielleicht einen Fehler gemacht hatte. Also ging ich zu einer anderen, die mir zu meiner Erleichterung mitteilte, dass ich nicht schwanger war. Gott war mir gnädig gewesen und hatte mir die schwierige Entscheidung erlassen. Gott sei dank!

Nichtsdestotrotz bin ich der ersten Ärztin sehr dankbar, dass sie mir diese Erfahrung vermittelt hat. Ich hatte wochenlang über die Bedeutung von Leben und Tod nachdenken müssen. Über leben und leben lassen. Über Gott. Über die Bedeutung Gottes. Über das Beten und die Bedeutung des Betens. Und diesmal nicht abstrakt, sondern konkret.

Meine Welt stand auf dem Kopf. Zum ersten Mal wurde ich wirklich mit der Tatsache konfrontiert, dass ich eine Frau war. Zum ersten Mal wurden mir die Folgen von Sex wirklich bewusst.

Sex war für mich bis zu diesem Zeitpunkt lediglich ein Genussmittel gewesen, wovon ich in vollen Zügen genoss. Sex hatte mit Moral nichts zu tun, höchstens mit der Moral hoffnungslos altmodischer Menschen, die man nicht ernst zu nehmen brauchte.

Natürlich war mir aufgefallen, dass Sex seinen Preis hatte und zudem noch einen besonders hohen. Gebrochene Herzen, Geschlechtskrankheiten, Seelenschmerz und dergleichen unangenehme Dinge mehr bildeten die Kehrseite der Medaille.

Doch hatte ich mich dadurch nicht wirklich zurückhalten lassen. Es zeigte sich, dass ein gebrochenes Herz wieder genas, Geschlechtskrankheiten waren zu jener Zeit noch eine Frage der richtigen Partnerwahl und einer Dosis Glück, die Pille hatte ich abgesetzt (aus diesem Grund war eine Schwangerschaft nicht ausgeschlossen), und der seelische Schmerz war so vage und unbestimmt, dass ich ihn zumeist ignorieren konnte.

Mit dem Phänomen Schwangerschaft hatte ich früher noch

nichts zu tun gehabt. Ich war zu der Schlussfolgerung gelangt, dass ich nicht besonders fruchtbar war. Nicht so fruchtbar wie meine Mutter. Danach war ich etwas unvorsichtig geworden.

Der ganze Vorfall hatte mich folglich wieder mit der Frage konfrontiert, ob ich nun Kinder wollte oder nicht. Ich betrachtete das noch unabhängig von der Frage, ob ich eine richtige Familie gründen wollte, mit Ehemann und allem Drum und Dran. So war das in jener Zeit, Vikram, man hatte die Wahl.

Zur Not hätte ich auch allein ein Kind großziehen können. Glücklicherweise war das nie nötig, denn die praktischen Beispiele, die ich in meiner Umgebung sah, waren nicht vielversprechend.

Jedenfalls fasste ich damals ein für alle Mal den Beschluss, die Entscheidung des Kinderkriegens Gott zu überlassen, denn ich hatte bemerkt, dass etwas in mir dieses Baby doch sehr gern gehabt hätte.

Und war dieser funkelnagelneue Gott nicht zugleich mit dem vermeintlichen Baby zum Vorschein gekommen? Ich hatte gleichsam einen neuen Glauben geboren. Einen Glauben, der ebenso unübersehbar war wie das Baby vermeintlich.

Von diesem Augenblick an musste ich an Gott glauben, denn ich hatte mein Schicksal in seine Hände gelegt. Ich entschied, nie wieder etwas zu gebrauchen, was eine Schwangerschaft verhinderte.

Wer dieser Gott war, wie er oder sie aussah, welcher Glaubensrichtung er oder sie angehörte, davon hatte ich damals keine Ahnung, aber ich machte sehr wohl den besten Gott daraus, der zu haben war. Ganz und gar Liebe, Hilfsbereitschaft und Vergebung. Besonders mir gegenüber natürlich.

Ich sollte noch lange brauchen, um herauszufinden, was dies alles zu bedeuten hatte, Vikram. Die Jahre, die darauf folgten, sollten im Zeichen dieser Suche nach der Bedeutung Gottes stehen und drängten den Gedanken einer weiblichen Logik immer mehr in den Hintergrund, obwohl ich langsam, aber sicher auch Zusammenhänge zu sehen begann.

Ich hielt mich stets an den Beschluss, den ich damals gefasst hatte, auch in Situationen, in denen es anders einfacher gewesen wäre: Nie verwendete ich Antikonzeptiva. Mit der Zeit wünschte ich mir stark ein Kind. So stark, dass der Wunsch manchmal obsessive Formen annahm. Doch kamen sie nicht, die Babys.

Ich hatte mir sogar bis zu meinem zweiundvierzigsten Geburtstag Zeit gegeben. Als ich diesen Lebensabschnitt erreicht hatte und es deutlich wurde, dass ich kinderlos und allein durchs Leben gehen musste, erlebte ich eine Krise. Das war die Zeit meiner Therapien.

Zu guter Letzt fand ich eine Therapeutin, die mir aus meiner Misere half. Sie hatte einen langen Weg hinter sich. Eine weise gewordene Frau, die keine einzige Theorie mehr nötig hatte. Das Erste, was sie mir erzählte, war, dass sie selbst einmal psychotisch geworden war, als ihr Mann, den sie von ganzem Herzen liebte, auf einer Bergtour vor ihren Augen zu Tode stürzte.

Nach dieser Erfahrung begann sie, wieder an die Existenz einer Seele, an Gott zu glauben. »Kannst du dir das vorstellen«, sagte sie, »ich war dreißig Jahre lang Seelenkundige gewesen, ohne je an das Vorhandensein einer Seele zu glauben.« Ich wusste nicht, wie mir geschah: Ihr wollte ich meine Probleme gern mitteilen. Sie »heilte« mich binnen kürzester Zeit.

Was mir später auch ungeheuer geholfen hat, war ein Ereignis, das in deinem Land stattfand, direkt nach meiner Therapiephase.

Befindet man sich als Frau allein auf Reisen und kommt mit Indern ins Gespräch, fragen sie zumeist als Erstes, ob man Kinder hat. Ich gewöhnte es mir schnell ab zu sagen, dass die nicht gekommen waren. Denn selbst in meiner eigenen Kultur ist das

Bild der unfruchtbaren Frau als einer Verdammten noch nicht ganz verschwunden. In deiner Kultur ist es noch voll präsent: In Indien beginnst du als Frau erst zu zählen, wenn du Mutter bist.

Nichts ist Mitleid erregender und trauriger als eine Frau, die keine Kinder bekommen kann. Es stempelt dich beinahe zum Outcast. Kinderlose Frauen dürfen sogar in bestimmten Fällen den Ritualen nicht beiwohnen, da sie das Pech verkörpern.

Da ich kein Bedürfnis hatte, mitleidig oder herablassend behandelt zu werden, erzählte ich meist, dass sich mein Mann auf einem Kongress in Delhi befand, dass die Kinder selbstständig waren und studierten und dass ich die Gelegenheit nutzte, auf eigene Faust das Land zu sehen.

In jener Zeit begegnete ich in Indien einer alten Frau, die weise und Vertrauen erweckend genug aussah, um ihr die Wahrheit anzuvertrauen. Ich hatte damals meinen Kummer und die Enttäuschung über meine Kinderlosigkeit noch nicht ganz verwunden. Ich konnte sie noch immer nicht ganz akzeptieren.

Etwas von diesen Gefühlen muss in meiner Geschichte mitgeschwungen haben, denn sie blickte mich strahlend an und sagte: »Wenn der Herr dir Freiheit gibt, sei frei.«

Es war, als habe sie auf einmal eine Tür sperrangelweit für mich geöffnet. Als habe sie auf einen Knopf gedrückt, der es mit einem Male möglich machte, das zu akzeptieren, was ich lange Zeit nicht akzeptieren hatte können. Tränen schossen mir in die Augen, und ich dankte ihr und den Göttern für ihre weisen Worte.

Sie hatte mir gleichsam einen Auftrag erteilt; beinahe schien es mir, als hätte Gott mir einen Auftrag gegeben. Hatte ich nicht während der letzten zehn langen Jahre das Kinderkriegen konsequent, ohne eine Sekunde zu zweifeln, ihm überlassen? Und glaub mir, es bestand immer viel Anlass zu Zweifel.

Ich war nun nicht nur frei, ich musste frei sein. Hatte dem nicht immer mein größtes Streben gegolten? Worüber grämte ich mich eigentlich? Kinder bringen nicht immer den großen Segen, den man ihnen zuspricht, dachte ich. Sah ich allein stehende Frauen mit Kindern, so dankte ich Gott auf meinen bloßen Knien, dass mir dieses Schicksal erspart geblieben ist. Allein hätte ich von einer solchen Situation wahrscheinlich nicht profitiert.

Doch das war später, Vikram. Damals in Berlin liefen die Dinge, auf die ich mich konzentrieren wollte, hoffnungslos durcheinander.

Ich war gekommen, um weibliches Denken zu erforschen, wurde aber durch die Umstände gezwungen, über Götter und Religionen nachzudenken, über Leben und Tod und über sechs Millionen ermordete Juden. Hilfe, nicht alles zugleich, bitte!

Ich wandte mich mehr und mehr vom universitären Leben ab und ging auf die Suche nach Frauen, die nachdachten.

In Berlin gab es zu jener Zeit militante Frauengruppen. Die Frauen waren böse, kriegerisch, fanatisch und beeindruckend gut informiert.

Ich traf Eva, die durch ihr sphinxhaftes Aussehen auffiel, und ein paar philosophische Bücher unter ihrem Namen herausgebracht hatte. Sie galt als Berlins originellste Denkerin. Für mich war Eva die eigenständigste Denkerin schlechthin. In ihren Büchern sprach sie über Frauen, Zahlen, Linguistik, Logik und über Gott. »Gott oder die weibliche Lust«, sagte Eva.

Anfänglich begriff ich von ihren Theorien nicht sehr viel, doch ihre Umschreibung von Gott als weiblicher Lust sprach meine Fantasie sofort an. Die weibliche Lust, die genau wie Gott unendlich ist.

Manche philosophische Beschreibungen oder Definitionen wirken wie Mantras auf mich. Sie gefallen mir durch ihre mysteriöse Aura. Gott als ultimatives Lustprinzip. Etwas wie Sex, doch ohne die Kehrseite der Medaille. Es setzte sich für immer in meinen Gedanken fest.

Eva hatte ich über Gisela kennen gelernt. Über sie landete ich in einem Hexennest. Anfangs betrachtete ich Gisela als gutes Beispiel für weibliches Denken, da sie so viele eigenwillige Ideen vertrat. Gisela hatte dem Denken abgeschworen, wie sie sagte, und versuchte, als echte Hedonistin nur noch im Hier und Jetzt zu leben.

Da ich damals noch sehr stark mit der deutschen Kriegsvergangenheit beschäftigt war, fragte ich Gisela, wie sie darüber dachte. »Mein Opa wurde ermordet, weil er gegen Hitler war, mein Vater wurde ermordet, weil er für Hitler war«, sagte sie. »Politik ist ein großer Betrug, am besten kümmerst du dich überhaupt nicht darum.«

Gisela schwang sich zu meiner Lehrerin auf. »Das bisschen Philosophie, das du auf der Universität lernst, kann ich dir auch gut auf einem gemütlichen Spaziergang beibringen«, sagte sie. »Das bringt dir mehr und ist hundertmal angenehmer.« Ich konnte es nicht leugnen. Sie war es, die mich in Berlin einführte.

Gisela hatte immer in Berlin gelebt, war Taxifahrerin gewesen und hatte als gestandene Lesbe das erste Frauencafé Berlins eröffnet. Dieses Café war schnell Pleite gegangen, und seither galt sie als schlechteste Wirtin Berlins. Doch damit hatte Gisela keine Probleme, denn sie verdiente ihr Geld sowieso lieber mit Pokern und Kochen. Beides beherrschte sie ausgezeichnet.

Alles in allem war Gisela eine besonders geeignete Person, um mit ihr das Berlin der Frauen zu entdecken. Unser erster gemeinsamer Spaziergang ist mir noch gut im Gedächtnis geblieben. Sie nahm mich mit in den Volkspark Klein-Glienicke, dicht bei der Glienicker Brücke, wo die Ost- und Westspione ausgewechselt wurden. Während wir durch den Park liefen, setzte Gisela mir ihre Philosophie auseinander und führte mich ein in die Welt des Tarot, der Kristallkugeln, der alternativen Heilkunst, der östlichen Philosophie und all jenem, was später unter der Bezeichnung New Age bekannt wurde.

Mir erschloss sich eine völlig neue Welt. Deutsche schienen

doch in mancherlei Hinsicht den Niederländern voraus zu sein, denn bei uns sollten all diese Dinge erst später populär werden.

Gisela nahm mich in feministische Filme mit, sie gab mir Bücher über Hellseherinnen und ihre Philosophie, wir gingen zu Lesungen von Frauen, die alles über Kräuter wussten und gegen westliche Mediziner wetterten, die mit Frauen herumexperimentierten und während einer Abtreibung oft auch die Gebärmutter gleich mit entfernten.

Gisela führte mich auch bei den Sannyasins, den Anhängern Bhagwans, ein und tanzte mit mir in ihren Diskotheken. Ich hatte aufgrund meines philosophischen Trainings zwar eine Abneigung gegen die Ungenauigkeit in ihrem Denken, doch war das alles zu neu und zu spannend, um es sogleich beiseite zu schieben.

Durch Gisela erhielt ich also zur Genüge Gelegenheit, sie kennen zu lernen, all die modernen Hexen mit ihren für mich neuen Denkweisen und Methoden. Ich hatte den Eindruck, wirklich auf eine Art weiblichen Denkens gestoßen zu sein.

In gewissem Maße betrachte ich das noch immer so. Vieles wird der intuitiven, empfangenden, weiblichen Komponente des Denkens überlassen, das dem einverleibenden, objektivierenden und analysierenden Denken, das dem männlichen Intellekt eigen ist, diametral entgegensteht.

Diese Denkweise hat an und für sich nichts mit dem Denken von Männern und Frauen zu tun, eher mit einer bestimmten Haltung hinsichtlich der Art, Wissen zu erwerben. Das sah ich jedoch noch nicht so deutlich, damals im Volkspark Klein-Glienicke.

Ich genoss Gisela und ihre Geschichten. Sie zeigte mir Schloss Glienicke mit seinem Garten voll fantastischer griechischer und ägyptischer Skulpturen, woran Schildchen klebten mit Texten wie: »Mitgenommen vom Prinzen Wilhelm.« »Mitgenommen?«, sagte Gisela dann abfällig, »sie meinen wohl gestohlen.«

Gisela mochte ebenso wie ich die Natur und nahm mich mit zu den Seen und in die Wälder Berlins. Sie zeigte mir den Teufelsberg, der einen wahrhaft passenden Namen trug: Der Hügel war kurz nach dem Krieg entstanden – auf der Basis von Schutt und Abfall des verwüsteten Berlins, den die Frauen dort aufgeschüttet hatten.

Der Hügel war recht hoch, und Gisela bemerkte zynisch, dass, kämen noch ein paar weitere Weltkriege, sie in den Berliner Alpen wohnen würde.

Sie mochte düstere Orte. Sie zeigte mir den Selbstmörderfriedhof und das, was vom Potsdamer Platz übrig geblieben war, wo einst das Hauptquartier der Nazis gestanden hatte: ein verlassener, düster beleuchteter Platz an der Mauer, nicht weit entfernt vom Checkpoint Charlie.

Sie nahm mich mit zu den Überresten des Anhalter Bahnhofs, einst der größte Bahnhof Europas. Nur ein Stück des Vorgiebels war noch übrig, ebenfalls in ein makabres Licht getaucht und schrill abstechend gegen die umliegende verfallene Stadtlandschaft.

Auf der kahlen Fläche des Potsdamer Platzes war ein großes Zirkuszelt mit dem Namen Tempodrom gebaut worden, worin sich das eigenwillige Leben der Berliner Subkultur abspielte. Man erzählt sich, dass eine Krankenschwester ein stattliches Erbe erhalten habe, wodurch sie sich einen alten Traum verwirklichen konnte. Sie besaß ein Ferkel, das zwei Kunststückchen beherrschte: Es konnte auf Befehl eine Pirouette drehen und seinen Schwanz ein- und auch wieder auskringeln.

Der Akt war zu kurz und unbedeutend, als dass sie ihn irgendwo hätte unterbringen können, also kaufte die begünstigte Schwester ihr eigenes Zelt, bot da ihr Kunststückchen dar und lud jeden, der auch nur etwas Kleines vorzuführen hatte, ein, in ihrem Zelt aufzutreten. Das wurden vergnügliche Vorstellungen, und schon bald war ich Stammgast im Tempodrom.

Die Philosophie Giselas und der übrigen Hexen begann mich nach einiger Zeit dennoch ein wenig zu langweilen. Ich hatte hierfür bereits einen zu kritischen Geist entwickelt.

Das Wesen der Intuition ist bei weitem nicht so mysteriös, wie viele Psychologen und Philosophen uns manchmal glauben lassen wollen. Der eigenen Intuition folgen, zumindest wenn diese entwickelt ist, ist etwas Herrliches. Wie man das tut, sollte ich erst viel später vom Buddha lernen.

Im Sanskrit gibt es das Wort *buddhi*, dem der Buddha seinen Namen verdankt, und das bedeutet nichts anderes als das, was wir Intuition nennen.

Um die Intuition wirklich zum Sprechen zu bringen, benötigt man vorab zumeist ein langes Training. In ungeübtem Zustand produziert sie lediglich Blitzlichter, die meist so kurz sind, dass ihre Ausarbeitung etwas anderes erfordert: Kenntnis der Dinge beispielsweise. Die besaßen die Damen oft bei weitem nicht.

Die Philosophie eines Lebens im Hier und Jetzt schien mir an und für sich ein schöner Gedanke, doch auch in diesem Fall lehrte der Buddha mich später, dass dies eine der Lebenshaltungen ist, die am schwierigsten zu erreichen ist. Ein Endpunkt, wiederum nach langem Training.

»Go with the flow«, gib dich dem Fluss hin, lautete Giselas großspuriges Motto. Ja, aber »don't get caught in the undertow«, lass dich nicht von der Unterströmung mitreißen. Und das passierte Gisela regelmäßig. Es zeigte sich, dass es Worte waren, mehr nicht. Vertraue Gott, aber vergiss nicht, dein Kamel anzubinden, sagt ein islamisches Sprichwort, und das erschien mir viel realistischer.

Die Philosophie des Hier und Jetzt erhielt noch eine andere Dimension, da ich als Assistentin von Professorin Margaretha von Brentano, die ein Kant-Kolleg gab, angestellt wurde. Sie wusste, dass ich bereits in Amsterdam zwei Jahre Assistentin gewesen war und den Studienanfängern die Kant-Vorlesungen erläutert hatte. Ich fühlte mich sehr geschmeichelt, als Niederländerin dasselbe für die deutschen Studenten in Berlin tun zu dürfen. Ich musste mit ihnen den ersten Hauptteil der *Kritik der reinen Vernunft* behandeln. Es waren einige meiner Lieblingstexte, da sie von Raum und Zeit handeln, vom Hier und Jetzt. Kant behauptet dort, dass wir das Göttliche nicht kennen können, da wir an unsere Sinnesorgane gebunden sind, die uns alles in den Dimensionen von Raum und Zeit zeigen.

Gott ist außerhalb von Raum und Zeit. Man kann Gott nicht sehen, hören, fühlen oder riechen. Ohne dass es nun Kants Absicht war, ist dies die erste Erklärung, Einführung und Rechtfertigung des rationalen Denkens, Vikram. Nur rationales Wissen ist gültiges Wissen. Alles andere ist kein Wissen. Höchstens subjektive Gewahrwerdung. Und die ist nicht wissenschaftlich, also auch nicht stichhaltig.

Hier gehen östliche und westliche Philosophie endgültig auseinander. Es ist nicht so, dass das westliche Wissen die Bedeutung der Intuition leugnete, doch leugnet es die Möglichkeit, außerhalb von Verstand und Sprache stichhaltiges Wissen zu erlangen.

Kant erklärt die Rationalität noch nicht als heilig, das sollte erst später kommen. Aber das westliche Wissen will seit Kant den Haltegriff der Rationalität nicht loslassen. Es fürchtet sich davor zu schweben, denke ich.

In deiner Kultur besitzt die Rationalität kein Monopol. Im Gegenteil, diese befindet sich, so scheint es, oft in weiter Entfernung. Das ist auch so verwirrend für viele westliche Menschen. Zu viel Chaos, zu viel Glaube.

Deine Kultur anerkennt eine höhere Quelle des Wissens: die vollendete Intuition. Aber, um Kant zu paraphrasieren: Intuition ohne Rationalität ist blind und Rationalität ohne Intuition leer.

Kant zufolge können wir Gott zwar nicht kennen, doch um

der Moral willen müssen wir doch annehmen, dass er existiert. Mit anderen Worten, wir müssen glauben, wollen wir keine Bestien werden.

Tja, doch so funktioniert es nicht, und so hat es noch nie funktioniert. Ein Gott, an den man glauben *muss*, so ein Gott ist dazu verdammt, früher oder später totgeschlagen zu werden. Wenn es lediglich eine auferlegte Forderung ist, ohne dass dem jemals etwas gegenübersteht, muss man wirklich sehr stark stehen, um diesen Glauben lange durchzuhalten. »Gott ist tot«, sagte Nietzsche denn auch ein Jahrhundert später.

Glauben und Wissen wurden Gegensätze. Das Wissen übernahm die Wissenschaft. Der Glaube blieb für den gehorsamen Bürger, der wohl oder übel musste. Von diesem Zeitpunkt an ging es zwischen den beiden dann auch nie wieder gut. Sie schließen einander aus, wohingegen die Philosophie des Ostens sehen lässt, dass das eine die Voraussetzung für das andere ist: Kein Glaube ohne Rationalität und keine Rationalität ohne Glauben.

In seinem Eifer, Gott zu retten, hat Kant faktisch Gott den ersten Schlag erteilt, der anschließend von Hegel und Nietzsche in eine andere philosophische Perspektive gerückt und ausgearbeitet wurde, was zum Gnadenstoß führte.

Glauben erhielt die Bedeutung von »für wahr halten«, derweil die ursprüngliche Bedeutung verloren ging. Auch in der Bibel lautet die ursprüngliche Bedeutung von glauben »vertrauen«. An Gott glauben bedeutete, darauf zu vertrauen, dass so etwas wie Gott existierte. In der Philosophie des Ostens ist das ein Gemütszustand, eine geistige Einstellung, letztlich eine *self-fulfilling prophecy*.

Damals, in Berlin, verstand ich das alles noch nicht so genau. Ich hatte schon genug Mühe damit, den Studenten in anständigem Deutsch zu erzählen, was Kant nun eigentlich meinte.

Inspiriert durch Kant, konzentrierten Susan und ich uns während unserer philosophischen Gespräche auf seinen Begriff der *Sinnlichkeit*. Dieses Wort beinhaltet nicht nur Sinneswahrnehmung, sondern auch Sensualität, Körperlichkeit.

Auch Susan begann sich an der Tatsache zu stören, dass Sinnlichkeit und Körperlichkeit innerhalb der Philosophie so wenig Beachtung fanden. Hier fanden wir einander. Wir sprachen stundenlang über die Sinnlichkeit, das Sensuelle, das Körperliche, das Sinnenhafte. Ohne übrigens an ein Ende zu kommen.

Die Frage nach der Verbindung zwischen Körper und Geist ist eine alte, verwickelte Frage, die sich so einfach nicht beantworten lässt. Es besteht die Vermutung, dass beide enger miteinander verbunden sind, als das beispielsweise Descartes unterstellte und in Worte fasste.

Susan und ich diskutierten uns dumm und dämlich, vergaßen aber glücklicherweise unsere eigene Körperlichkeit darüber nicht. »Männer« waren denn auch eines unserer anderen Lieblingsthemen, und die deutschen Männer im Besonderen. Wir fanden sie neurotisch.

Mein früherer marxistischer Freund beispielsweise war zufällig dahinter gekommen, dass sein Vater bei der SS gewesen war. Er hatte in der Tasche einer alten Hose seines Vaters einen Mitgliedsausweis gefunden. Das hatte ihm schwer zu schaffen gemacht, vor allem da sein Vater in all den Jahren kein Wort darüber verloren hatte.

Er kam damit nicht zurecht und landete in einer Therapie, wodurch er nur noch verrückter wurde. Diese Geschichte überzeugte Susan wieder einmal davon, dass die Deutschen nichts an der Aufarbeitung ihrer Vergangenheit getan hatten.

Was die Sinnlichkeit anging, so waren alle meine Diskussionen mit Susan letztlich ins Leere gelaufen, vor allen Dingen weil Susan nichts vom Absoluten hören wollte, das in meinem Denken noch immer eine große Rolle spielte. Sie fand es totalitär, altmodisch und überholt.

Sie war keine praktizierende Jüdin, und von Religionen wollte sie damals nichts hören. Sie weigerte sich, die Judenverfolgung mit Religion in Verbindung zu bringen.

Das ging mir wieder viel zu weit. Ich war der Überzeugung, dass die Judenverfolgung vielleicht nicht alles, aber doch sicherlich etwas mit der Art und Weise zu tun hatte, wie Christen und Juden einander gegenüberstanden. Also mit Religion.

Viele Jahre später fiel mir – in Berlin notabene – zufällig ein Buch in die Hände, in dem ich, wie sich herausstellte, eine Rolle spielte. Es war Susans Geschichte über die *Vergangenheitsbewältigung*. Es war ein gutes Buch.

Das Philosophieren über weibliches Denken und der Umgang mit den Berliner Hexen hatten indessen meinen Blick auf Männer einigermaßen getrübt.

Meine Verwirrung drückte sich auch in meiner Partnerwahl aus. Ich begann mit meinem Vermieter, der Lastwagenfahrer war, eine Beziehung. Ich glaubte, seine Begeisterung für mich dadurch dämpfen zu können, dass ich ihm mitteilte, dass ich außer Freundschaft nichts Ernsthaftes von ihm wolle.

Am Morgen, nachdem ich zum ersten Mal bei ihm geschlafen hatte, ging er nicht zur Arbeit. Frostbedingter Arbeitsausfall, sagte er. Es lag tatsächlich eine dicke Schicht Schnee, und ich glaubte ihm.

Doch es stellte sich heraus, dass der frostbedingte Arbeitsausfall bis weit in den Mai hineindauerte. Werner hatte sich hoffnungslos verliebt, er wollte mich heiraten und wünschte sich Kinder. Ich saß in der Falle; er war ja gleichzeitig mein Vermieter.

Anfangs fand ich das alles nicht so schlimm. Ich wollte einen Freund, mit dem ich nicht so viel zu reden brauchte, und ich war sehr beeindruckt von Werners Sinnlichkeit. Er hatte einen Körper, der bis in den kleinsten Muskel perfekt war, ohne dass er sich dessen bewusst war. Er reflektierte nicht, doch das fand ich in diesem Augenblick einfach nur angenehm.

Werner wurde für mich eine Art Studienobjekt. Der lebendige Beweis dafür, dass zu viel Denken den Körper einzig und allein verdarb. Einmal fiel er aus dem zweiten Stock nach unten und federte sofort wieder vom Boden ab, als befinde sich in seinem Inneren wirklich ausschließlich Luft. Er konnte in jeder Position und an jedem Ort einschlafen. Er hob mich mit einem Arm hoch über seinen Kopf, als sei ich eine Glühlampe, die mal eben in die Fassung gedreht werden müsse. Werner beherrschte seinen Körper wie ein Rennfahrer seinen Wagen.

Doch gelang es ihm, mich mit seinen »metaphysischen« Einsichten zu überraschen. Angesichts meiner ständigen Behauptung, dass ich allein bleiben wolle und dass ich ihn nicht heiraten oder Kinder mit ihm haben wolle, sagte er einmal: »Eins ist keins, zwei sind eins, zwei sind drei, und drei ist eins.«

Darauf war er selbst gekommen. Unbewusst hatte er für einen Augenblick das Rätsel der Dreieinigkeit gelöst. Ich blickte ihn fassungslos an, als er das sagte, und verliebte mich beinahe in ihn.

Doch anstatt mich an Werner zu binden, widmete ich mich weiterhin meiner Erkundung der Frauen. Gisela stellte mich Anke vor, einer fülligen Dame, die ich Magic Mama nannte und von der ich mich verführen ließ. Sie war so eine Kristallkugel-Guckerin, die sich auch noch mit Astrologie und Tarot beschäftigte. Von jeder neuen Freundin machte sie ein Komposit-Horoskop. Hunderte hatte sie bereits angefertigt. Sie verband ihr Horoskop mit dem meinen und studierte die verbindenden Aspekte. Auf diese Weise konnte sie herausfinden, ob wir eventuell zusammenpassten. Später erfuhr ich, dass ihre Welt eingestürzt war, nachdem sie entdeckt hatte, dass ihre Mutter ihr eine falsche Geburtsstunde genannt hatte.

Nachdem ich das Bett mit ihr geteilt hatte, nannte ich sie »Sprung in die Wolken«, nach der gleichnamigen Popgruppe, die in Berlin damals rasend populär war.

Anke wurde ein Sprung in die Wolken, da sie so entsetzlich dick war. Man federte regelrecht zurück, wenn man sie besprang.

Zuvor hatte ich Anke gewarnt, dass ich keine ernsthafte Beziehung mit ihr wolle und dass meine Abreise aus Berlin vor der Tür stehe. Dies war auch der Grund, warum ich es wagte, auf ihre Avancen einzugehen. Ich wusste, dass unser Verhältnis nicht länger als ein paar Wochen dauern würde, denn ich hatte eine Reise geplant.

Kurz zuvor hatte ich noch einen Versuch unternommen, mein Stipendium zu verlängern, aber da ich nichts Konkretes bezüglich einer Doktorarbeit über Hegels Logik oder die weibliche Logik vorweisen konnte, wurde dies natürlich abschlägig beschieden.

Ich hatte lediglich partizipierend geforscht. Philosophie als empirische Wissenschaft, eine *contradictio in terminis* beinahe; trotzdem hatte es mir gut gefallen, und das sollte auch während der folgenden fünfzehn Jahre so bleiben.

Doch werde ich den Berlinern für ihre Großzügigkeit stets dankbar sein, einem Charakterzug, der mir übrigens bei vielen Deutschen auffiel, ebenso wie der der Hilfsbereitschaft. Vielleicht ist dir bekannt, dass Deutsche in großen Teilen Europas noch immer nicht besonders beliebt sind, doch seit meiner Berliner Zeit habe ich sie immer verteidigt. Ich hatte mit ihnen zu tun. Vor allem mit den jungen Deutschen, die weiterhin für die Sünden ihrer Eltern büßen mussten.

Die Ankunft Gottes in meinem Leben war ein zu großes und komplexes Thema, um einfach übergangslos einen Platz in meinem Denken einzunehmen.

Zu Beginn war es nur etwas, das in meinem Bewusstsein schlummerte, etwas, mit dem ich nichts anzufangen wusste. Berlin war auch keine Stadt, die einen daran erinnert hätte, sie ließ einen vielmehr das Gegenteil glauben.

Eines wusste ich sicher: Konnte ich nicht in Berlin bleiben, wollte ich nach Asien, um meine Studien da fortzusetzen. Ich hatte keine Ahnung, in welches Land ich gehen wollte, beschloss aber, Werner auf jeden Fall mitzunehmen, auch weil ich keine Ahnung hatte, was mich dort erwartete. Er fühlte sich vom paradiesischen Thailand angezogen. Dorthin wollte ich keinesfalls. Sollten wir nach Indonesien gehen?

Während ich noch darüber nachdachte, was ich wirklich wollte, hatte ich wieder eines dieser Erlebnisse, von denen ich glaube, dass sie kein Zufall sind. Ich bin davon überzeugt, das wir geleitet werden und beständig Hinweise empfangen, in welche Richtung wir gehen müssen.

Eines Tages befand ich mich auf dem Weg zur Universität, doch, dort angekommen, fühlte ich so viel Widerwillen, das hässliche Gebäude zu betreten, dass ich beschloss, ins nahe gelegene Völkerkundemuseum zu gehen. Zum damaligen Zeitpunkt hatte man drei Säle mit religiöser Kunst eingerichtet: einen für islamische, einen für christliche und einen für hinduistische und buddhistische Kunst, überwiegend indischer Herkunft.

Damals hatte ich noch nicht viel indische Kunst gesehen, und sowie ich den Saal betrat, war ich getroffen von dem großen Kontrast, den sie zu den beiden vorhergehenden bildete.

Im islamischen Saal hatte ich zwar wunderschöne Dinge gesehen, doch fand ich all die Arabesken, unter dem Aspekt religiöser Kunst betrachtet, sehr abstrakt. Und die christliche Kunst war durch meinen persönlichen Hintergrund schwer belastet. Ich hatte die Abbildungen des blutenden Mannes am Kreuz nie gemocht und fand sie ziemlich gruselig. Und Maria hatte mich auch nie so angesprochen, sie war mir viel zu heilig.

Die Kunstwerke aus Indien berührten mich nicht nur durch ihre ausgesprochene Vitalität, sondern auch durch ihre überraschende Sinnlichkeit. Es gab mindestens ebenso viele Göttinnen wie Götter, und ihre wollüstigen Formen und graziösen Haltungen erschienen mir wunderschön.

Es gab sogar einige Abbildungen, auf denen Gott und Göttin in einer innigen erotischen Umarmung standen. Und das auf eine Weise, die nicht nur nicht pornografisch, sondern nicht einmal erregend war. Dafür war der Ausdruck auf den Gesichtern viel zu heiter. Ich hatte noch nie eine so erhabene Form von Erotik gesehen.

Was waren das für Götter? Und was war das für eine Religion, die durch derartige Götter und Göttinnen bevölkert wurde? Und auch noch so viele! Das war etwas völlig anderes als der Mann am Kreuz und die abstrakten Arabesken. Es war Liebe auf den ersten Blick, Vikram.

Ich wollte sofort mehr über die Kultur wissen, die derartige Götter anbetete und eine so glänzende künstlerische Leistung damit verband.

Am stärksten berührte mich ein lebensgroßer Nataraj, der Gott Shiva als kosmischer Tänzer. Er ließ mich still werden, und intuitiv empfing ich eine Ahnung der ungeheuren Tiefe hinduistischen Denkens. Der Text neben der Abbildung erläuterte, dass die Trommel in der einen Hand den Klang symbolisiert, der in der Hinduphilosophie für den Beginn der Schöpfung steht, während die Flamme in seiner anderen Hand für das Ende steht. Sein angehobener Fuß symbolisiert die Aufhebung der Schwerkraft und damit die Aufhebung alles Zufälligen in der Welt. Alles zusammen drückt die Ewigkeit der Zyklen aus. Als Nataraj tanzt Shiva seinen ewigen Tanz der Glückseligkeit. Wieder muss ich an Nietzsche denken, der sagt, notfalls könne er an Götter glauben, die zu tanzen verstünden. Ich glaube, dass ich beginne, ihn zu verstehen.

Meine Entscheidung stand unverrückbar fest. Ob Werner nun wollte oder nicht, ich würde nach Indien gehen und nirgendwo anders hin. Der Gedanke wurde noch verstärkt, als Gisela mir einen Videofilm über einen Yogalehrer in Indien zeigte, der an einem dieser damals noch prächtigen Strände Goas jedem, der nur wollte, Unterricht erteilte.

Ich war noch immer besessen von meinem Yoga, hatte aber noch nie einen richtigen Lehrer gehabt. Bis jetzt war ich ausgezeichnet mit dem Buch klargekommen, doch spürte ich, dass ich jetzt doch einen Lehrer brauchen konnte. Und wo sollte ich einen besseren finden als in Indien, wo das Yoga erfunden wurde? Alles passte zusammen: Frauen, Sinnlichkeit, Religionen, Götter. Es waren meine Berliner Themen gewesen, doch wieder waren mehr Fragen aufgeworfen als beantwortet.

Bei den Berliner Damen war Gott nicht beliebt, da er ein Mann war. Wäre er eine Frau gewesen, wäre es der Welt vielleicht nicht so schlecht ergangen. Sie würde in ihrer unendlichen Weisheit für eine bessere Welt gesorgt haben, meinten die Damen.

Ich musste noch zuweilen daran denken, als ich bei dir in Kalkutta war, einer Stadt, die durch die Göttin Kali regiert wird. Schaut euch mal in Kalkutta um, meine Damen! Dort herrscht eine Göttin, und schlimmer kann es eigentlich nicht kommen.

Ich wusste nicht viel über Indien, und durch meinen spontanen Entschluss hatte ich auch nicht mehr viel Zeit, mich gründlich vorzubereiten. Ein guter Reiseführer schien mir ausreichend, denn mein Ziel stand fest. Um Werner einen Gefallen zu tun, wollte ich bei dem Yogalehrer in Goa beginnen. Wie dem auch sei, dies sei ein guter Platz, um zu starten, wurde mir versichert. Diese ehemalige portugiesische Kolonie gehörte erst seit kurzem zu Indien, das sie zu Beginn der sechziger Jahre annektiert hatte, und bildete ein angenehmes Bindeglied zwischen Ost und West.

Goa war in diesen Tagen noch ein wahres Paradies, weit entfernt von der Zermürbungsschlacht, die Indien für den nichts ahnenden Touristen sein kann. Sauber, ruhig, mit angenehmem Klima, herrlichen Stränden, einem durchsichtig klaren, warmen Meer, freundlichen Menschen, gutem Essen, kurzum, ein idealer Ort, um sich zu akklimatisieren.

Hier ließ ich Werner bei meiner Abreise in das wirkliche Indien zurück, weil Deutsche nun mal auf Strand und Meer versessen sind und sich vor Schmutz zu Tode ekeln. Und Indien ist zweifellos ein schmutziges Land. Und so begann ich auf eigene Faust meine Suche, die fünfzehn Jahre dauern und bei dir, Vikram, in Kalkutta, enden sollte.

# VII

Wie ich dir bereits schrieb, blieb ich nicht lange in Goa, doch lange genug, um mein nächstes Bestimmungsziel herauszufinden. Ich hörte auf die Ratschläge anderer Reisender, die sehr viel wertvoller waren als die Informationen, die im Reiseführer standen.

Ich sollte in den Süden nach Kodai Kanal gehen, eine ehemalige britische *hill station*, Wachtposten der Regierung und Erholungsort in den Bergen. Es lag in der Gegend von Madurai, einer Tempelstadt, die ich ebenfalls besuchen wollte. Goa war nicht das wirkliche Indien, dachte ich. Goa war ehemals portugiesisch-christlich gewesen. Doch Madurai war unverkennbar hinduistisch. Ich hatte noch nie einen Hindutempel gesehen, und der Tempel der Göttin Meenakshi in Madurai ist einer der beeindruckendsten in ganz Indien.

Die Reise von Bombay, wo ich mit dem Flugzeug angekommen war, nach Goa hatte ich per Boot zurückgelegt, was sehr angenehm war, mich aber noch nicht viel von Indien hatte sehen lassen. Ab Goa reiste ich mit dem Bus oder Zug über den Landweg. Hier begann für mich das wirkliche Indien, und es zermalmte mich.

Die Landschaft, die Menschen, die Farben und Gerüche, die Tempel und Basare, die Kühe, Affen und Krähen, das Chaos und zu gleicher Zeit die eigenartige Ruhe: Alles war fremd und zauberhaft. Es gab vieles, was mich hätte irritieren oder schockieren können, doch das geschah nicht. Ich lebte wie in einem Traum, total betäubt von dem Wunder, das Indien sein kann. Ich fühlte mich dort wie ein Fisch im Wasser.

Dieses Gefühl ist, wie du weißt, nicht jedem Westler beschieden. Viele Touristen laufen schreiend davon, und die Inder mischen da kräftig mit. Die indische Regierung will den Tourismus fördern, doch viele Inder scheinen ihr Bestes zu tun, um die Touristen für immer und ewig zu verjagen.

Vor allen Dingen geht einem die Bürokratie auf die Nerven. Schon wenn du das unbedeutendste Hotel betrittst, müssen mindestens achtzig Formulare mit drei Durchschlägen ausgefüllt werden, bevor du deine Bruchbude betreten darfst. Und hast du auch nur ein Komma vergessen, hämmern sie so lange an deine Tür, bis du schläfrig und irritiert fragst, was nun schon wieder los sei.

Doch damit fängt der Ärger erst an. Geld wechseln, richtige Reiseinformationen ergattern, eine Karte für Zug oder Bus reservieren, das sind Tagesprogramme, die einem äußerste Geduld abverlangen. Und wehe, man hat beim Kauf des Zugfahrscheins seinen Pass vergessen, dann muss man zurück ins Hotel und sich wieder am Ende der Reihe anstellen.

Auch die mangelnde Hygiene und die daraus folgenden Krankheiten bilden für den in Indien Reisenden ein ernsthaftes Hindernis. Doch am meisten irritiert die Art und Weise, wie man überall und zu allen Zeiten und immer skrupelloser versucht, dir Geld abzuknöpfen. Ich bin froh, dass ich Indien inzwischen ganz gut kenne, denn käme ich jetzt zum ersten Mal dorthin, gefiele es mir vielleicht überhaupt nicht. Und das, wo Indien doch ein so enormes touristisches Potenzial besitzt und die Einkünfte gut gebrauchen könnte. Wieso wirft dein Land eigentlich so oft sein eigenes Porzellan in Scherben, Vikram, willst du mir das einmal erklären?

Ich erinnere mich an meine Ankunft beim Tempel der Göttin, die ich als weiße Touristin leider nicht anschauen durfte, aber es gab genügend andere Dinge zu sehen und zu bewundern.

Ich kam gegen fünf Uhr an; um diese Zeit erwacht der Tempel, nach einem langen, heißen Mittag, wieder zum Leben. Es ist ein beeindruckendes Gebäude mit zahllosen Schreinen und Götterstatuen, fantastischen Säulenhallen, Bademöglichkeiten, Gärten, Galerien, Basaren, Türmen und einem äußerst faszinierenden Publikum: Pujaris, Sadhus, Yogis, Astrologen, Handleser, Bettler, Laien, Touristen, Hunde, Kühe, Katzen und noch vieles mehr.

Ich betrat eine der großen Hallen, die schon für sich genommen so beeindruckend war mit ihrem spiegelglatten Flur und zahllosen wunderbar bearbeiteten Säulen, dass ich dort Tage und Wochen hätte verbringen können, ohne dass etwas zu geschehen brauchte. Sie lag in ein geheimnisvolles gedämpftes Licht getaucht, das vom Glanz der untergehenden Sonne noch verstärkt wurde.

Auf dem glatten Boden saß eine kleine Gruppe Musiker, die klassische indische Musik spielten. Um sie herum lagen oder saßen lauschend Menschen, manche sprachen leise miteinander oder waren in tiefe Meditation versunken. Dies alles machte einen so natürlichen Eindruck, dass ich annahm, es müsse sich dabei um den üblichen Tagesablauf handeln. Alles strahlte eine Ruhe aus, die ansteckend wirkte. Ich legte mich zwischen die prächtig gekleideten Menschen und genoss die schöne, beinahe erotische Musik und die Weihrauchgerüche, die von überall her zu kommen schienen.

Das undeutliche Rumoren, das rund um die zahllosen Schreine zu hören war, schien das Äquivalent dessen zu sein, was wir einen Gottesdienst nennen. Unwillkürlich verglich ich es mit dem Ablauf in unseren Kirchen und begann zu begreifen, dass ich, was die Religion und das religiöse Leben anging, auf einem anderen Planeten gelandet war.

Ich war vom Tempel nicht mehr wegzukriegen. Tagsüber saß ich meist auf dem einzigen der vier Türme, der noch für das Publikum zugänglich war, und schaute stundenlang auf das Schauspiel, das sich mir bot.

Auf diesem Platz wurde ich mit einer vorbildhaften Probe indischer Logik konfrontiert, einer Logik, die mir bis auf den heutigen Tag zu schaffen macht und die schon manchen Westler zur totalen Verzweiflung getrieben hat.

Es war ziemlich gefährlich, so hoch oben auf dem Turm. Rund um den begrenzten Raum gab es kein Gitter oder eine andere Art von Sicherheitsvorkehrung. Die übrigen Türme waren für das Publikum geschlossen, da dort regelmäßig Selbstmörder hinabgesprungen waren. Ein Tempelaufseher erzählte mir, dass von dem Turm, auf dem ich saß, noch niemand gesprungen oder gefallen sei, demzufolge durfte er für das Publikum weiterhin geöffnet bleiben.

Diese Art von Logik ist für westliche Menschen beinahe nicht nachvollziehbar. Ich habe einmal einen Amerikaner beinahe weinend ausrufen hören, dass hier *reverse psychology*, eine Psychologie auf den Kopf gestellt, herrsche und dass er das nicht mehr ertragen könne. Ich begriff genau, was er meinte. Später sollte ich meinen Kursteilnehmern gegenüber sagen, dass man in Indien doch an Gott glauben müsse, denn mit der Vernunft komme man dort nicht weit.

Unter dem Fenster meines Hotelzimmers hatte an einem bestimmten Morgen ein kleines religiöses Fest begonnen. Viele Trommeln, Hupen und Klingeln und ein Publikum, das, wie sich herausstellte, tagelang ununterbrochen rund um die Statue seines Gottes tanzen konnte. Die Menschen fielen in Trance, hatten manchmal Schaum vor dem Mund und wurden mit rollenden Augen weggeführt, total erschöpft oder in anderen Sphären, wer konnte das beurteilen?

Ich war überwältigt. Auf diese Weise wollte auch ich gern religiös sein. Diese Religion schien aus nichts anderem als Sinnlichkeit zu bestehen und aus Chaos und Unordnung. Nichts schien Pflicht zu sein und alles erlaubt.

Derartige Szenen sollte ich noch häufig beobachten, Vikram, in allen Variationen, die man sich vorstellen kann, und jedes

Mal imponierten sie mir wieder aufs Neue. In Indien ist die Kraft der Religion enorm und allumfassend präsent. Selbst in der britischsten aller indischen Städte: Kalkutta.

Kalkutta hat aufgrund seiner britischen Vergangenheit viele christliche Kirchen und sogar eine Kathedrale, doch ihre Anzahl ist nichts verglichen mit der der Tempel.

Diese stehen im wahrsten Sinne des Wortes beinahe an jeder Straßenecke.

Während der Durga-Puja, dem Hauptfest, stehen sie sogar mitten auf der Straße, lediglich aus einem bisschen Holz und Tuch errichtet, doch gleichen sie wahren Kunstwerken. Fünf Tage lang ist Kalkutta dann zu deinem großen Ärger für den Verkehr unpassierbar.

Direkt gegenüber deinem Haus, in dem Slum, der im Park entstanden ist, steht ebenfalls so ein kleiner Tempel, aufgebaut aus ein paar Wellblechplatten. Bei jedem Sonnenuntergang stehen Scharen von Menschen um ihn herum, die an der Puja teilnehmen.

Ich mag das Geräusch der großen Muschel, das den Beginn ankündigt und den Abend einläutet. In jedem Haus wird in diesem Augenblick Weihrauch angezündet. Ich habe Mitleid mit deiner Haushälterin und deiner alten Tante, die immer voll Sehnsucht vom Fenster aus auf die Szene starren, wegen ihrer Kastenzugehörigkeit jedoch nicht daran teilnehmen dürfen.

Du tust das nie, doch gehst du jeden Morgen in den kleinen Haustempel, um zu deiner Göttin Kali zu beten. Das ist doch eine schöne Disziplin für jemanden, der behauptet, ein Ungläubiger zu sein.

Ich konnte nicht ewig in Madurai bleiben, hatte jedoch große Mühe, mich von dieser Stadt zu trennen. Mein nächstes Ziel, Kodai Kanal, zog mich wegen zwei Attraktionen an. Es lag mehr als 2000 Meter hoch in den Bergen und schien einen guten Yogalehrer zu haben.

Es wurde mein erstes Paradies auf Erden. Zu jener Zeit war es noch klein und wunderschön in einem alten Wald mit riesigen Eukalyptusbäumen gelegen, wodurch es dort immer herrlich roch.

Es ist, wie gesagt, eine der alten englischen *hill stations*, was sich unter anderem in der Architektur niederschlägt: prächtige *cottages*, halb englisch, halb indisch, und in den vielen Clubs Golfplätze, Rennplätze, internationale Schulen, Kirchen und Friedhöfe.

Allerdings war auch dies wieder nicht das wirkliche Indien, doch, so fragte ich mich langsam, was ist eigentlich das echte Indien? Indien ist so groß und so vielfältig, dass ein eindeutiges Indien nicht zu existieren scheint.

Ich blieb drei Monate in Kodai Kanal, nicht nur seiner Schönheit und kühlen Temperatur wegen, sondern auch wegen meines Yogalehrers: Rajiv, ein junger Mann aus der Iyengar-Tradition.

Leider war Rajiv noch zu jung, um ein wirklich guter Lehrer zu sein, wie ich später feststellen musste, doch hat er mich während dieser drei Monate praktisch umgemodelt. Mit harter Hand. Er war die Ursache dafür, dass ich mich eine Zeit lang von der Iyengar-Tradition abwandte. Iyengar ist der berühmteste noch lebende Hatha-Yoga-Lehrer Indiens. Er ist ein Mann der Peitsche, der seine Schüler notfalls in eine bestimmte Position schlägt. Er kann es sich erlauben, denn er ist genial und weiß genau, was er tut.

Das wussten seine Assistenten, zu denen Rajiv gehört hatte, nicht immer so gut. Oft schlug er ohne Bedenken drauflos. Er vergrößerte meinen Brustkorb um etwa fünf Zentimeter, er machte mich biegsam wie Gummi, doch hinterließ er bei mir eine Wut und einen Argwohn, die mich noch lange begleiten sollten.

Rajiv schien es vergnüglich zu finden, auf jemandes Rücken stehend zu tanzen und einem die Gliedmaßen halb auszurenken. Doch noch schlimmer waren seine Versuche, das Ego der Leute zu brechen: Herabsetzung und Demütigung waren an der Tagesordnung. So bin ich verschiedene Male in Tränen ausgebrochen.

Yoga ist, wie du weißt, nicht harmlos. Man kann sich dabei auch scheußlich verletzen. Rajiv war zwar ein bisschen brutal gewesen, hatte mir aber einen Eindruck davon vermittelt, was dieses Yoga vermochte. Ich fühlte mich nach seinem Unterricht wie eine kleine Feder. Eine empörte kleine Feder, das wohl, doch geriet ich dadurch in eine begeisterte Stimmung, die den ganzen Tag anhielt und durch nichts und niemanden kaputt zu kriegen war. Ich freute mich wie ein Kind darüber, dass ich eine Methode gefunden hatte, mittels der ich meine schlechten Stimmungen drastisch in etwas außerordentlich Positives umformen konnte.

Am effektivsten waren Rajivs Atemübungen. Ich hatte bis zu diesem Zeitpunkt noch kein Pranayama – so nennt man diese Übungen – gemacht. Das geht nicht ohne Lehrer, und der amerikanische Autor meines ersten Yogabuches hatte denn auch weise darüber geschwiegen. Diese Atemübungen sind sehr subtil, zu kompliziert und tatsächlich auch zu gefährlich, um damit im Alleingang zu experimentieren.

Doch mit der richtigen Begleitung sind sie besonders wirksam. Es gibt nichts, was den Geist so rasch und so drastisch beeinflusst, wie der Atem. Ausgedrückt in den Worten eines niederländischen Dichters: »Der Geist ist ein kraftvolles Instrument für denjenigen, der die Gebrauchsanweisung kennt.«

Das Pranayama brachte mich in kürzester Zeit in einen tranceartigen Zustand, der so angenehm war, dass ich beinahe süchtig danach wurde und damit aufhören musste, weil ich es wieder einmal übertrieb. Ich wurde mager, sah müde aus und bekam von Rajiv natürlich wieder eines auf die Rübe.

Ich hatte für die Dauer dieser Reise nicht vor, dem Studium der indischen Philosophen viel Zeit zu widmen, doch Blut scheint zu stocken, wenn es nicht fließen kann. In Kodai Kanal sollte ich meine erste Einweihung in hinduistische Philosophie erhalten.

Mein Liebhaber Werner war, wie ich dir bereits erzählte, in Goa zurückgeblieben. Das fand ich nicht schlimm, denn er wäre mir doch nur im Weg gewesen. Ich beschäftigte mich bloß noch mit Yoga und stand, könnte man sagen, den ganzen Tag auf dem Kopf.

Ich genoss intensiv meinen Aufenthalt in Kodai Kanal und die herrlichen Wanderungen, die man dort machen konnte. Vor meiner Hoteltür begann ein fantastischer Bergweg, von dem aus man an klaren Tagen Madurai in der Ebene liegen sehen konnte, der jedoch durchgehend in geheimnisvolle Nebelschwaden gehüllt war.

Einmal ging ich allein auf diesem Weg, als mir aus der entgegengesetzten Richtung ein junger Mann entgegenkam. Wir grüßten einander, und einige Sekunden nachdem wir einander passiert hatten, drehten wir uns im selben Augenblick zueinander um, um noch einmal einen Blick auf den unbekannten Passanten zu werfen. Der junge Mann fasste dies wohl als Zeichen auf, dass wir einander kennen lernen mussten. Er erwies sich jedenfalls als ein magisch inspirierter Denker. Er war Kanadier, Anhänger Sri Aurobindos, und wohnte mit Frau und Kindern in Kodai.

Sri Aurobindo kennst du mit Sicherheit, Vikram. Er ist der Freiheitskämpfer aus Kalkutta, der in jungen Jahren zur Ausbildung nach Cambridge geschickt wurde und später im Gefängnis von Kalkutta seine erste mystische Erfahrung machte.

Ein Vorteil der Schriften Aurobindos für den westlichen Leser ist auch gerade sein europäischer Hintergrund. Sein Englisch ist perfekt, und der europäische Geist verleiht seinen Büchern eine Struktur, die es einem westlichen Menschen leichter macht, ihm zu folgen als den indischen Philosophen ohne diesen Hintergrund.

Als der Kanadier vernahm, dass ich Philosophie- und Yogastudentin war, überzeugte er mich davon, dass ich Aurobindo lesen müsse, und noch am selben Nachmittag kam er mit einem Stapel Bücher in meinem Hotelzimmer vorbei.

Aurobindo packte mich sofort. Er ist ein Mann, der sich weniger auf das körperbezogene als vielmehr auf das geistige Yoga spezialisiert hat. Es gibt verschiedene Arten von Yoga, und das geistbezogene Yoga arbeitet ausschließlich mit dem Geist. Aurobindo sollte mein philosophisches Denken dauerhaft beeinflussen. Doch nicht nur mein Denken, mein gesamtes Leben sollte sich durch ihn verändern. Eine der ersten Passagen, die ich von ihm las, war die folgende:

> *Im zur Ruhe gebrachten Geist ist es die Substanz des Geistes, die ruhig ist, so ruhig, dass der Geist durch nichts gestört wird. Treten Handlungen und Gedanken auf, entstehen sie nicht aus dem Geist, sondern von außen und ziehen durch den Geist, wie ein Vogelflug bei Windstille durch die Luft zieht: Er geht vorbei, bringt nichts aus dem Gleichgewicht und lässt keinerlei Spur zurück.*
>
> *Sollten selbst tausend Bilder oder die gewalttätigsten Ereignisse durch den Geist gehen, bleibt seine gelassene Ruhe erhalten, als bestehe das Gewebe des Geistes selbst aus ewig unzerstörbarem Frieden. Ein Geist, der diese Ruhe erreicht hat, kann aktiv werden, selbst intensiv und kraftvoll, doch wird er seine fundamentelle Ruhe bewahren, da er nichts aus sich selbst gebiert, doch alles von oben empfängt und ihm eine geistige Form gibt, ohne etwas Eigenes hinzuzufügen, ruhig, ohne Leidenschaft und doch mit der Freude der Wahrheit und dem glücklichen Gefühl von Kraft und Licht bei seinem Durchzug.*

Diese Passage berührte meine Seele zutiefst. Tränen strömten mir über die Wangen. Ich hatte das Gefühl, endlich auf jemanden gestoßen zu sein, der begriff, was der Geist oder das Bewusstsein ist.

Aurobindo weckte ein eigenartiges Heimweh in mir. Ein Heimweh nach lange verflogenen Zeiten, nach in der Tiefe verborgenen Schatten, nach einer verloren gegangenen Wahrheit.

Es war, als würde ich mit einem Mal aus einer Beschränktheit entlassen, die ich niemals wirklich als eine solche erkannt hatte. Ein enormes Gefühl von Befreiung und Erleichterung kam über mich. Endlich, endlich jemand, der weiß, wovon er spricht. Aurobindo wurde sofort mein Held, und ich stürzte mich wie eine Besessene auf sein Werk.

Es ist schwierig auszudrücken, was für einen enormen Schock die Lektüre seines Werks bei mir ausgelöst hat. Mit einem einzigen Schlag fiel mein Weltbild in Trümmer, stieg eine Welt auf, die ich vage und unterbewusst sehr wohl kannte, die jedoch dem, was mir in all den Jahren vorgesetzt worden war, diametral entgegenstand. Das Weltbild, auf dessen Basis meine Eltern mich erzogen, der Unterricht, den ich erhielt, die Kirche, die Gesellschaft, kurzum meine Kultur, erschienen mir mit einem Mal ungerechtfertigt platt, so aller Tiefe und Geheimnisse beraubt.

Aurobindo machte mir diese Tiefe und die Kapazitäten des Geistes bewusst. Erreichte man die Tiefe, wie er es selbst deutlich getan hatte, zeigte diese eine Wirklichkeit, die von unserer gängigen Welt genauso weit entfernt ist wie die Sonne von der Erde.

Seine Überzeugungskraft wurde durch das intensive körperliche Yoga, dem ich mich täglich unterwarf, noch verstärkt. Es schien nur noch zu bestätigen, was Sri Aurobindo ohnehin behauptete. Es beeinflusst den Geist in hohem Maße, zumindest wenn man es auf die Art ausübt, wie ich es damals täglich tat. Der Geist wird immer leichter, es war genauso, wie Aurobindo es beschrieb.

Sein Buch *Synthesis of Yoga* handelt vom Bewusstsein, vom Geist. Die Worte Geist und Bewusstsein und selbst unser Wort Seele sind europäische Begriffe für das, was im Sanskrit ein einziges Wort ausdrückt: *cit*. Doch da diese Bezeichnungen für uns einen so vagen Inhalt besitzen – wir wissen ja nicht, was sie bedeuten –, werden sie quasi synonym gebraucht.

Das Buch handelt von den Kapazitäten des Geistes: dem Wesen des Geistes, dem Training des Geistes. Es ist ein Buch über Gott von einem Mann, der trunken von Gott ist. Einem Mystiker, würde man hier im Westen sagen. Und doch ist es nicht dasselbe. Unsere Mystiker sind meist keine Philosophen. Sri Aurobindo war beides.

Noch niemals war ich während meines Philosophiestudiums einem Philosophen mit einer so gründlichen Kenntnis des Geistes begegnet. Es war kein Bücherwissen, Vikram, sondern gelebte und experimentelle Kenntnis.

Es war erstaunlich. Mein Verstand begann zu rattern. Stimmte es, was Sri Aurobindo behauptete – und ich zweifelte keinen Augenblick daran, mein ganzes Wesen schrie, dass es wahr war –, dann hatte ich mein ganzes Leben in einer Kultur gelebt, die, was die Kenntnis des Bewusstseins oder des Geistes anging, nicht einmal in den Kinderschuhen stand. Einer Babykultur.

Später sollte ich verstehen, dass Sri Aurobindo im Wesentlichen nichts Neues sagte, Vikram. Er wiederholte nur in wundervollem Englisch, was die östliche Philosophie bereits seit Menschengedenken behauptete. Und das Menschengedenken ist in diesem Fall alt: mindestens fünftausend Jahre.

Die Kultur des Ostens ist, wie auch immer, die älteste noch lebende Kultur. Dies ist für sich genommen schon etwas, was Respekt erzwingt. Die Veden, diese Hunderte von Schriften, die zusammen eure Bibel bilden, sind ewig, so heißt es. Das wird häufig als eine der üblichen Exklusivitätsforderungen der Religion abgetan. Aber denk mal darüber nach.

Wenn dem menschlichen Geist uneingeschränkte, unbegrenzte Fähigkeiten zugeschrieben werden, wenn eine Philosophie also das höchste mögliche Menschenbild voraussetzt, wenn jeder Mensch eigentlich ein potenzieller Gott ist, welche Philosophie kann diese dann noch übertreffen?

Man kann höchstens noch versuchen, sie zu widerlegen. Aber auch das ist nicht gut möglich, da die Behauptung, der menschliche Geist sei vergänglich, intellektuell ebenso wenig beweisbar ist wie das Gegenteil.

Jede Philosophie, die diesen Namen verdient, jede Philosophie, die etwas Sinnvolles über den Menschen und sein Leben sagen will, kann dies lediglich bestätigen oder leugnen. Es gibt keine andere Möglichkeit. Es sei denn, man diskriminiert, indem man sagt, dass es für den einen Menschen wohl und für den anderen nicht gilt.

Aber das ist Unsinn.

Sri Aurobindo ist ein Philosoph des zwanzigsten Jahrhunderts, ein moderner Interpret der Veden, so, wie es mindestens fünftausend Jahre lang Interpreten der Veden gegeben hat. Deswegen ist die hinduistische philosophische Tradition so überwältigend umfangreich und vielfältig. Stell dir einmal vor, Vikram: Dem Denken wurde noch nie eine einzige Einschränkung auferlegt. Fünftausend Jahre freies Experimentieren und Denken!

Eure Philosophie ist Religion und Wissenschaft zugleich. Fünftausend Jahre wurde frei mit dem Geist experimentiert. Die Methoden und zu erwartenden Resultate stehen mehr oder minder fest, für jeden nachvollziehbar. Die Ergebnisse sind objektiv wahrnehmbar: Es handelt sich nicht um ein rein subjektives, unwissenschaftliches Resultat.

Das Problem ist, dass von dem Yogi nicht erwartet wird, sein Wissen marktschreierisch anzubieten, und dass es stets weniger entwickelte Yogis gibt. Und nicht zu vergessen die Tatsache, dass so viele Pseudo-Yogis herumlaufen.

Doch das alles mindert in keiner Weise die Tatsache, dass deine Tradition eine Wissenschaft des Geistes hervorgebracht hat, die wahrscheinlich tatsächlich ewig ist.

Dank Sri Aurobindo erkannte ich, dass ich auf eine philosophische Goldmine gestoßen war. Erstaunt fragte ich mich, warum diese Kenntnis im Westen niemals bis zu mir durchgedrungen war. Schließlich hatte ich doch Philosophie studiert! Ich war doch nicht die Erste, die sie zur Kenntnis nahm. Die Engländer hingen dreihundert Jahre in Indien herum! Wie ist es möglich, dass sie nicht nur in weiten Kreisen nicht durchgedrungen ist, sondern auch immer auf so viel Hohn und Widerstand stößt?

Eine der Antworten lautet, dass der westliche Geist leider unausstehlich arrogant ist.

Ich schäme mich oft, eine Weiße zu sein. Ein paar brutale, unverschämte, unzivilisierte Barbaren sind wir. Und wir stecken die ganze Welt damit an. Wer glauben wir eigentlich zu sein? Wir schauen mal eben herein, und doch beherrschen wir die ganze Welt mit unserem großen Mund und unserem Materialismus.

Ich bin jedes Mal wieder neu getroffen von der Herablassung und Arroganz westlicher Gelehrter angesichts des östlichen Wissens einerseits und der Toleranz, des Respekts und der Bescheidenheit ihrer östlichen Kollegen angesichts des westlichen Wissens andererseits.

Derselbe Macaulay, der eine neue indische Rasse züchten wollte, tat auch noch den folgenden, unglaublichen Ausspruch: »Wer könnte bestreiten, dass ein einziges Bücherregal in einer guten europäischen Bibliothek so viel wert ist wie die gesamte indische und arabische Literatur zusammen?«

Wenn ich weiterhin höre, wie die Engländer, und natürlich auch die Niederländer und anderes europäisches Gesindel, bei euch gehaust haben, wie wenig Respekt und Verständnis sie eurer Kultur gegenüber zeigten, wie wenig sie insgesamt begriffen haben oder vielmehr begreifen wollten, könnte ich heulen.

Doch ist der Materialismus eine ebensolche Superkraft wie die Spiritualität. Eine nicht zu unterschätzende Kraft, vor der alles und jedes weichen muss. Und wir sind absolute Meister darin. Unsere Beherrschung der Materie ist beinahe ebenso groß wie eure Beherrschung des Geistes.

Durch den westlichen Einfluss scheint jetzt sogar in Indien der Materialismus die Oberhand zu gewinnen. Er scheint die Spiritualität zu übertrumpfen, und dieser Prozess wird noch ein Weilchen dauern. Ich weigere mich zu glauben, dass der Materialismus gewinnen wird. Weder hier noch dort. Die Hindukultur hat bereits so viele Stürme überstehen müssen, dass sie auch diesen überwinden wird.

Der große Historiker Arnold Toynbee hat einmal gesagt, dass die wirklich große Revolution des zwanzigsten Jahrhunderts nicht die Entdeckung der Quantentheorie ist, sondern die Einführung des Buddhismus im Westen.

Das könnte durchaus der Wahrheit entsprechen, Vikram, und wir sehen es in diesem Augenblick in großem Stil geschehen. In Deutschland wird der Buddhismus als Religion bereits respektiert. Im restlichen Europa und auch in Amerika, Australien und Neuseeland erlebt er einen Höhenflug. Wirkliche Revolutionen sind Revolutionen des Geistes.

Descartes war ein solcher Revolutionär. Descartes wird der Vater der modernen westlichen Philosophie genannt. Er zog nämlich als Erster das Wort Gottes in der Bibel in Zweifel: Die Bibel war Anfangs- und Endpunkt. Doch wollte Descartes für die Philosophie ein anderes Fundament als das der Bibel finden. Bei seinen Überlegungen über diesen Gegenstand landete er beim Bewusstsein als erster, unbezweifelbarer Gegebenheit.

Ironischerweise nannte er die Überlegungen, in denen er dies auseinander setzt, »Meditationen«. Und in der Tat, nachdem er alles, woran er zweifelte, aus seinem Geist verbannt hatte, blieb ein leeres Bewusstsein übrig, und das Bewusstsein selbst konnte er nicht weiter in Zweifel ziehen.

Dies wurde sein Fundament. So kam er zu seiner berühmten These *Cogito ergo sum*: Ich denke, also bin ich. Von einem Zen-Meister hätte er in diesem Augenblick einen Schlag mit dem Stock erhalten und zu hören bekommen, dass dies nicht das Ende ist, sondern der Anfang. Doch befand Descartes sich nicht in Japan, sondern in Amsterdam, einen Steinwurf weit von meinem Haus entfernt.

Mit diesem Theorem Descartes' war das wissenschaftliche Denken geboren, das Denken, das Gott, die Bibel und die Moral peinlich genau außerhalb seines Kaders hält und nur an dem interessiert ist, was das Auge sehen und der Intellekt erläutern kann.

Descartes hat eine Revolution in Gang gesetzt, die noch lange nicht abgeschlossen ist. Geistige Revolutionen sind langsamer als Revolutionen mit Waffengewalt, denn sie müssen Geist um Geist erobern.

Die Leute, die diese Revolution verbreiteten, nannten sich ironischerweise *Illuminaten*, die Erleuchteten. Nun, das ist nicht dasselbe, was der Buddha oder Sri Aurobindo oder die Veden unter Erleuchtung verstanden. Es ist beinahe das Entgegengesetzte: eine Verdunklung. Das Kind wurde zusammen mit dem Bade ausgeschüttet. Operation geglückt, Patient tot, sagt man in einem solchen Fall.

Wissenschaftliches Denken und Wissen haben durch die Loslösung vom Bibelwissen zwar einen enormen Aufschwung genommen, doch ist gleichzeitig etwas sehr Wesentliches verloren gegangen. Die Weisheit beispielsweise. Das, was uns sagt, wie wir leben müssen, um glücklich zu sein.

Wissenschaftliches Denken ist amoralisch. Es reflektiert nicht die Konsequenzen seiner Befunde und lädt dem Menschen unerträgliche moralische Dilemmas auf. So unerträglich, dass sie in Richtung einer weiteren Revolution zu steuern scheinen: der des Menschen, der sich wieder auf die Suche nach seiner verlorenen Religion begibt.

Die Strömung kehrt sich um, die Zeichen dafür sind untrüglich. Der eine kehrt zum Christentum zurück, der andere wendet sich der Weisheit des Ostens zu, ein Dritter findet Inspiration bei den Indianern und so fort. Gott oder Spiritualität im Allgemeinen wird auf vielerlei Arten neu gesucht. In immer größerem Maßstab experimentiert man mit dem östlichen Wissen.

Das eine oder andere geht natürlich mit viel Verwirrung einher. Das östliche Wissen ist zu tief, um es mal eben in Beschlag zu nehmen. Und das tun wir hierzulande gern: in Beschlag nehmen. Es wird sicherlich ein paar Jahrhunderte dauern, bevor es wirklich Wurzeln geschlagen hat. Wir bereiten den Boden dafür. Doch wird es geschehen, das steht für mich fest.

Die Einführung des Christentums war ebenfalls so eine Revolution. Viele Menschen vergessen gelegentlich, dass das Christentum in Europa gleichfalls eine Importreligion war. Es ist nicht aus unseren eigenen Eingeweiden nach oben gesprudelt, oft wurde es uns wortwörtlich in die Gurgel gepresst.

So geht das bei uns. Barbaren waren wir, Barbaren sind wir noch immer. Ich bin beinahe eingeschüchtert von eurer Verfeinerung, eurem Tiefgang, eurer Entwickeltheit. In großen Teilen Asiens fühle ich mich regelmäßig als Barbarin.

In China wurde ich sogar offen so behandelt, was ich übrigens auch ganz schön barbarisch finde. Plötzlich stand ich auf der anderen Seite der Diskriminierung, und das war eine spannende Entdeckung. Nicht immer angenehm, das liegt auf der Hand, aber ausgesprochen aufschlussreich.

Ich schweife wieder ab, Vikram. Ich sprach über Indien als Goldmine, als unerschöpfliche Quelle von Wissen, insbesondere von spirituellem Wissen, von Weisheit.

Um die Jahrhundertwende wurde einer eurer Mönche, Swami Vivekananda aus Kalkutta, in Amerika berühmt. Sein Vortrag auf dem Weltkongress der Religionen in Chicago erntete größte Bewunderung und Beifall. Tatsächlich hat er das amerikanische Publikum für das östliche Denken gewonnen.

In einem seiner Vorträge sagte er, jede Nation habe eine bestimmte Aufgabe zu erfüllen. Die Aufgabe Indiens sei es, alle spirituelle Energie zu vereinigen wie ein Akku, um im geeigneten Moment die Welt zu inspirieren. Indiens Geschenk an die Welt ist, Vivekananda zufolge, das Licht der Spiritualität.

Indien als gelobtes Land und die Inder als das auserwählte Volk anstelle der Juden?

Ich hatte einmal einen israelischen Philosophen zu Besuch, der mir erzählte, im Auftrag der Regierung über eine neue Identität der Juden nachzudenken. Der überwiegende Teil der Israelis ist nicht mehr jüdisch-orthodox oder auch nur im entferntesten Sinne gläubig, und mit der Identität des auserwählten Volkes steht es momentan beim Rest der Welt nicht zum Besten. Sie weckt zu viele Aggressionen.

Viele Menschen werden verächtlich lachen angesichts der Vorstellung von Indien als gelobtem Land. Man braucht nur einen einzigen Blick auf Indien zu werfen, um zu sehen, wie es mit dem auserkorenen Volk steht.

Vergib mir, dass ich wiederum moralisiere, Vikram, aber es ist menschenunwürdig, mit anzusehen, wie Indien seine Menschen krepieren und verderben lässt, und das nicht nur in Einzelfällen, sondern auf breiter Ebene. Es macht mich ab und zu beinahe krank, ich bin es nicht gewöhnt.

Ich habe, seit ich mich ins soziale Leben Indiens begeben habe, angefangen, meine eigene Kultur mehr zu schätzen. Ich glaube beinahe, dass das Christentum mit seinem Predigen von Nächstenliebe doch Wirkung gezeitigt hat. Doch das ist wahrscheinlich eine seiner besten Früchte gewesen.

Die Demokratie, die Offenheit und das Bewusstsein, respektvoll miteinander umgehen zu müssen, sind direkt auf den christlichen Gedanken der Nächstenliebe zurückzuführen.

Ich vermisse diese Nächstenliebe in Kalkutta, in ganz Indien. Ich hasse das Nach-unten-Treten und Nach-oben-Buckeln, ich verabscheue die Art und Weise, wie die Mehrheit der Inder diejenigen behandelt, die unter ihnen stehen. Mir wird schlecht von dem Kastensystem, das wahrscheinlich eines der größten Leiden der indischen Gesellschaft darstellt. Ich denke zuweilen, dass die Inder Gott allein schon vertrauen müssen, da jeder jedem misstraut. Und doch, und doch ...

Nichts ist eindeutig, auch in diesem Fall nicht. Dies wurde in und wegen Indien eine meiner wenigen Sicherheiten.

Oft beeindruckt es mich mehr, wie der Arme mit seinem Elend umgeht, als das Elend selbst. Wenn ich mich frage, woher er die Kraft und Vitalität nimmt, gibt es darauf nur eine Antwort: aus seinem Glauben.

Der Hinduismus ist wahrscheinlich die kraftvollste aller Religionen. Er ist tatsächlich imstande, die überwiegende Mehrheit seiner Anhänger zu erheben und ihnen eine menschenwürdige Existenz zu schenken. Es ist unglaublich, aber wahr.

Das Volk hat seine Götter. Dreihundert Millionen scheint Indien zu besitzen, und regelmäßig werden noch neue »entdeckt«.

Wenn ich mir anschaue, wie der Inder mit seinen Göttern umgeht, wenn ich die Hingabe sehe, die Frömmigkeit, die Freude, die er durch sie erlebt, die Feste, die er organisiert, wenn ich sehe, wie die Glut auf seinem Gesicht erscheint, während er mit ihnen kommuniziert, dann kann ich nicht anders als schlussfolgern, dass der innige Kontakt, den der Inder mit seinen Göttern hat, ihm viel Gutes beschert.

Er schenkt ihm die von uns so heiß begehrte Ruhe, den Frieden, das Vertrauen, die Hoffnung, den Glauben und die Liebe, alles, was der Geist benötigt, um glücklich zu sein. Es ist beneidenswert.

Es erfüllt mich stets mit einem eigenartigen Gefühl von Heimweh. Was macht es aus, dass du kein Dach über dem Kopf hast, keine Kleider am Leib, dass du wenig zu essen hast, wenn du geistig gleichsam im siebten Himmel bist, ohne Alkohol oder andere Drogen?

Ich übertreibe natürlich gewaltig, Vikram, du weißt, dass ich das gern tue, doch was ist menschenunwürdig und was menschenwürdig? Der westliche Geist ist immer allzu gern und schnell bereit, alles in seiner Umgebung zu etikettieren. Jedes Ding hat mindestens zwei Aspekte, so viel ist mir klar.

Nachdem ich Aurobindo gelesen und verstanden hatte, wollte ich nur noch eins: Yogi werden und dadurch die Erleuchtung erlangen. Denn allein die konnte echte Weisheit bringen. Und war es nicht das, was ich wollte?

Aber ach, Vikram, ich war so naiv und so eigensinnig. Ich glaubte, das eben mal auf eigene Faust klären zu können. Ohne Lehrer und ohne Berufung glaubte ich dennoch, mich voll und ganz auf den spirituellen Pfad begeben zu können.

Was ich damals noch nicht begriff, war, dass man einen unmissverständlichen Ruf benötigt, um Yogi zu werden. Terminologie und Vorgehensweise bei den Hindus unterscheiden sich so sehr von der christlichen, dass ich mir etwas vorgaukelte. Denn Yogi werden bedeutet nicht viel anderes als ein Heiliger werden.

Beide streben die Einswerdung mit dem Göttlichen an. Doch die Hindus gebrauchen dafür vollständig andere Begriffe und Methoden. Ich war beeindruckt von der Strenge und Wissenschaftlichkeit ihrer Ausführungen. Insbesondere von den *Yoga Sutras* Patanjalis, einem Buch, das ich in einem Lädchen in Rishikesh fand.

Ich war nach Rishikesh gereist, da es den Ruf hat, die Yogahauptstadt Indiens zu sein. Es ist eins der heiligen Dörfer am Ganges, da, wo der Fluss die Berge verlässt und noch blau und sauber ist. Es ist ein Örtchen mit vielen Ashrams, Tempeln, Yogis, Yogalehrern, Sadhus und vielen anderen religiösen Menschen, an denen Indien so reich ist. Mein Blick fiel sofort auf einen Text oberhalb der Rezeption eines der Ashrams: »Man benötigt vierunddreißig Muskeln, um die Stirn zu runzeln, und sieben, um zu lächeln.«

Im Ashram studierte ich Patanjali, der über das Erreichen der Erleuchtung wieder ganz anders spricht als Aurobindo. In den Schriften Patanjalis erscheint das Wort Gott so gut wie nicht. In weniger als zweihundert kurzen Versen erklärt er, was Geist ist, was die Welt und sogar was der Kosmos ist, und wie man den Geist so trainieren kann, dass er grenzenlos wird. In Wahrheit sind die Schriften eine Anleitung, wie man *Übermensch* wird: ein Mensch mit der Macht eines Gottes.

Ich versuchte, das zu tun, was Patanjali mir riet, und begann mit dem ersten Schritt: der radikalen Reinigung von Körper und Geist. Bereits hier ging es schief. Zwar machte ich fanatisch meine Yogaübungen und sorgte dafür, dass ich gesund aß, gut schlief und mich viel in frischer Luft aufhielt, doch gelang es mir nicht, das Rauchen aufzugeben, sodass ich das, was ich so mühsam versuchte zu reinigen, sofort wieder beschmutzte. Hätte ich nur damals schon das tibetische Sprichwort gekannt, das sagt, man müsse mindestens eine Sünde beibehalten, anders würde man verrückt.

Mit der geistigen Reinigung lag die Sache nicht anders. Wie kann man seinen Geist reinigen, wenn man so undiszipliniert ist wie ich damals? Wie kann man seinen Geist zur Ruhe bringen, wenn da immer so ein Stimmchen ist, das einem sagt, dass man absurde Dinge tut?

Und das ganz abgesehen von all den unmoralischen Neigungen, die ich in mir habe und die ich alle reinigen musste, bis sie verschwanden. Ganz allein, ohne jegliche Hilfe und ohne jeden Anhaltspunkt. Doch probierte ich es lange auf diese Art. Ich zog von Ashram zu Ashram, durch ganz Indien.

In den meisten Ashrams kann man kommen und gehen, wie es einem passt. Bei einigen muss man sich nicht einmal anmelden und wird sofort aufgenommen. Die Aufenthaltskosten sind minimal, einige sind sogar gratis.

In den meisten Ashrams läuft das Programm rund um die Uhr: früh aufstehen, meditieren, Yogaübungen, Vorträge, Mithilfe im Haushalt, essen, ruhen, studieren und schlafen. Jede Stunde ist einer besonderen Beschäftigung gewidmet, und es wird von einem erwartet, diese diszipliniert auszuüben. Manchmal kommt ein besonderer Lehrer zu Besuch, der im Ashram ein Retreat organisiert, wodurch das Programm noch straffer wird und meist unter einer bestimmten Thematik steht.

Komischerweise mochte ich die straffe Zeiteinteilung in einem solchen Ashram. Ich brauchte nie darüber nachzudenken, was ich als Nächstes tun sollte, ich konnte mich vollständig auf das konzentrieren, was von mir erwartet wurde.

Im Lauf der Zeit bemerkte ich, dass ich nach so einer kürzeren oder längeren Periode im Ashram wieder das Bedürfnis fühlte, mich in der normalen Welt aufzuhalten, den Wunsch hatte nach unverbindlicher Unterhaltung mit gewöhnlichen Menschen, nach der Freiheit, das zu tun und zu lassen, worauf ich Lust hatte.

Doch kaum war ich für ein Weilchen in die gewöhnliche Welt zurückgekehrt, sehnte ich mich wieder nach dem straff organisierten Leben im Ashram, denn eine so disziplinierte Zeit geistiger und körperlicher Reinigung machte mich auf gewisse Weise auch sehr glücklich. So glücklich, dass es stets schwieriger für mich wurde, in der alltäglichen Welt noch normal zu funktionieren.

Ich bekam es mit der Angst zu tun. Bekam Angst, zu stark zu vergeistigen und dadurch den Kontakt mit meiner Familie und meinen Freunden zu verlieren, Angst, meine Fähigkeit, ein normales Leben zu führen, einzubüßen. Ich schwankte zwischen zwei Vorstellungen, Vikram. Einerseits wurde ich vom geistigen

Leben angezogen und wünschte mir nichts lieber, als weise zu werden, und auf der anderen Seite konnte ich das normale Leben nicht loslassen. In diesem Zwiespalt habe ich viele Jahre zugebracht. Schließlich geriet ich dadurch in eine Identitätskrise, doch die überlebte ich auch.

Patanjali war es auch, der mir klar machte, was Schwarztantriker sind. Es sind Yogis, die sich mit diesem Training beschäftigt haben, sich jedoch verleiten ließen, ihre erworbenen Kenntnisse und ihre Macht zu missbrauchen. Deswegen war es zu Beginn ein bisschen schwierig, keine Angst vor deiner Familie zu entwickeln, die uns, wie du sagst, in den Rücken fällt.

Patanjali legt dar, wie man geistige Macht erwerben kann und wie man sie sowohl positiv als auch negativ einsetzen kann. So kommt es, dass die Tantriker Schwarzmagier genannt werden in Kontrast zu den weißen, den heiligen Magiern.

Da du so entschieden behauptet hast, sie würden gegen uns eingesetzt, und überall Beweise dafür zu sehen glaubtest, bekam ich Angst. Und als spiele der Teufel wirklich dabei mit, bekam ich in jener Zeit eine Krankheit nach der anderen und machte ein heimtückischer Malariaanfall mir beinahe den Garaus.

In meinem Kopf brach ein heftiger Zwist aus. Einerseits wollte ich meiner Angst nicht nachgeben, auf der anderen Seite begann ich zu glauben, was du sagtest. Ich wurde paranoid. Ich begann mich scheußlich bedroht zu fühlen und wollte Kalkutta sofort verlassen.

Ich habe sogar daran gedacht, einen weißen Tantriker um Hilfe zu bitten, um deine Familie auf andere Gedanken zu bringen und positiv zu beeinflussen, denn sie sind offensichtlich sensibel für diese Art von Magie. Doch wo fand ich auf die Schnelle einen weißen Tantriker? Diese sind dünner gesät als die schwarzen.

Der Streit in meinem Innern hörte auf, als ich beschloss, keinen einzigen Gedanken über böse Familien und Schwarztantriker mehr zuzulassen, wie schwierig sich dies auch gestalten mochte. Ich verbot ihnen den Zugang zu meinem Geist, und in diesem Augenblick begriff ich den Mechanismus, in diesem Augenblick sah ich, wie schwarze Magie wirkt.

Es ist wenig sinnvoll zu behaupten, diese Dinge existierten ja nur im möglicherweise kranken Geist des Ausführenden und in dem des Empfängers. Nichts ist wirklicher und Furcht erregender als genau dieses Vorhandensein im Geist. Ich wurde wochenlang davon beherrscht, war ängstlich und misstrauisch, wollte fliehen.

Bis zu dem Punkt, da ich beschloss, dass es vorbei war, dass ich mich durch nichts und niemanden mehr einschüchtern lassen würde. Doch da hatte ich wirklich die Nase voll und reiste nach Amsterdam ab, um wieder Atem zu schöpfen.

Ich war den Schwarztantrikern bereits begegnet, bevor ich bei dir in Kalkutta landete. In Gangotri, einem der schönsten heiligen Orte in Indien, dort, wo der Ganges dem Gletscher entspringt. Er liegt auf etwa dreitausend Meter Höhe in einem der beeindruckendsten Teile des Himalaja.

Ich war mit einer bildschönen Freundin dort, die genau wie ich viel Yoga praktizierte. Zusammen hatten wir ein Häuschen gegenüber dem alten, berühmten Tempel am Fluss gemietet. Von unserer Terrasse aus hatten wir Aussicht auf die zahllosen Pilger und ihre faszinierenden Rituale im Ganges.

Ein Bad im heiligen Ganges reinigt von allen Sünden und kann, den Hindus zufolge, sogar dafür sorgen, dass man nicht mehr wiedergeboren zu werden braucht. Da waren sie alle, die großen Gruppen aus Rajastan, Gurujat und dem restlichen Indien. Prächtig gekleidete Menschen, denn ein rituelles Bad im Ganges erfordert eine Garnitur neuer Kleider. Die Pujaris rezitierten die Schriften in Sanskrit, während die Menschen Blumen und kleine Lichter auf dem Wasser treiben ließen und voll bekleidet in den Fluss stiegen.

Gangotri ist ebenfalls ein Zufluchtsort für Sadhus. In der Umgebung des Dorfes befinden sich Hunderte von Grotten, in denen sich diese heiligen Männer während des Sommers aufhalten.

Der Sadhu ist vielleicht die markanteste Figur des vielfältigen religiösen Lebens in Indien. Das Hindupantheon kennt zahllose Sekten dieser herumziehenden Mönche, die sich voneinander durch die Markierung auf Stirn und Kleidung unterscheiden. Eine Anzahl dieser Sekten zieht sogar vollkommen nackt durch Indien, doch auch dann zögern die ausgesprochen prüden Hindufrauen nicht, ihren Segen zu erbitten.

Meine Freundin sah mit ihren Rastalocken selbst ein bisschen wie ein Sadhu aus, und sie zog denn auch schnell die Aufmerksamkeit der heiligen Männer auf sich. Dies entsprach natürlich nicht ganz den Regeln, denn die meisten Sadhus haben ein Zölibatsgelübde abgelegt.

Die Einladungen, sie zu besuchen, folgten flott. Sie probierten uns – in erster Linie natürlich meine Freundin – auf allerlei Arten in ihre Grotten zu locken. Der Erste sagte, er habe eine »real English toilet«, was zu stimmen schien. Und wegen seiner »English toilet« hatte er an seiner Tür ein großes Schloss angebracht. Ich fand es durchaus amüsant.

Der Zweite lockte uns mit seiner selbst gemachten Pilzsuppe. Die Pilze stellten eine solche Rarität dar, dass er sie für fünfhundert Rupien pro Kilo in Delhi verkaufen konnte. Sie wuchsen an unzugänglichen Orten, hoch in den Bergen und nur zu bestimmten Jahreszeiten. Wir folgten seiner Einladung, denn wir wollten die Suppe gern probieren. Sie schmeckte ein bisschen wässrig, und es schwamm lediglich ein einziger Pilz darin herum. Demnach stimmte die Geschichte von den fünfhundert Rupien pro Kilo wahrscheinlich.

Der Dritte schien ein Tantriker zu sein. Er sah beeindruckend aus mit seinem schwarzen Lendentuch, seiner biegsamen Yogifigur und dem Dreizack, den er überall mit sich herumtrug. Er muss eine bekannte Gestalt gewesen sein, denn überall, wohin er kam, fielen die Inder vor ihm auf die Knie, um respektvoll seine Füße zu berühren. Doch ich sah auch, dass ein eher ängstlicher als ehrerbietiger Ausdruck auf ihren Gesichtern lag.

Wahrscheinlich war er einer der Yogis, die in der Tat eine gewisse Macht besaßen, denn auch die Sadhus behandelten ihn mit Respekt. Doch die Tatsache, dass die Menschen sich ihm gegenüber so ängstlich verhielten, ließ mich vermuten, dass ich es hier mit einem Schwarztantriker zu tun hatte. So war in seinen Augen auch keine noch so kleine Spur von Liebe zu entdecken. Unheimliche Augen hatte er, ich ertrug es kaum, sie anzuschauen.

Unsere Neugier war größer als unser Misstrauen, und so nahmen wir seine Einladung an. Seine Grotte hatte die Größe einer ordentlichen Wohnung. Es gab zwei Stockwerke, mit einer Küche, einem Schlafplatz, einer Veranda, einem Bad und einem »Wohnzimmer«, in dessen Mitte sich eine Kuhle befand. In der Kuhle brannte permanent ein Feuer. In der Grotte wohnten mehrere Sadhus. Alle saßen bekifft und Whisky trinkend rund um das Feuer, während der eindrucksvolle Yogi anfing, furchtbar anzugeben mit all der Macht, über die er verfügte. Meine Freundin und ich fühlten uns immer ungemütlicher, obwohl die Szene einen faszinierenden Anblick bot.

Da saßen wir nun mit ein paar obskuren Männern auf der Veranda einer 5-Sterne-Grotte in den Bergen, sahen den Vollmond heraufziehen und das zauberhafte Licht, das plötzlich über die Berggipfel glitt. Wäre es nicht so atemberaubend schön gewesen, hätte ich wahrscheinlich Angst bekommen vor dem gespenstischen Eindruck, den das Ganze machte.

Der Macho-Sadhu wollte, dass wir dort übernachteten, doch sprach uns dieser Vorschlag nicht besonders an. Daraufhin begann er Mantras zu murmeln, und ich sah, wie die Augenlider meiner Freundin schwer wurden. Es war höchste Zeit, dass ich eingriff: Resolut kündigte ich an, wir würden die Polizei informieren, wenn er uns nicht gehen ließe.

Nach vielem Hin und Her konnten wir endlich aufbrechen, da er erkannte, dass wir durchaus imstande waren, zur Polizei zu gehen. Doch erinnere ich mich an das äußerst ungemütliche Gefühl, das in mir aufkam, als er mit seinen Tricks begann, und ich bin froh, dass wir dabei noch so gut weggekommen sind.

Es scheint immer wieder zuzutreffen: Wer nicht nach Liebe strebt, strebt nach Macht. Die Ironie liegt in der Tatsache, dass die Liebe letzten Endes die stärkste Macht ist und dass der Yogi, der sein Streben nach Erleuchtung für ein Streben nach Macht eintauscht, letztlich weniger Macht besitzt als sein weniger machtgieriger Kollege. Erleuchtung erlangen bedeutet nichts anderes als das Erreichen der vollkommenen Liebe. Und diese ist unendlich.

Bhagwan Shree Rajneesh, alias Osho, war wahrscheinlich auch ein solcher Yogi, der der Macht, die sein Training und seine Anhänger ihm gaben, nicht widerstehen konnte. Seine Adepten tun seine Rolls-Royce-Sammlung und seine diamantenbesetzten goldenen Uhren immer wieder als *practical joke* des Meisters ab, der schon immer darauf aus gewesen sei, jedermann zu provozieren. Doch in einem Land wie Indien, wo Armut und Elend direkt vor den Türen seines Ashrams auf der Straße liegen, wird man eine derartige Provokation nur höchst unmoralisch nennen können.

Gewisse Schwächen im eigenen Inneren hatte der Bhagwan offensichtlich noch nicht überwunden. Dasselbe könnte für Sai Baba gelten, wenn ich der Geschichte des attraktiven jungen Mannes über seine sexuellen Annäherungsversuche Glauben schenken kann. Ist die Schwäche Sai Babas seine sexuelle Lust, wird er auf diese Art seine Macht missbrauchen. Womit einmal mehr bewiesen ist, dass unechte Macht in Wahrheit auf einer Schwäche beruht.

Möglicherweise fragst du dich, ob ich während meiner langen Suche niemals einer erleuchteten Frau begegnet bin. War ich nicht immer einem weiblichen Denken auf der Spur gewesen? Ehrlich gesagt, war dieses Thema durch all die überwältigenden Erfahrungen ein bisschen in den Hintergrund gedrängt worden, doch ganz vergessen war es natürlich nicht.

Ich bin nur einmal einem weiblichen Guru begegnet. Und es war auffallend, dass die Einzige, die ich traf, kein einziges Wort sprach. Sie umarmte mich lediglich. Danach habe ich stundenlang geheult, obwohl ich doch in blendender Stimmung bei ihr angekommen war.

Ihr Ashram liegt in der Mitte des berühmten *backwater trip*, die Fahrt ins Hinterland, die Kerala für Touristen in petto hat. Es war eine fantastische Bootsfahrt über die Flüsse und quer durch eine tropische Palmenlandschaft gewesen. Der Ashram selbst war klein und noch im Aufbau, lag jedoch an einem herrlichen Ort: einem schmalen Streifen Land mit einem Palmenwald zwischen dem Meer und dem Fluss. Es gab lediglich ein paar kleine Häuser und einige größere Gebäude. Im Zentrum lag der Tempel, wohin sie jeden Morgen kam, um die zahllosen Besucher zu empfangen.

Sie war noch nicht so berühmt, und in jenen Tagen durften Ausländer nicht nur nach vorn gehen, da sie von weither kamen und ihre Zeit begrenzt war, sie genossen auch das Recht, nach der Umarmung bei ihr sitzen bleiben zu dürfen.

So hatte ich Gelegenheit, das ganze Ritual aus der Nähe betrachten zu können. Es war außerordentlich anrührend, baumstarke Männer den Kopf in ihren Schoß legen zu sehen, während sie sie innig umarmte. Beinahe alle diese Männer brachen in Tränen aus, Inder wie Westler. Sie gab so viel Liebe, dass es zu viel wurde.

Ihre Liebe und der darauf folgende Tränenausbruch bewirkten eine Katharsis in mir, denn im Anschluss fühlte ich mich befreit und leichter als je zuvor.

Dies geschah in einer Periode, während der ich wieder häufiger über meine weibliche Logik nachdachte, und dies war auch einer der Gründe, warum ich sie besuchte. Ich fand es sehr bezeichnend, dass diese Frau umarmte anstatt zu sprechen. Wahrscheinlich meinte sie auch: »All you need is love«, und dass auf diesem Gebiet nicht viel zu sagen ist. Sie hielt ihren Mund und gab.

Durch all meine Erfahrungen, die ich in Indien gemacht hatte, sah ich mein Projekt einer weiblichen Logik in einem anderen Licht.

Es gibt tatsächlich etwas, das man als weibliches und männliches Wissen bezeichnen kann, doch hatte das Ganze in Indien für mich eine komplett andere Bedeutung erhalten. Wie ich dir bereits schrieb, könnte man intuitives Wissen als weiblich umschreiben, da es eine Art von empfangendem Wissen ist und in Kontrast steht zum objektivierenden Wissen, das als aneignend und männlich betrachtet werden kann.

Die, die eure heiligen Schriften aufgesetzt haben – die Rishis, und das waren in erster Linie Männer –, arbeiteten auf der Basis einer geübten Intuition. Und was ist Intuition anderes als das Empfangen von Wahrheit?

Intuition geht auch jeder neuen wissenschaftlichen Erkenntnis voraus und wird anschließend intellektuell und rational ausgearbeitet. Bei ungeübten Menschen wirkt sie allenfalls für den Bruchteil einer Sekunde, wenn sie überhaupt arbeitet. Um die Intuition zu trainieren, braucht man in erster Linie viel Stille, vor allem im Kopf. Man kann sie dadurch, dass man sie nicht benutzt, zum Schweigen bringen oder durch ein unaufrichtiges Leben. Sie wird dadurch trübe.

Auch zu viele Kenntnisse können die Intuition ersticken. Wird gesagt, dass Frauen intuitiver als Männer sind, so ist dies der Fall, weil Frauen öfter gezwungen sind, ihrer Intuition zu vertrauen, und sie demzufolge häufiger gebrauchen.

Östliches Denken ist in Wirklichkeit die Frucht einer entwickelten Intuition. Letzten Endes ist das für alle, Männer wie Frauen, dasselbe.

Intuition ist demnach etwas grundsätzlich anderes als die Kenntnis, die objektiviert, etwas zum Objekt macht. Kenntnis ist faktisch eine Aneignung, tatsächlich beinahe eine Vergewaltigung.

Vielleicht arbeite ich diese Gedanken später noch einmal in einer Doktorarbeit aus.

Doch ich habe momentan mit der akademischen Welt nicht mehr viel zu tun, und diese Welt will wahrscheinlich auch mit mir nicht mehr viel zu tun haben. Ich besitze nicht die richtige wissenschaftliche Einstellung. Ich vergesse beispielsweise oft, wer etwas gesagt hat und wo und in welchen Worten genau, da mich dies weniger interessiert als der Gedanke selbst. Ich liege mit meinen Zitaten wirklich nie sehr weit daneben, Vikram, und ich würde niemals etwas, das Nietzsche gesagt hat, Plato zuschreiben.

Doch würde ich den Zusammenhang zwischen Intuition, geistigem Training, Weisheit und Liebe doch noch gern philosophisch ausarbeiten, denn für mich steht fest, dass hier ein direkter Zusammenhang besteht. Es würde also eher eine Liebeslogik werden. Dies wäre auch eine weibliche Thematik, da es etwas ist, das vielen Frauen besonders am Herzen liegt.

Viele Frauen haben das unauslöschliche Verlangen, immer glücklich sein zu wollen, zu lieben und geliebt zu werden. Bei Männern ist diese Sehnsucht meist geringer ausgeprägt.

Könnte ich Philosophin sein, so wollte ich es für gewöhnliche Menschen sein, die sich genau wie ich selbst fragen, wie man ein glückliches Leben in einer Welt führen kann, die die Möglichkeit hierzu allein bereits zu leugnen scheint.

Wer nicht verzweifelt ist, ist blind, sagte Herbert Marcuse – wiederum ein deutsches Kriegsopfer –, und darin steckt sicher ein wahrer Kern. Abgesehen von einem bisschen Glück benötigt man viel Weisheit, um ein glückliches Leben zu führen.

Das ist für mich das große Thema der Philosophie. Die gesamte östliche Philosophie ist dem gewidmet und findet darin ihre Daseinsberechtigung. Sie ist keine Philosophie um der Philosophie willen, wie es die westliche häufig ist.

In dieser Hinsicht ist die östliche Philosophie auch viel praktischer als die westliche, die sich zu sehr in Abstraktionen verliert. Ich warte einfach, bis Weisheit hier wieder zum Hauptthema geworden ist, dann will ich gern wieder mitmachen. In der Zwischenzeit werde ich versuchen, so viel Weisheit wie möglich aufzulesen.

Vielleicht kann Kali, deine Hausgöttin und heilige Patronin Kalkuttas, mir etwas geben. Ich versuche jetzt schon seit geraumer Zeit, zu ihr durchzudringen. Ich versuche zu begreifen, wofür sie nun eigentlich steht, doch gibt sie sich nicht ohne weiteres eine Blöße, obwohl sie immer nahezu nackt abgebildet wird.

Wer ist diese Göttin, die die Zeit, die alles verschlingende, symbolisiert? Wer ist das unheimliche schwarze Weib, das die Zunge herausstreckt, einen Kranz von Totenschädeln um den Hals trägt und auf seinem Ehemann Shiva tanzt? Wer ist die Frau, die Schirmherrin aller Tantriker, weißer und schwarzer, die vielen zufolge bloß deswegen so hässlich abgebildet wird, weil ihre Schönheit so blendend ist, dass sie uns Menschen erblinden ließe? Wer ist die Göttin, die zu den beliebtesten Göttern Indiens gehört? Ma Kali, Mutter Kali, Maha Kali, Kali die Große?

Ich muss Bengali lernen, um mit den weiblichen Tantrikern, die ihr Geheimnis kennen und hüten, über sie sprechen zu können. Die männlichen Tantriker würden einer Frau aus dem Westen niemals Antworten geben.

Sie fasziniert mich, diese Teufelin, die einem an jeder Straßenecke Kalkuttas begegnet. Auch weil sie deine Hausgöttin ist, zu der du jeden Tag betest, Vikram. Doch auch du stellst keine große Hilfe dar. Wenn ich dich frage, wer oder was sie ist, kommt lediglich ein träumerischer Blick in deine Augen, und du erzählst mir, dass sie die Mutter ist. Eine Mutter mit acht Armen und Händen ... tja.

Das indische Götterpantheon ist zu groß, zu verwirrend, zu unübersichtlich, als dass man es überblicken könnte, für einen Außenstehenden sowieso, doch selbst für die Inder. Das gefällt mir auch am Hinduismus. Er ist Chaos, in das beinahe keine Ordnung zu bringen ist. Organisation ist dem Hinduismus nahezu fremd. Er ist ungreifbar und dadurch so kraftvoll. Die Götter besitzen noch die Macht, und sei es nur aufgrund ihrer Zahl. Und Kali ist die geheimnisvollste.

Lakshmi beispielsweise kann ich noch verstehen. Lakshmi, die Göttin des Reichtums und des Überflusses, Patronin der kleinen Gewerbetreibenden. Saraswati, die Patronin der Gelehrten und der Künstler ist auch noch nachzuvollziehen. Aber Kali?

Warum ist sie so populär, besonders in Bengalen? Wie ist es möglich, dass die Menschen eine so hässliche Göttin anbeten? Ist es ihre Weisheit, keinen Aspekt des Lebens auszuschließen, vor allem nicht den schrecklichen, schwarzen?

Vielleicht komme ich eines Tages noch dahinter, obwohl mir auffällt, dass es nicht nur wenig Menschen gibt, die mir helfen können, sondern auch wenig Menschen, die mir helfen wollen. Mein Amsterdamer Professor wollte sich jedenfalls nicht die Finger daran verbrennen. Er hatte, glaube ich, wirklich Angst vor ihr.

In meinem Land ist Tantra ironischerweise beinahe ein Synonym für Sex geworden. Der tantrische Yogi gebraucht Sex manchmal als Mittel, um sein Bewusstsein zu erweitern. Übrigens sind hierfür allerlei komplizierte, langwierige Techniken nötig, doch darüber geht man im Westen einfachheitshalber hinweg.

Sex ist in, Sex verkauft sich, also werden Tantra-Workshops organisiert, in denen man lernen kann, sein Vergnügen am Sex zu steigern. Alles unter dem Deckmantel der Spiritualität, denn Spiritualität ist ebenfalls in.

Natürlich können die meisten Menschen gut ein Unterrichtsstündchen in Sachen Sex gebrauchen, doch mit Tantra hat das nicht viel zu tun.Tantra hat mit Kali zu tun, Kali, der Schrecklichen. Du sähest lieber, wenn ich mich nicht mit ihr beschäftigte, und vielleicht hast du Recht, Vikram.

Die Tantriker und Kali: Es sind nur zwei Aspekte eures farbigen und vielseitigen religiösen Lebens. Innerhalb deiner Religion kann jeder sein Plätzchen finden. Der einfache Laie, der Okkultist, der Asket, der feurige Gottesanbeter, der kühle Intellektuelle und sogar der Wissenschaftler. Es ist für jeden etwas im Angebot.

Ich bin ihnen allen begegnet in den zahllosen Ashrams, die ich besucht habe. Prachtvollen Menschen bin ich da begegnet, solchen, wie es sie bei uns nicht mehr gibt, Vikram. Menschen, so rührend schön in ihrer Weisheit und Bescheidenheit, so verfeinert und so zivilisiert in ihrem Auftreten und Handeln, dass ich mich sehr klein fühlte.

Sie zeigten in allen Lebenssituationen einen Tiefgang, der eine lange, enorm starke Tradition verriet. Häufig hatte ich das Gefühl, meine Kultur könne noch sehr viel von der deinen lernen. Es handelt sich um eine hochentwickelte Kultur, die tatsächlich die Neigung hat, ihren Tiefgang vor Außenstehenden zu verbergen.

Ich war vom Wesen vieler Inder beeindruckt, von ihrer Sanftheit und Reinheit, ihrer Anmut, Würde, Zivilisiertheit und Verfeinerung, doch gleichzeitig überraschten mich ihre Schmierigkeit, ihr unlogisches Verhalten, ihre Korruption, ihre Gewissenlosigkeit, ihre Härte und Schamlosigkeit, ihre Bürokratie, ihr Konservatismus und ihre Rigidität.

Häufig wird gesagt: Indien ist ein Land der Extreme. Es gibt so viele Widersprüche, dass für einen Ausländer kaum noch ein roter Faden zu sehen ist. Obwohl Indien in Problemen versinkt, tun die Inder so, als gäbe es sie nicht. »No problem«, ist eine ihrer beliebtesten Äußerungen. Doch auf die eine oder andere wunderbare Weise funktioniert das Land dennoch. Es gleicht dem Verkehr in Delhi oder Kalkutta: Jeder fährt kreuz und quer, niemand hält sich an Regeln, und doch habe ich nur selten einen Unfall geschehen sehen.

Einmal nahm ich in Delhi ein Taxi, um mich zum Flughafen bringen zu lassen. Der Chauffeur war ein junger Bursche, der, bevor er abfuhr, Weihrauchstäbchen ansteckte und ein Gebet an die Götter richtete. Ich bat ihn, sich mit seiner Puja ein bisschen zu beeilen, da ich ein Flugzeug erreichen müsse. Er ignorierte meine Bitte. Als er nach geraumer Zeit fertig war, raste er, als säße ihm der Teufel auf den Fersen, durch den chaotischen Verkehr, ungeachtet meiner wiederholten Mahnungen, es etwas ruhiger anzugehen.

Ich war einem Herzschlag nahe, als wir am Flughafen ankamen, wo er mir lachend erzählte, dass ich seine allererste Kundin gewesen sei und dass er die Fahrt doch ausgezeichnet und schnell hinter sich gebracht habe. Ich schnauzte ihn an, dass, wolle er seine Kunden behalten, er besser beraten sei, wenn er auf sie höre. *Sure Madame*!

In Indien läuft nichts, wie man glaubt, dass es laufen müsse, oder wie man findet, dass es laufen müsse, doch letzten Endes läuft es doch.

Indien lehrt den Touristen Geduld, Toleranz und Akzeptanz. Zumindest wenn man dazu bereit ist, ansonsten wird es zu einer Hölle.

Doch jedes Mal wenn ich wieder kurz davor stehe, die Inder massenhaft und eigenhändig zu erwürgen, taucht da wieder einer auf, dessen warme Menschlichkeit mich verblüfft.

Es kann etwas Triviales sein wie das eine Mal, als ich missmutig über einen Basar in Delhi lief, in einer Stimmung, in der ich jeden Bettler grob von mir wegstieß. Hau ab, *please*, ich hab die Schnauze voll. Da stand plötzlich so ein abgerissenes Kerlchen vor mir, und genau in dem Augenblick, als ich mich umdrehen wollte, tippte er auf meine Schulter und zeigte nach oben. Ich schaute und sah den glasklaren Mond am Himmel stehen und darunter einen strahlenden Stern. »Moon also sad, moon crying«, sagte er und lief grinsend weiter.

Wo holte er es her, dieses ausgehungerte, schmierige, vollkommen chancenlose Kerlchen? Ich schämte mich; dieser Mensch hatte nichts, und in seinen Augen hatte ich alles, und doch war er es, der gab, und nicht ich.

Solche Ereignisse beobachte ich in Indien unausgesetzt, Vikram. Kleine Vorfälle, die einen enormen Eindruck auf mich machen. Es ist eine Gesellschaft, in der Menschen wirklich noch zusammen leben können. Sie müssen, aber sie können es auch.

In all den Jahren, die ich durch Indien reiste, habe ich wenig Gewalt gesehen und wenig Gewalt erlebt, obwohl die Menschen, Millionen von Menschen, dicht aufeinander und häufig in jämmerlichen Verhältnissen wohnen müssen. Doch kriegen sie es hin; nicht nur, ohne verrückt oder aggressiv zu werden, sie sind auch noch fähig, zu lachen und zu scherzen. Dann wird mir wieder deutlich, wie verwöhnt wir Westler sind und wie schwach uns das macht. Wir können, verglichen mit euch, nicht mehr so sehr viel aushalten.

Die Fähigkeit der meisten Inder, Dinge auszuhalten, sowohl auf körperlichem wie auf geistigem Gebiet, ist erstaunlich. Wie kann ein Mensch, unterernährt und barfuß, bei einer Temperatur von ungefähr 44 Grad Celsius und einem Feuchtigkeitsgehalt von 98 Prozent eine Rikscha mit zwei fett gemästeten Damen fortbewegen? Während der heißesten Tageszeit, mitten im stinkenden Verkehr, und das sechzehn Stunden am Tag, jeden Tag? Wie ist so etwas möglich? Wie ist es erklärbar, dass der

Mann nicht auf der Stelle umkippt oder sich selbst kreischend vor einen Lastwagen wirft?

Ich habe große Teile Indiens gesehen, mehr als du oder die Mehrzahl der Inder. Ungeachtet aller häufig entsetzlich nervenden Unannehmlichkeiten, die das Reisen mit sich bringt, werde ich wohl nie genug kriegen von diesem Land. Besonders die gewöhnlichen Menschen können prachtvoll sein, oft in der doppelten Bedeutung des Wortes: Die Inder sind das schönste Volk, das ich kenne.

Was mir ebenfalls jedes Mal wieder auffällt, ist, dass man beim Durchschnittsmenschen kaum jemals einem dummen Gesicht begegnet. Selbst der am tiefsten gesunkene Bettler kann ein nahezu aristokratisches Äußeres besitzen. Für mich ist es immer noch ein Märchenland, ungeachtet der vielen unerträglichen und sicherlich verwerflichen Seiten, die damit verbunden sind.

Zu Beginn war es denn auch wie ein Schlag ins Gesicht, nach Amsterdam zurückzukommen. Nicht Indien, sondern die Niederlande verschafften mir stets aufs Neue einen Kulturschock, und ich brauchte Wochen, um mich wieder davon zu erholen.

Da lief ich dann gleichsam direkt aus einem prächtigen Ashram, einem Kloster oder dem überwältigenden Himalaja mitten ins Gewühl der Amsterdamer Damstraat mit ihren Huren, Junkies, Zuhältern, Dealern, Kriminellen und anderem Gesindel. Ich hatte das Gefühl, ein Doppelleben zu führen. Jetzt geht es ein Stück besser, doch zu jener Zeit kam ich hier kaum zurecht mit meiner Suche nach Weisheit, meinen Bemühungen um ein spirituelles Leben.

Einmal kam ich komplett kahl geschoren aus einem buddhistischen Kloster in Thailand zurück nach Amsterdam. Ich brauchte dringend Geld und ging deswegen auf den Vorschlag eines Nachbarn, der ein Auge auf mich geworfen hatte, ein, mich hinter den Tresen seiner neu eröffneten Pianobar zu stellen.

Sein absoluter Mangel an kommerziellem Denken erstaunte mich, denn tatsächlich war das überwiegend männliche Publikum von einer kahlen Bardame offensichtlich nicht entzückt. Doch bald stand ich jeden Abend in dem dunklen, verräucherten Loch, schenkte Alkohol aus und sang sogar hin und wieder zur Begleitung des Klavier spielenden Nachbarn das eine oder andere schwüle Lied.

Oft musste ich wirklich mein Bestes geben, um in Amsterdam nicht schizophren zu werden. Das Grau in Grau der Niederlande, das so drastisch von dem enormen Farbenreichtum Indiens absticht, störte mich. Ordnung und Regeln störten mich, und ich fühlte mit Bertolt Brecht: »In einem Land, in dem zu viel Ordnung herrscht, würde ich nicht leben wollen.«

Auch die Verflachung unserer Kultur störte mich, der alles durchdringende Materialismus, der Mangel an Spiritualität, und ich musste regelmäßig alle Segel hissen, um nicht in eine Depression zu verfallen.

Ich habe gelernt, damit umzugehen, Vikram, meine Übergänge von einem Kulturkreis zum anderen verlaufen jetzt meist einwandfrei, doch hat mich das Jahre gekostet.

Der hinduistischen Philosophie zufolge leben wir im Kali-Yuga, dem materialistischsten aller Zeitalter. Die Veden sagen darüber Folgendes: Im Kali-Yuga erreicht die Gesellschaft eine Phase, wo Besitz Status verleiht, Reichtum der Brunnen der Tugend ist, Leidenschaft die Verbindung zwischen Mann und Frau prägt, Betrug die Quelle des Erfolgs ist, Sex das alles beherrschende Vergnügen bildet und Äußerlichkeiten mit innerer Zivilisiertheit verwechselt werden. Ist Kali denn doch eine Teufelin, und leben wir hier in einer Hölle? Ihrer Hölle?

Es hat mich immer fasziniert, wie die hinduistische Tradition das Böse, das Schlechte, das Gemeine sowie den Betrug nicht nur einfach akzeptiert, sondern zu gleicher Zeit auch einen stocknüchternen Blick darauf richtet: Es existiert eben, und das wird sicherlich während des Kali-Yugas so bleiben.

Das Christentum hat sich mit dem Bösen nie Rat gewusst, und Christen wird auch nicht beigebracht, wie sie damit umgehen müssen. Die Haltung, die die heiligen Schriften des Hinduismus für den Umgang mit einem schlechten Menschen vorschreiben, ist eine gleichgültige, negierende. Dies ist wahrscheinlich auch der Grund, warum in Indien so wenig gegen die Ungerechtigkeit unternommen wird.

Der Buddha fasste dies sehr schön in Worte: »Über das Böse sprechen bedeutet das Böse verbreiten.« Ich habe über diesen Ausspruch lange nachgedacht und war wieder einmal mehr getroffen vom großen Unterschied zwischen östlicher und westlicher Mentalität. Der Buddha bringt damit eine sehr typische östliche Haltung zum Ausdruck. Bei uns muss das Böse bekämpft und leider allzu oft mit Bösem vergolten werden, obwohl unsere Bibel dies auch verbietet.

Hier kommt natürlich das Dogma des Karmas ins Spiel, das besagt, dass wir in eine Position hineingeboren werden, die wir in einem früheren Leben selbst aufgebaut haben. Ich will mir an der Karmatheorie nicht die Finger verbrennen und betrachte es als ein Unding, wenn diese benutzt wird, um bestimmte Missstände zu rechtfertigen. Und ich frage mich auch, ob sie tatsächlich so gemeint ist, denn ich zweifle nicht an der tiefen Einsicht, die dem karmischen Prinzip zugrunde liegt.

Das Prinzip des Karmas bildet auch das Fundament für euer Kastensystem. Zwar gab es in Indien immer völlige Denkfreiheit, doch ging diese mit einem extrem rigiden Aufbau des sozialen Lebens einher.

Bei uns ist das tatsächlich umgekehrt gewesen. Du kannst arm geboren werden und aufsteigen in welche gut situierte Position auch immer. In Indien ist das nahezu unmöglich. Du musst dich an deine Kaste halten; begibst du dich außerhalb der Grenzen deiner Kaste, wirst du ein Outcast.

So etwas ist in unseren Augen absolut ungerechtfertigt, Vikram. Und so können mich eure tausend Regeln, was das Kastensystem angeht, auch vollkommen verrückt machen. Tatsächlich ist das gesamte tägliche Leben von diesen Regeln durchsetzt, und ich bin froh, eine Unwissende zu sein. Doch ist es zuweilen lästig, und aus eurer Sicht verhalte ich mich höchstwahrscheinlich regelmäßig sehr ausfallend, obwohl ihr zu feinfühlig seid, mich darauf aufmerksam zu machen.

Und doch steht dem rigiden sozialen Aufbau ganz schön etwas gegenüber. Die Freiheit religiösen Denkens, das alle Lebensgebiete prägt. Fünftausend Jahre ungehinderten Denkens und Experimentierens mit dem Geist, dem Bewusstsein. Uneingeschränkt von Kirchen, Päpsten, politischen Parteien und, was in diesem Augenblick wichtiger ist, dem Kommerz als funkelnagelneuem, bärenstarkem Mäzen und Zensor.

Und das auf allen Gebieten, die zählen: der Wissenschaft, der Religion, der Medizin, der Psychologie, der Philosophie und so fort. Ihr konntet es euch erlauben, tolerant gegenüber jeder anderen Denkart, jeder anderen Religion zu sein, da euer Fundament nichts ausschließt.

Der Hinduismus wusste immer, dass Gott in all seinen oder ihren Erscheinungsformen eins ist, ob es sich nun um den Buddhismus, den Islam, das Christentum oder selbst den Materialismus handelt. Und sogar der kann integriert werden. Dies ist es, was Kali symbolisiert.

Das Schwarze ist auch eine Erscheinungsform des Göttlichen und nicht des Teufels, wie das Christentum es uns glauben lassen will.

Das ist das enorm Starke am Hinduismus. Aus diesem Grunde wird er nie kaputtzukriegen sein.

Fünftausend Jahre lang freies Experimentieren! Der westliche Geist ist häufig so arrogant zu denken, dass dies nichts Nennenswertes hervorgebracht habe. Als seien die Inder und alle anderen Asiaten eine kleine Truppe von Trotteln. Als beinhalteten all die Tausende von tibetischen Bibliotheken, die von den Chinesen verbrannt worden sind, keine einzige wichtige Information. Das ist doch nicht zu glauben, Vikram?

Es geht mir hierbei nicht um die Ausnahmen, sondern um den allgemeinen Tenor; der ist noch immer nicht verschwunden. Östliche Philosophie spielte in meiner Universitätsausbildung kaum eine Rolle. Es gab lediglich ein Wahlfach »Vergleichende Philosophie« und genau einen Dozenten, der sich damit beschäftigte, während jeder indische Philosophiestudent die wichtigsten westlichen Philosophen kennt. Das ist bezeichnend.

Doch die Zeiten ändern sich, wie ich dir bereits sagte. Eure medizinische Heilkunde, der Ayurveda, der genauso alt ist wie die indische Philosophie und ausschließlich mit natürlichen Mitteln arbeitet, beginnt bei uns sogar in Mode zu kommen. Bei uns im Westen erklingt immer nachdrücklicher der Ruf nach natürlichen Heilmethoden, da unsere chemischen Mittel so viele nachteilige Wirkungen haben.

Wörtlich bedeutet Ayurveda »Wissenschaft des Lebens«, was bereits andeutet, dass es sich nicht ausschließlich mit Krankheiten beschäftigt, sondern mit dem Leben im Allgemeinen. Ich sah einmal eine Werbung für ayurvedische Medizin, die verkündete, noch niemals eine Krankheit geheilt zu haben: Ayurveda strebt danach, die Person selbst zu heilen. Denn häufig ist es nicht der Körper, sondern der Geist, der Krankheiten verursacht; sogar zu achtzig Prozent, sagt der Ayurveda.

Ich habe den Dalai Lama einmal die klarste und kraftvollste Definition dessen äußern hören, was ein gesunder Geist ist: »Ein gesunder Geist ist ein Geist, der fähig zu Liebe, Weisheit und Mitgefühl ist.« Wenn wir dies als wahr annehmen, gibt es viele Menschen mit einem kranken Geist, besonders bei uns im Westen. Mir fällt auf, dass viele Asiaten, ungeachtet der oft miserablen Lebensumstände und der schlechten Qualität des Essens, meist gesünder aussehen als westliche Menschen.

Ich will nicht alle unsere Leistungen bagatellisieren und die euren ausschließlich über den grünen Klee loben. Beide Kulturen haben starke und schwache Seiten. Ich ärgere mich lediglich über die westliche Dominanz und Arroganz, die verhindern, dass beispielsweise echte Weisheit eine Chance erhält.

Es wird eine universelle Philosophie entstehen müssen, die uns zeigt, wie man glücklich lebt, und die die östlichen und westlichen Qualitäten zu einem effizienten Ganzen verbindet. Ich glaube, dass wir diese Möglichkeit haben.

Padmasambhava, der Begründer des tibetischen Buddhismus, sagte sechshundert Jahre nach Christus: »Wenn die eisernen Pferde durch das Land traben und die eisernen Vögel durch die Luft fliegen, geht der Dharma in das Land der roten Menschen.«

Nun, so geschah es. Nirgendwo in der westlichen Welt findet man so viele Buddhisten wie in Amerika, und ihr Anteil wächst stetig. Ich denke, dass der Historiker Recht hat, wenn er sagt, dass die Verbreitung des Buddhismus die wirkliche Revolution des zwanzigsten Jahrhunderts ist.

Doch das östliche Denken steht in wesentlichen Aspekten den westlichen Überzeugungen so diametral gegenüber, dass es wohl noch ein wenig dauern wird, bevor sich Resultate wirklich abzuzeichnen beginnen.

In Indien war dem Buddhismus als Staatsreligion kein ewiges Leben beschieden. Der Hinduismus erwies sich als stärker. Der Hinduismus kann den Buddhismus in sich aufnehmen, aber nicht umgekehrt. Betrachten wir dann eben den Hinduismus als ewigen Brunnen. Mutter Indien als ewige Amme. Lässt ihren schönsten Sohn ruhig in die Welt ziehen, um den Menschen ein wenig Weisheit zu bringen. Sie bleibt zu Hause bei ihren anderen Kindern.

Und die Kinder experimentieren weiter. Auf den ersten Blick scheint die Religion auch in Indien kommerzialisiert zu werden. Seit kurzem gibt es sogar eine New-Age-Zeitschrift, in der, genau wie bei uns, teure Yoga- und Meditationskurse angepriesen werden.

Das ist jedoch nur die Außenseite, die für den Touristen, der auch ich letzten Endes noch immer bin, sichtbar wird. Ich weiß sicher, dass das spirituelle Experiment überall noch mit unverminderter Kraft stattfindet. In den Ashrams hörte ich regelmäßig Geschichten über diese Experimentierenden, die heimlichen Wissenschaftler Indiens, die ihre Erfindungen im Verborgenen machen. Geschichten über Menschen, die mehrere hundert Jahre alt sind, die die so genannten Naturgesetze verspotten und ihre gesamte Zeit der Erforschung des Geistes und des Körpers gewidmet haben.

Ich weiß, dass hier im Westen über derartige Geschichten gelacht wird, da sie nicht verstanden werden. Doch ich höre sie mit großem Interesse, da sie meine Fantasie ansprechen. Meiner Ansicht nach sind dies die wahren Wissenschaftler. Schon allein deswegen, weil es sich hier um die einzige moralisch vollkommen integre Wissenschaft handelt. Hier wird nicht mit dem unwissenden Patienten experimentiert, nicht mit der wehrlosen Natur oder dem unschuldigen Tier, sondern einzig und allein mit der eigenen Person.

In Wirklichkeit interessiere ich mich ausschließlich für eine Philosophie, die von einem glücklichen Leben handelt, da ich der Vorstellung des Lebens als Jammertal keinen Glauben schenke. Ich besitze einen heiligen Glauben an die Möglichkeit eines glücklichen Lebens, und ebenso fest bin ich davon überzeugt, dass die menschliche Natur essenziell gut ist. Ist der Mensch nicht immer auf der Suche nach Glück, nach Liebe? Ist nicht sogar der Selbstmord ein perverser Versuch, glücklich zu sein?

Das ist es, was uns die Hornisse von der Nase schlagen oder

unseren Feind in Stücke hacken lässt. In jeder Sekunde unseres Lebens sind wir bewusst oder unbewusst darauf aus, unser Wohlbefinden zu vergrößern und das, was uns lästig ist, zu bekämpfen.

Ich brauche kein Buddha zu sein, ich habe keine *Übermensch*-Ambitionen mehr, denn wenn es um Weisheit geht, suche ich doch lieber bei diesen Menschen Rat als bei jedweder Wissenschaft. Darum komme ich weiterhin nach Indien.

Kalkuttas großer Heiliger ist Ramakrishna. Er hat alle Religionen, alle Methoden ausprobiert, inklusive Christentum, Islam und Tantrismus. Er kam zu der Schlussfolgerung, dass alle Wege, vorausgesetzt man folgt ihnen auf die richtige Weise, zum Absoluten führen, zu dem Gott, der mit Religionen nichts zu tun hat.

Religionen handeln von Gott, doch Gott hat wirklich nichts mit ihnen zu tun. Religionen werden auch nicht von religiösen Führern, sondern von ihren Nachfolgern begründet. Gott ist Geist, sagt auch die christliche Lehre, doch hat sie diesen Gedanken nicht mit letzter Konsequenz weiterentwickelt.

Wenn Gott Geist ist, dann ist der Geist auch Gott. Auch mein Geist. Das ist es, was die heiligen Schriften Indiens ausgearbeitet haben. Dreihundert Millionen Götter haben bedeutet lediglich, dass jeder Mensch ein potenzieller Gott ist; ein *Übermensch*, falls er das will.

Doch es ist so, wie es in der Bibel steht: Viele sind berufen und nur wenige auserkoren. Wir können nicht alle heilig sein. Innerhalb des Buddhismus gibt es sogar eine Richtung, die behauptet, man brauche überhaupt keine Anstrengungen zu unternehmen, die Erleuchtung zu erreichen, da man praktisch immer schon erleuchtet ist.

Ein wunderbarer Gedanke für einen Faulpelz wie mich. Die Vorstellung, dass ich eigentlich eine Göttin bin, genügt mir. Ich brauche sie bloß im richtigen Augenblick aufzugreifen, um sie für mich arbeiten zu lassen. Diese Vorstellung verwandelt die mich umgebende bösartige Wirklichkeit in einen Scherz, angesichts dessen ich einfach nur zu lächeln brauche, um den Druck verschwinden zu lassen.

Wie andere auch benutzen viele Inder ihren Gott als Weihnachtsmann. Gott, gib mir dies, Gott, gib mir das. Auch ich begebe mich noch häufig in die Rolle der Bettlerin, doch was ist daran falsch? Worum es wirklich geht, ist der Einfluss, den es auf deinen Geist ausübt. Erhält ein Pseudogott mir meine geistige Gesundheit, was ist an diesem Gott dann pseudo?

Die Frage nach der Existenz Gottes, nach dem Realitätsgehalt Gottes, ist eine schlecht gestellte Frage, mit der namentlich viele mittelalterliche Philosophen ihr Talent vergeudet haben. Es gab keinen Grund für sie zu fragen, was Gott genau ist. Darauf gab die Bibel ja Antwort genug. Jede andere Antwort war Gotteslästerung.

Doch war die richtige Antwort immer schon da: Gott ist Geist. Das geistige Prinzip selbst ist das Göttliche. Die Lehre des Christentums hat zwischen Gott und dem Menschen eine so große Kluft geschaffen, dass es wie ein Sakrileg erscheint zu glauben, dass jeder Mensch, da er einen Geist besitzt, seinem Wesen nach göttlich ist.

Bei uns ist Gott der radikal Andere, und wir können uns nur bemühen, ihm zu gefallen. Wohl wurden Stimmen laut, die etwas anderes behaupteten, doch landeten diese Menschen nicht selten auf dem Scheiterhaufen. So sah es mit der Freiheit unseres Denkens aus.

Die modernen Wissenschaftler schaffen noch mehr Verwirrung dadurch, dass sie nicht nur Gott, sondern auch den Geist für nicht vorhanden erkären, da sie ihn nicht zu fassen kriegen, geschweige denn, dass sie in der Lage sind, ihn zu beherrschen. Überspitzt ausgedrückt, sind wir Menschen in ihren Augen oft nur dumme Computer.

Nein, Vikram, leider kann von Nietzsches fröhlicher Wissenschaft keine Rede mehr sein – eine direkte Konsequenz der Tatsache, dass die christliche Lehre die Fragestellung, dass Gott Geist sei, nicht gründlich genug ausgearbeitet hat.

Möglicherweise fragst du dich, warum mich das alles so beschäftigt. Vielleicht ermüdet dich all das Gerede über Gott auch inzwischen. Ich könnte mir das gut vorstellen, Vikram, doch ist genau dies einer unserer größten kulturellen Unterschiede.

Ich will, dass du weißt, wie wichtig Gott für mich ist. Für mich persönlich und als philosophische Fragestellung. Du hast gut reden: Für dich ist alles mehr oder weniger selbstverständlich. Du hast deine Göttin, du betest zu ihr und fühlst dich von ihr getragen. Dass ein Großteil des Hinduismus Unsinn für dich darstellt, tut dem keinen Abbruch. Du lebst mit deiner Göttin in einer Gesellschaft, die durch und durch spirituell ist.

Du weißt nicht einmal, wie es sich anfühlt, in einer Gesellschaft leben zu müssen, in der dies so gut wie nicht vorhanden ist oder die so krank, unecht oder dumm ist, dass du es nur noch zum Kotzen findest. Wenn da kein Gott ist, wenn das Göttliche abwesend ist, wird alles sehr flach. Das Mysterium, der Tiefgang, der Sinn und sogar die Lust verschwinden aus dem Leben. Übrig bleibt ein hemmungsloses Jagen nach materieller Lustbefriedigung.

Das ist ungesund, ungesund für die Menschen selbst und für die Welt. Das Verschwinden unseres Glaubens hat uns demoralisiert. Es hat uns gleichgültig gemacht, faktisch hilflos. Wir werden immer gieriger, wir benötigen immer mehr, wir plündern die Welt und machen sie genauso krank wie wir selbst es sind.

Wir plündern und morden aus purer Habsucht, aus reiner Lustbefriedigung. Jede Stunde scheint irgendwo auf der Welt eine Tierart auszusterben, ganz zu schweigen von der enormen Anzahl Tiere, die auf dem Lustaltar unserer üppigen Mahlzeiten sterben müssen.

Die ganze Geschichte ist von Glaubenskriegen durchzogen, und das setzt sich bis auf den heutigen Tag unvermindert fort. Es handelt sich dabei um die heftigsten und zu gleicher Zeit dümmsten aller Kriege.

Toleranz angesichts eines anderen Glaubens ist für mich ein Gütezeichen für den Wert einer Religion. Doch als Forderung funktioniert die Toleranz bereits nicht mehr. Sie sollte für jeden eine tief empfundene Wahrheit sein.

Momentan scheint der Buddhismus eine große Chance zu haben, im Westen Fuß zu fassen. Viele Menschen nennen sich Buddhisten, obwohl das eigentlich konträr zu den Aussagen des Buddha steht. Erst jemand, der seine *buddhi*, seine Intuition, so sehr geschärft hat, dass er oder sie aus ihr leben kann, ist berechtigt, sich Buddhist zu nennen.

Ich werde dir später noch über meine Erfahrungen mit dem Buddhismus erzählen, denn auch sie machen eine lange, wichtige Phase meiner spirituellen Suche aus.

Es gibt in Indien nicht mehr so viele Buddhisten, obwohl sich die drei wichtigsten Wallfahrtsorte dort befinden. Schließlich ist der Buddha in Indien geboren und aufgewachsen, und er war nichts anderes als ein aufsässiger Hindu, so wie Jesus ein aufsässiger Jude war.

Doch während die Hindus dem Buddha den Ehrenplatz gegeben haben, der ihm als größtem Heiligen, der jemals indischen Boden berührt hat, zusteht, herrschte zwischen Juden und Christen immer Stunk.

Darin liegt der Unterschied, Vikram. Habe ich Vorurteile in Bezug auf den Hinduismus, so habe ich sie aus diesem Grund. Das macht den Hinduismus in meinen Augen überlegen, obwohl meine Sympathien dem Buddhismus gehören.

Ich kann nicht Hindu werden, denn als Hindu muss man geboren werden. Jeglicher Eroberungsdrang, jeglicher missionarischer Eifer ist dem Hindu fremd – deswegen vertraue ich den Gurus, die bei uns im Westen umherziehen, auch nie ganz.

Seit der Trennung zwischen Indien und Pakistan hat sich die Situation verändert. Hindus und Moslems stehen einander feindseliger gegenüber als je zuvor. Doch war es eine ungemein blutige Trennung, die die Engländer da vollzogen haben, und sie hat unglaublich viel Leid auf beiden Seiten verursacht.

Obwohl es in Indien also nicht mehr so viele Buddhisten gibt, bin ich doch dort zum ersten Mal mit dem Buddhismus in Kontakt gekommen.

Die meisten indischen Buddhisten leben hoch in den Bergen: in Ladakh, Sikkim und Bhutan. Einer der Gründe, warum der Buddha nicht zum Hinduismus gerechnet wird, ist der, dass er die Überlegenheit der Brahmanen, der höchsten Kaste, nicht anerkannte. Ein Brahmane ist man nur durch eigenen Einsatz und nicht durch Geburt, pflegte er zu sagen.

Schlimmer noch, der Buddha hat einen Teil der Geheimnisse der Brahmanen in die Welt geworfen, vor die Füße des Volks, wohin sie absolut nicht gehörten. Das Volk hatte seine Götter und seinen Glauben. Die Brahmanen besaßen die Bücher und das Wissen. Und das höhere Wissen wurde streng von ihnen bewacht.

Die meisten Inder kennen nicht alle Facetten ihrer ungeheuer breiten philosophischen und religiösen Tradition. Sie wissen nicht viel vom Wesen des Geistes oder des Bewusstseins, von zielorientiertem und planmäßigem Training. Sie brauchen das auch nicht zu wissen, denn sie können sich in der Wärme ihrer Götter und ihrer Rituale sonnen. Auf diese Weise erfahren sie dasselbe wie ihre gelehrten Brüder, die dafür Heim und Herd verlassen und ein knallhartes, diszipliniertes Leben führen müssen.

Der Buddha fand einen Mittelweg und brachte diesen unter das Volk. Er lehrte die Menschen, wie der Geist funktioniert, und ermutigte sie, das für sich selbst auszuprobieren.

Der Einfluss des Buddha war so stark, dass große Teile Indiens lange Zeit buddhistisch geprägt waren, obwohl die Leute selbst das gar nicht erkannten.

Es war einfach wieder ein Heiliger gekommen, der den Menschen den Weg zeigte, und er wurde der Buddha genannt.

Letzten Endes musste der Buddhismus für den pluriformen Hinduismus wieder das Feld räumen: Das Volk vermisste seine Götter. Der Buddhismus hat den Hinduismus jedoch tiefgehend und dauerhaft beeinflusst.

Der Buddhismus ist, wie gesagt, viel zugänglicher als der Hinduismus. Jeder kann sich entscheiden, dem Weg des Buddha zu folgen. Dazu bedarf es keiner Einweihung oder anderer Formalitäten.

Ich habe mir nie bewusst vorgenommen, Buddhistin zu werden, doch war meine erste Berührung mit dem Buddhismus so kraftvoll und anrührend, dass ich mich einige Jahre damit beschäftigte, seine Geheimnisse zu ergründen.

Der erste Kontakt ergab sich in einem kleinen Dorf unweit von Kalkutta, doch bereiste ich rasch buddhistische Länder wie Thailand und Tibet. Zu guter Letzt kehrte ich jedoch immer wieder zum Ursprung zurück: nach Indien.

# VIII

Einmal wurde ich durch ein Versehen, eigentlich eine Dummheit, zum Bodhisattva initiiert. Typisch für dich, würdest du sagen, doch ist es nun einmal geschehen. Und auch noch vom Dalai Lama. Ich weiß nicht, ob dies Folgen für mein Leben hat, doch wenn dem so ist, können es keine schlechten sein, denn ein Bodhisattva zu werden, ist das schönste religiöse Ideal, das jemals erfunden wurde. Ein Bodhisattva macht es sich zur heiligen Aufgabe, alle anderen Wesen aus ihrer Unwissenheit zu befreien. Dies ist sein Weg zur Erleuchtung: der Weg der vollkommenen Aufopferung. Er ruht nicht, bevor er alle lebenden Wesen erleuchtet hat.

Nun, dazu werde ich wohl niemals in der Lage sein. Ich wohne jetzt zwar einen Großteil des Jahres bei dir in Kalkutta, doch werde ich niemals eine Mutter Theresa werden. Man wird Mutter Theresa, die eine so geartete Heiligkeit in sich getragen haben muss, als einen solchen Bodhisattva betrachten können.

Für viele Menschen ist ein solches Ideal anrüchig, da man vollkommene Selbstaufopferung für unmöglich hält und stets eine versteckte Eigennützigkeit dahinter vermutet. Wenn dem so ist, dann wird der Eigennutz doch sehr nobel eingesetzt. Die Welt sähe ein Stück besser aus, wenn jeder seine Selbstsucht auf eine solche Weise fruchtbar machte.

Doch denke ich, dass es unmöglich ist, so weit zu gehen, wenn das Motiv reine Selbstsucht ist. Dafür benötigt man ein heiliges Feuer, sonst hält man es nicht aus. Wie dem auch sei, der Bodhisattva ist die Verkörperung von Mitgefühl, das sich der Buddhismus so explizit aufs Banner geschrieben hat.

Wie ich dir bereits erzählte, war ich einmal bei einer Neujahrsansprache des Dalai Lama in Dharamsala anwesend. Die Ansprache dauerte drei Wochen und behandelte diese Thematik. Der Dalai Lama sprach auf Tibetisch zu seinen Anhängern, was dann simultan von einem Übersetzer des Hofes ins Englische übertragen wurde. Dieser Übersetzung konnten die anwesenden Ausländer mithilfe von tragbaren Radios folgen.

Jahre später kamen Videokameras dazu, wodurch die Ausländer in Extraräumen den Ansprachen des Dalai Lama auf Bildschirmen folgen konnten. Das war lange nicht so authentisch und intim wie in dem Eckchen des Tempels, das extra für uns Ausländer eingerichtet worden war, fand ich.

Wie du dir vorstellen kannst, ging auch mit der Übersetzung gelegentlich etwas schief, und sei es bloß, dass der Strom ausfiel, was regelmäßig vorkam.

Der Dalai Lama beherrscht die englische Sprache ziemlich gut, doch wenn er auf die tieferen Ebenen des Geistes zu sprechen kommt, spricht er immer tibetisch, da das Englische keine Worte für das besitzt, worum es geht. Für uns sind es unbekannte Regionen schlicht aufgrund der Tatsache, dass die Erforschung von Tiefe und Umfang des Bewusstseins, die von Hindus, Buddhisten, Taoisten und anderen mit Hingabe gepflegt wurde, von sehr wenigen westlichen Menschen nachvollzogen werden konnte.

Darum sind Menschen wie Sri Aurobindo, der in Cambridge studiert hat, auch so wertvoll. Sie beherrschen nicht nur die zwei Sprachen, sondern auch beide Arten zu denken.

Jener Bodhisattva-Vortrag war nicht der erste, den ich hörte, doch sicherlich einer der eindrucksvollsten. Nachdem er drei Wochen lang das Ideal auseinander gesetzt hatte, kündigte der Dalai Lama an, dass die Initiation am folgenden Tag stattfinden sollte. Sie war ausschließlich für Menschen gedacht, die sich dem Ideal verpflichten wollten, das heißt, nur für die, die wirklich anstrebten, Bodhisattvas zu werden, die die Erleuchtung erlangen wollten, dadurch dass sie sich nur noch für ihre Mitmenschen einsetzten und alle Selbstsucht ablegten.

Das hatte ich ganz und gar nicht vor, so schön ich es auch fand. Ich wäre dazu nicht fähig, dafür bin ich viel zu egoistisch. Durch technische Probleme mit meinem Radio oder durch die Undeutlichkeit des Übersetzers oder auch durch meine Unaufmerksamkeit war es mir tatsächlich entgangen, dass die Initiation nicht für Zuschauer vorgesehen war.

Ich wollte eine solche Initiation gern einmal erleben. Sofort beim Betreten des Tempels fiel mir auf, dass viel weniger Menschen anwesend waren als während der vorhergehenden Tage und dass es sich überwiegend um Mönche handelte. Ich begann bereits Lunte zu riechen, doch meine Neugier ließ mich bleiben, wo ich war: auf meinem üblichen Platz im Tempel.

Der Tempel in Dharamsala ist ziemlich groß, mit einem enormen Platz an der Vorderseite, auf dem die Menschen sitzen können. Im Tempel selbst sitzt der Dalai Lama auf einer Art Thron in der Mitte, um sich herum die Mönche. Je höher ihr Rang, umso näher sitzen sie beim Dalai Lama. Es ist prachtvoll, ihn so von einem Meer weinroter Gewänder umgeben zu sehen.

Im Anschluss an die übliche Einleitung des Anrufens aller Lamas und Rinpoches, die diesen Weg bereits gegangen sind und deren Segen man erbittet, begann die echte Initiation. Davor wurden rote Tüchlein ausgeteilt, die in einem bestimmten Augenblick vor die Augen gebunden werden mussten. Ich fand das alles außerordentlich spannend.

Das Ritual vollzog sich überraschend schnell, und ich fragte mich, inwieweit die Anwesenden dem, was der Dalai Lama ihnen auftrug, folgen konnten. Ich kann dir deshalb auch nicht erzählen, was genau sich zutrug.

Zu Beginn musste man ein bestimmtes Mandala visualisieren, das Öffnungen in alle Windrichtungen aufwies. Das Visualisieren nimmt bei den Tibetern einen wichtigen Platz ein. Darum auch all die Gemälde der verschiedenen Buddhas, die man im tibetischen Buddhismus kennt. Der Meditierende muss den Thangka – so lautet der Name eines solchen Gemäldes – bis ins kleinste Detail studieren und imstande sein, es fehlerlos zu visualisieren.

Die Leute, die das Mandala kannten, worüber der Dalai Lama sprach, kostete es vielleicht nicht so viel Mühe, es sich augenblicklich bis ins Detail vor ihr inneres Auge zu rufen, doch ich hatte wirklich keine Ahnung, worum es ging. Trotzdem hörte ich weiterhin gespannt zu. Er gebot, durch eine bestimmte Öffnung im Mandala zu gehen, wobei man bestimmte Götter visualisieren musste. Die Götter sollten einen wiederum in andere Regionen führen.

Das Ritual ging größtenteils an mir vorbei, obwohl ich die Atmosphäre des ganzen Ereignisses genoss. Erst später begriff ich, was ich getan hatte, doch fühlte ich mich nicht sonderlich schuldig.

Der Buddha arbeitet in erster Linie mit dem Bewusstsein, dem Geist. Konzentration und Meditation bilden das Handwerkszeug, und sie erweisen sich als alles durchdringend. Kein Eckchen innerhalb des Geistes bleibt unberührt, und die Ergebnisse sind erschütternd.

Es stellt sich heraus, dass der Geist eine Anzahl gut beschriebener Schichten besitzt, die allesamt ihre eigenen Merkmale haben. Die Merkmale sind nur in der Meditation zu entdecken und zu erkennen. Die letzte Schicht ist das Nirvana: die Flamme des persönlichen Bewusstseins, aufgelöst im Meer des Bewusstseins, das die Wirklichkeit ist.

Mit dem Prozess des Entdeckens und Erkennens dieser Schichten wird der Geist (oder das Bewusstsein) nicht nur immer weiter, tiefer oder höher, die Wirklichkeit wird gleichzeitig auch immer transparenter. Man löst sich immer mehr von der gewohnten Wirklichkeit. Und mit dieser Ablösung kommt die Freude der Befreiung.

Das Potenzial des menschlichen Geistes ist unendlich. Das ist es, was deine Kultur für die Welt entdeckt und entschlüsselt hat. Die Welt ist nur noch nicht dafür bereit. Oder nicht mehr, wer weiß? Doch es ist eine Tatsache, und jeder kann damit tun, was er will. Sie negieren ist eine Möglichkeit, sie leugnen eine andere, doch beides ist aussichtslos.

Danach zu leben, erwies sich für mich letztendlich auch als eine aussichtslose Sache. Ich bin an das gewöhnliche Leben gebunden, Vikram, an das Menschsein. Das habe ich in Indien lernen müssen. Rabindranath Tagore, euer bengalischer Volksheld, drückt dies irgendwo wunderbar aus: »Die Befreiung liegt für mich nicht in der Entsagung. Ich spüre die Umarmung der Freiheit in Tausenden von Banden der Freude.«

Ich musste lernen, die Konsequenz daraus zu ziehen und zuzugeben, dass ich damit auch an die dunkle Seite des Lebens gebunden war. Wir alle sind Kalis.

Im Buddha entdeckte ich den weisesten Philosophen, dem ich jemals begegnet war. Weiser zu sein als der Buddha ist wahrscheinlich nicht möglich. Darum war ich auch so enttäuscht, den Buddhismus bei etwas ertappen zu müssen, das stark an Sexismus erinnert.

Die Geschichte macht die Runde, dass seine Schwiegermutter Nonne werden wollte. Es gab zu jener Zeit noch keine Frauenklöster, und der Buddha soll behauptet haben, dass mit dem Entstehen von Frauenklöstern der Buddhismus tausend Jahre früher aussterben werde.

Erst nachdem er es zweimal verweigert hatte, gestattete der Buddha, dass seine Schwiegermutter ein Nonnenkloster gründete. Es musste wirklich in jeder Hinsicht unter dem der Mönche stehen, oft gar im wörtlichen Sinne.

In Ladakh hörte ich von einem Frauenkloster in Rizhong, das

gelegentlich Touristen aufnahm. Ich beschloss, es zu besuchen, auch weil die Reise dorthin mir ermöglichte, die grandiose Landschaft um Ladakh zu bewundern.

Die lange Busreise war tatsächlich beeindruckend: Große Abschnitte der Fahrt führten am Indus entlang, den man von der Straße im Tal aus wild herabstürzen sah.

Als mir der Busfahrer zu verstehen gab, dass ich am Zielort angekommen sei, blickte ich misstrauisch um mich, denn ich sah nirgendwo auch nur ein einziges Lebenszeichen. Doch der Fahrer machte mir durch Gebärdensprache deutlich, dass ich nur einen kleinen Pfad hinaufgehen musste, der in die Berge führte.

Das Kloster stand am Fuße des Berges am Ende des Pfades, während das dazugehörige Männerkloster oben auf dem Berg prangte und gleichsam ein wachsames Auge auf die Nonnen hielt.

In diesem Fall war das vielleicht auch notwendig, denn die uralten Nonnen waren, eine wie die andere, ein bisschen plemplem, schien es.

Als ich ankam, standen sie gemeinsam in der offenen Küche, kochten und begannen schrecklich zu kichern, als sie mich erblickten. Als Erstes fiel mir auf, dass alle sechs alten Frauen zusammengenommen weniger als fünfzehn Backen- und Schneidezähne besaßen.

Eine von ihnen trat kichernd auf mich zu, zeigte mir ein kleines Zimmerchen, das vollkommen leer war, und machte mir mit einer Gebärde deutlich, dass ich hier schlafen sollte.

Da ich weder einen Schlafsack noch eine Matratze dabeihatte, machte ich mich im Kloster auf die Suche nach etwas, was ich zumindest auf den Boden legen konnte, denn das Zimmerchen war ziemlich dreckig. Ich fand ein altes, ausgefranstes Tuch und brachte es in die Kammer. Doch es schien das Laken einer der Nonnen zu sein, die es denn auch knurrig wieder bei mir abholte.

Die Nonnen gaben mir etwas Reis und ein bisschen Gemüse, und ich versuchte, ein kleines Gespräch mit ihnen anzuknüpfen. Doch sie lachten bloß laut über alles, was ich sagte. Sie gaben mir spontan einen neuen Klosternamen, der bei späterer Nachfrage »die, die reich wird«, zu bedeuten schien. «Oh«, rief ich aus, »das ist schön.« »Ganz und gar nicht schön«, sagte meine Ladakhi-Übersetzerin ein wenig strafend, »es bedeutet auch, dass du deinen Reichtum nicht geteilt hast.«

Ich erfuhr dort auch, dass die Nonnen viel schlechter dran waren als die Mönche. Vor allem in Rizhong war das überdeutlich, denn natürlich stattete ich auch dem Männerkloster einen Besuch ab.

Der Kontrast zwischen den beiden Klöstern war erschütternd. Das Kloster der Mönche besaß allen Prunk, der zu einem wichtigen Kloster gehört, während das der Nonnen eher einem Schuppen glich. Die Nonnen waren in jeder Hinsicht schlechter gestellt. Sie bekamen weniger Geld, weniger Unterricht, eine weniger gute medizinische Versorgung und schlechter zu essen.

Der Buddha gab noch öfter zu verstehen, dass er Frauen nicht für geeignet hielt, sich vollständig seinem spirituellen Pfad zu weihen. Was soll man als Frau damit anfangen? Daran kann man doch nicht einfach so vorbeigehen?

Die frauenfeindlichen Seiten des Buddha haben mich einiges Kopfzerbrechen gekostet. In den heiligen Schriften des Hinduismus bin ich Derartigem niemals begegnet. Patanjali oder Sri Aurobindo beispielsweise machen keinen Unterschied zwischen Männern und Frauen. Im Prinzip ist jeder und jede für das Geistestraining geeignet. In den *Upanishaden* weiht Shiva seine Gemahlin Parvati ein, und diese Passagen gehören zu den schönsten Texten des Buches.

Ich hatte das, was der Buddha lehrte, bereits jahrelang studiert und mich seinen Methoden in Retreats und Meditationskursen mit Hingabe gewidmet, als ich dahinter kam, dass der

Buddha Frauen für nicht geeignet hielt, seinem Pfad zu folgen. Das hatten mir meine Lehrer nie erzählt, und ich habe es auch später keinen anderen Lehrer sagen hören. Ich musste es selbst herausfinden, indem ich die Bücher studierte.

Dass es stimmte, erfuhr ich in China. Ich saß im Bus neben einer soeben geflüchteten amerikanischen Nonne. Sie war eine Frau von rund fünfzig Jahren, und ihr Haar war kurz wie das von jemandem, der einen Monat zuvor noch kahl gewesen war.

Sie erzählte mit einem Anflug von Stolz, dass sie als erste westliche Frau in Dharamsala zur Tibetan School of Logic zugelassen worden war, einem Institut, in das nur intelligentere Mönche geschickt wurden, um sich im Debattieren zu vervollkommnen. Sie hatte sich beinahe ausschließlich unter Männern aufgehalten.

Während unserer ewig langen Busreise erzählte sie mir ihre desillusionierende Geschichte. Sie war geflüchtet, da sie den Sexismus, dem sie durch die Mönche permanent ausgesetzt war, nicht mehr ertragen konnte. Sie war in jeder Hinsicht ihr Fußabstreifer gewesen, und sie schreckten auch nicht davor zurück, sie zu erniedrigen.

Später, in einem Kloster in Thailand, wurde ich auf andere Weise wieder damit konfrontiert. Es gab in diesem Kloster Schlafsäle und kleine für sich stehende Häuschen, *kutis* genannt.

Als Frau bekam man nie eine eigene kuti. Auch nachdem ich drei Monate im Kloster verbracht hatte und mich auf verschiedene Arten nützlich gemacht hatte, unter anderem als Yogalehrerin und Retreat-Assistentin, musste ich im Schlafsaal bleiben, während dem erstbesten männlichen Rotzbengel, der geradewegs von den paradiesischen Stränden angelaufen kam und nur mal eben gucken wollte, eine kuti angeboten wurde.

Als ich einmal im Auto eines der Klostermitarbeiter mitfahren wollte, um ins Dorf zu gehen, und eben dabei war einzusteigen, stieg der Mönch, der schon im Auto saß, sofort aus, denn dann hätte er sich näher als einen Meter Abstand von einer Frau befunden, was gegen die Klosterregeln war. Nun ja, Regeln mussten sein, doch fand ich, dass dies wirklich zu weit ging, umso mehr, da es sich bei dem Mönch um einen Amerikaner handelte.

Der Buddha selbst war, was dies angeht, doch ein Stück weit erleuchteter. Er scheint seine Doktrin vom Nicht-Anhaften einmal mit der folgenden Anekdote verdeutlicht zu haben: Zwei Mönche laufen einen Fluss entlang. Da sehen sie eine Frau mit gerafftem Sari ein wenig ängstlich auf den Fluss schauen. Sie wagt es nicht, ihn zu überqueren. Einer der Mönche packt die Frau und trägt sie ans gegenüberliegende Ufer. Der andere Mönch schaut angesichts dieser schweren Übertretung der Regeln fassungslos zu, sagt aber nichts. Nachdem sie eine weitere Stunde gelaufen sind, kann er sich doch nicht zurückhalten und fragt seinen Begleiter, warum er das getan hat. »Oh«, antwortet der andere Mönch, »trägst du sie noch immer mit dir? Ich habe sie bereits vor einer Stunde am Fluss abgesetzt.«

Vielleicht ist es nicht gut, schlecht über Menschen zu sprechen, von denen man so viel gelernt hat, doch ist dies eines meiner Dilemmas. Über Schlechtes sprechen bedeutet das Schlechte weiterverbreiten, doch sollte man Vorurteile nicht dadurch aus dem Weg räumen, dass man sie wenigstens ein einziges Mal zur Sprache bringt? Diese Ausgrenzung von Frauen passt doch nicht mehr in unsere Zeit?

Als ich einmal sicher wusste, dass es stimmte, manifestierte sich mein Zweifel erst richtig, und langsam gab ich den Gedanken auf, dass der buddhistische Weg für mich geeignet sei. Denn warum sollte der in jeder Hinsicht so weise Buddha so etwas behauptet haben? Oder verbarg sich auch hier wieder eine tiefere

Weisheit? Warum geben dann die Schriften keinen Aufschluss darüber, verdammt?

Ist es, weil der Buddha glaubte, den Frauen sei besser gedient mit einem Gott oder einer Göttin, denen sie sich hingeben können? Können Frauen besser mit der Liebe als mit der Analyse arbeiten?

Wie dem auch sei, der Tränenausbruch des Dalai Lama im Anschluss an die Anklage der deutschen Frau, worüber ich dir bereits früher berichtete, war der letzte Beweis, den ich benötigte, um mich davon zu überzeugen, dass der Sexismus innerhalb des Buddhismus ein unlösbares Problem für mich darstellte.

Durch weitere Erlebnisse kam ich mehr und mehr zu der Schlussfolgerung, dass ich eben als Christin geboren und erzogen worden bin. Meine christliche Vergangenheit holte mich immer wieder ein.

Das zeigte sich erneut in dem Kloster in Thailand, in dem der amerikanische Mönch mich so grob behandelt hatte. Ich hatte bereits einige Monate meditiert, ohne dass sich etwas Wesentliches verändert hätte. Ich begann ein bisschen ungeduldig zu werden und ging zu dem Mönch, der das Retreat begleitete, um ihn um eine Erklärung zu bitten. Ich sagte ihm, dass wir Christen so etwas wie göttliche Gnade kennen, und fragte ihn, was der Buddhist dem gegenüberstellen könne. »Ihr habt die Gnade, wir die Geduld«, bemerkte er fein. Damit musste ich ungeduldige Person mich zufrieden geben.

In diesem Zusammenhang erinnere ich mich auch noch an einen Vorfall in Amsterdam. Ich lief über die Wallen und wurde bereits eine Zeit lang von einem zwielichtig aussehenden Mann verfolgt, den ich lieber los sein wollte. Darum blieb ich bei einer kleinen Gruppe von Angehörigen der Heilsarmee stehen, die dort religiöse Lieder sangen. Die Heilsarmee hat in meiner Wohngegend eine ihrer Hauptniederlassungen und hilft Huren, Obdachlosen und anderen, die den Weg verloren haben.

Als sie mit Singen fertig waren und mein Verfolger schon lange verschwunden war, ging ich auf diese Leute zu und sagte, dass ich ihnen gern bei ihrer Arbeit helfen wolle. Das war keine plötzliche Anwandlung, ich spielte schon länger mit dem Gedanken, ehrenamtlich in meiner Wohngegend mitzuarbeiten: um die Gegend besser kennen zu lernen und eine andere Haltung den Menschen gegenüber zu entwickeln, die sich davon angezogen fühlten.

Die Frau, die ich angesprochen hatte, schaute mich prüfend an und fragte, ob ich Christin sei. Ganz der Wahrheit entsprechend, antwortete ich, dass ich zwar getauft sei, doch dass ich den Buddhismus auch sehr anziehend fände. »Nun«, lautete ihre entschiedene Antwort, »dann ist das leider nicht möglich.«

Ich fragte sie, warum nicht.

»Ich werde dir ein Beispiel geben«, sagte sie. »Derzeit arbeite ich mit einem Mann, der jemanden ermordet hat. Der Mann kommt vor Reue beinahe um. Ich habe ihm gesagt, dass er immer auf Gottes Gnade zählen kann, und das hat ihm etwas innere Ruhe gegeben. Was würdest du in einem solchen Fall als Buddhistin zu bieten haben?«, fragte sie mich.

Darauf hatte ich so eins, zwei, drei keine Antwort. Ich konnte doch schwerlich mit meiner Geschichte über die Geduld ankommen. So stand ich denn mit offenem Mund da.

»Siehst du wohl«, sagte sie beinahe triumphierend, »es geht leider nicht.« Vielen Dank, auf Wiedersehen.

Der Buddhismus hat mich lange angezogen, doch letztlich habe ich mich wieder von ihm abgewandt. Ich meditiere noch immer, denn die Meditation ist das größte Geschenk Asiens an die Welt, doch mache ich keine anstrengenden Retreats mehr, und ich halte mich auch nicht mehr in Klöstern auf.

Meine buddhistischen Bemühungen fielen mit einer Periode in meinem Leben zusammen, in der ich noch nicht wusste, ob ich nun Nonne werden wollte oder nicht.

In einem gewissen Augenblick wurde mir das sehr wohl klar, und ich habe mich denn auch aus voller Überzeugung für das gewöhnliche Leben entschieden. Ich werde dem Buddha ewig dankbar sein für die Weisheit, die er mir gab, doch ist es mir nicht möglich, seinem strengen Weg nachzufolgen.

Und er ist streng. Gnadenlos würde ich beinahe sagen. Ich habe es versucht und bin durch die Tretmühle gegangen. Ich bin nicht nur mit heiler Haut davongekommen, es hat mich letztlich auch bereichert.

Die Techniken, die der Buddha lehrt, erfordern ein gnadenloses Beobachten des eigenen Geistes. Das »Erkenne dich selbst« des Orakels von Delphi wird vollkommen gelebt. Jede Sekunde hat man darauf zu achten, was sich im eigenen Geist abspielt und was es zu bedeuten hat. Objektiv und nicht urteilend.

Doch arbeitet der Geist immer urteilend, ob man will oder nicht. Ständig gibt er seine Vorliebe beziehungsweise Abneigung zu erkennen. Und es gibt im Geist viele Dinge, die dem Buddha zufolge Beanstandung verdienen, besonders wenn man versucht, seinen Geist von jeglicher Form von Egoismus, Negativität, Faulheit, Angst, Neurosen oder was auch immer zu reinigen.

Tut man dies einige Monate lang hintereinander ohne Unterbrechung, so wie ich es in Klöstern und bei Retreats tat, schüttelt man das nicht so ohne weiteres ab, wenn man wieder außerhalb der Klostermauern steht. Es wird zur zweiten Natur. Und das, was einem im eigenen Geist so alles begegnet, ist nicht immer schön und angenehm, wenn man es am Maßstab des Buddha messen muss.

Begonnen hatte alles mit einer zufälligen Begegnung in einem Flugzeug. Ich war damals noch ganz mit dem Yoga beschäftigt und nicht am Buddhismus interessiert. Wohl hatte ich einmal ein populäres Büchlein darüber gelesen, doch hatte dies wenig Eindruck auf mich gemacht. Auch hatte ich mich damals noch nicht viel mit Meditation beschäftigt.

Das Yoga besitzt eine komplett andere Anschauung über das Meditieren als der Buddha. Für den Buddha sind Meditation und Konzentration die Schlüssel für den spirituellen Weg. Für das Yoga letztlich auch, doch muss ihm dort vorher eine rigorose Reinigung von Körper und Geist vorausgehen.

Der Yogi hat seinen Geist durch das Hatha-Yoga, die Atemübungen und sein übriges Training bereits so beruhigt, dass er gegen die vielfältigen Störsender in seinem Geist nicht mehr zu kämpfen braucht. Dadurch verläuft die Meditation gleich ein Stück bequemer.

Zudem hat er durch sein Hatha-Yoga gelernt, in der Lotushaltung stundenlang still zu sitzen – der Haltung, die die Meditation am besten fördert. Die Meditation ist eine fortgeschrittene Phase auf seinem Weg, während der Buddhist sofort damit anfängt.

Als ich mich zum dritten Mal auf dem Weg nach Indien befand, hatte ich die Absicht, mich weiter in das Yoga zu vertiefen. Im Flugzeug nach Delhi kam ich mit einer Frau ins Gespräch. Ich erzählte ihr von meinem Interesse für Yoga und den Hinduismus.

Die Frau berichtete mir über Bodh-Gaya, den Wallfahrtsort, an dem der Buddha unter dem berühmten Baum seine Erleuchtung erlangte. Dort stehen jetzt Tempel aus allen buddhistischen Ländern, und jedes Jahr wird im dortigen thailändischen Tempel von einem englischen Ex-Mönch ein Retreat von zweimal zehn Tagen organisiert.

Durch die Art und Weise, wie sie das Retreat in Bodh-Gaya beschrieb, die Schönheit Bodh-Gayas, den prächtigen Tempel und den berühmten englischen Lehrer, der das Retreat leitete, anpries, entschied ich mich, dorthin zu gehen.

Bodh-Gaya ist ein kleiner Ort, ein Stückchen außerhalb von Gaya in Bihar. Es ist einer dieser besonders kraftvollen Orte, an denen eine außergewöhnliche Stimmung in der Luft ist. Es gibt viele solcher Plätze in Indien, sie werden auch oft als heilig erklärt.

Es braucht nicht unbedingt ein Ort zu sein, an dem etwas Besonderes geschehen ist, es kann auch mitten in der Natur sein. Falls es so etwas wie Energiebahnen oder -ströme gibt, die über die Erde laufen und die für sensible Menschen spürbar sind, ist vielleicht dies die Ursache.

Jedenfalls empfand ich sofort ein starkes Gefühl von Rührung, als ich dort in aller Frühe mit Pferd und Wagen ankam, da der Zug um fünf Uhr morgens in Gaya hält und die Rikschafahrer dann noch schlafen.

Ich fühlte mit einem Mal etwas durch mich hindurchgehen. Es ist, als würde man angehoben, als würde man getragen, anders kann ich es nicht ausdrücken. Zu jener Zeit war Bodh-Gaya noch ein winzigkleines Dörfchen mit einigen Tempeln. Es gab noch nicht viele Pilger und beinahe keine Touristen, abgesehen von einigen anderen westlichen Leuten, die am Retreat teilnehmen wollten.

Das Retreat fand in dem thailändischen Tempel statt, der von einem Garten umgeben ist. Ich schrieb mich für zwanzig Tage ein und erhielt ein winzigkleines Zimmer mit einem Betonblock als Bett zugeteilt.

Ich musste mich schriftlich mit den Regeln des Retreats einverstanden erklären, die unter anderem beinhalteten, dass ich zwanzig Tage nicht sprechen, lesen oder schreiben durfte. Das Programm lief von vier Uhr morgens bis zehn Uhr abends. Die letzte Mahlzeit war mittags um zwölf, um sechs Uhr erhielt man eine Tasse Tee und ein wenig Obst.

Ich war im Begriff, in den Theravada-Buddhismus eingeweiht zu werden, die Variante, die unter anderem in Thailand praktiziert wird, und ich begab mich wieder voller Vertrauen hinein, so, wie ich mich überall vertrauensvoll hineinbegebe. Ich betrachtete mich noch immer als eine Art Wissenschaftlerin, die die Weisheit anderer Kulturen erforschte. Und so saß ich denn in dem thailändischen Tempel.

Es war erst meine dritte Indienreise, und ich hatte soeben angefangen zu verstehen, worum es in der östlichen Philosophie geht, dank der Bücher, die ich gelesen, und der Erfahrungen, die ich durch meine Yogaübungen gemacht hatte.

Obwohl Sri Aurobindo mich tief im Herzen getroffen hatte, war doch alles noch zu sehr auf der intellektuellen Ebene geblieben. Wohl hatte das Hatha-Yoga mich einen Schimmer vom Zusammenhang zwischen Körper und Geist auffangen lassen. Es ließ mich sehen, dass keinerlei Trennung zwischen beiden herrscht. Jede Zelle des Körpers ist von Geist durchdrungen. Jedes Molekül besitzt Bewusstsein. Das Gehirn ist lediglich der Koordinator. Das Yoga manipuliert die unterschiedlichen Energien im Körper, um sie letztendlich zu der einen Energie im Körper zu bündeln, die jede Zelle des Körpers transformiert, einschließlich der »schlafenden« Zellen im Gehirn.

Die hinduistische Auffassung vom Körper als Tempel Gottes füllte sich für mich mehr und mehr mit Inhalt. Ich begann zu sehen, dass der Körper ein wichtiges Werkzeug bei der Erfahrung des Göttlichen darstellt. Das Göttliche ist allein im und durch den Körper erfahrbar. Ich begann zu begreifen, was echte Sinnlichkeit ist. Ich sah, wie sehr das Christentum den Körper unterschätzt und vernachlässigt hatte, was wiederum seinen Einfluss auf die Kultur gehabt hatte.

Ich bin jedes Mal überrascht angesichts der Perfektion, mit der die Hindus ihren Körper pflegen. Und über das enorme Wissen, das sie haben – hinsichtlich der Wirkung bestimmter Arten von Nahrungsmitteln auf den Körper und die Gesundheit oder der Wirkung bestimmter Ölsorten auf die Haut. Über die Wirkung von Wärme und Kälte, Feuchtigkeit und Trockenheit, Sonne, Regen und Schatten. Ganz zu schweigen von dem Einfluss, den psychische Befindlichkeiten auf den Körper haben.

Dieses Wissen der Hindus besitzt eine Tiefe und ein Ausmaß, über die wir noch viel lernen können.

Im Buddhismus geht dies alles etwas weniger weit. Wie ich dir sagte, arbeitet der Buddha überwiegend mit dem Geist im Sinne von »bewusst sein«.

Damit meint er, dass du dir dessen bewusst bist, was sich so alles in deinem Körper und Geist abspielt. Er will, dass du alles genau, bestimmten Regeln zufolge, beobachtest. Gedanken, Ideen, Gefühle, Emotionen, alles, was so in dir aufkommen kann. Dies ist es, was dir während eines solchen Retreats systematisch beigebracht wird.

Im Nachhinein frage ich mich, ob es nun wirklich so vernünftig ist, vollkommen ungeübte Leute ohne weiteres einer so radikalen Technik der Selbsterforschung zu unterwerfen. Ich habe regelmäßig miterlebt, wie Leute total außer Kontrolle gerieten. Sie mussten das Retreat verlassen, weil sie kurz vor einem Nervenzusammenbruch standen oder sich bereits mitten darin befanden. Ich bin sicher, dass Menschen darunter waren, die für den Rest ihres Lebens gezeichnet daraus hervorgegangen sind.

So sprach ich einmal mit einer Frau, die weggegangen war, weil sie es schlichtweg nicht ertragen konnte, dass die Meditationssitzungen sie in ihre total verdrängte Inzestvergangenheit zurückbrachten. Immer wenn sie versuchte zu meditieren und ihre Augen schloss, tauchten die Bilder auf.

Der Ansporn des Buddha, derartige aus der Fassung bringende Bilder urteilslos zu beobachten, um sie dadurch letztlich verschwinden zu lassen, war für sie eine unmögliche Aufgabe. Sie geriet in eine Krise. Ohne jedwede Nachsorge wurde sie wieder in die Welt – das heißt: Indien – geschickt.

Stell dir das vor, Vikram: Du hast dich noch nie im Leben systematisch auf eine Weise selbst betrachtet, die für Körper und Geist zu Beginn nicht nur außerordentlich peinlich, sondern auch gnadenlos enthüllend ist. Und niemand ist da, der deine Hand festhält.

Ich denke, dass bei dem Retreat in dem thailändischen Tempel ungefähr sechzig Leute anwesend waren, von denen etwa fünfzig, ebenso wie ich, junge Westler waren. Von ihnen hatte mindestens die Hälfte, genau wie ich, noch nie etwas mit Buddhismus oder Meditation zu tun gehabt. Diese jungen Leute waren auf Reisen oder machten Ferien und wollten einmal etwas anderes tun als wieder einen Tempel besichtigen. Sie wollten wissen, worum es in diesen Tempeln nun eigentlich ging.

Nun, wir wurden allesamt dem Ungewissen ausgeliefert, ohne dass da jemand da war, an dem wir uns hätten festhalten können. Der englische Ex-Mönch stand zwar für jeden, der Bedarf hatte, zur Verfügung, und alle drei Tage durfte man in seine Gruppe kommen und erzählen, wie man dies und jenes empfand, doch was da geschah, war so überwältigend, so verwirrend und häufig so intim und peinlich, dass es nicht einfach war, dem in einem Gruppengespräch von einer halben Stunde Ausdruck zu verleihen.

Während der Gruppengespräche erhielt ich einen ersten Eindruck von den Gesetzmäßigkeiten des Geistes. Es stellte sich heraus, dass das, was das Eigenste, Einmaligste, Intimste zu sein scheint – deine eigene Gedanken- und Gefühlswelt –, Gesetzen entspricht, deren Bestehen du nie vermutet hattest.

Eigentlich ist an der Art, wie dein Geist funktioniert, wenig Eigenes. Er arbeitet ungefähr so wie der erstbeste Computer. In vielerlei Hinsicht könnte man beinahe sagen, dass ein Computer intelligenter ist, denn prüft man tatsächlich, wie der Geist nun eigentlich arbeitet, merkt man erst, wie dumm, langweilig und unintelligent er tätig ist.

Grob lassen sich zwei Bewegungen unterscheiden. Die erste ist die eines konstanten unterschwelligen Gefühls mit einem immer zurückkehrenden und sich selbst permanent wiederholenden Rhythmus emotionaler, intellektueller und physischer Wahrnehmungen. Der zweite Strom ist der aktivere. Er nimmt die neuen Erfahrungen auf, reduziert sie jedoch sofort auf die Erfahrungen des ersten.

Was am meisten auffällt, ist die Ineffizienz des Geistes. Es sollte in diesem besonderen Fall beispielsweise doch ausreichend sein, wenn man ein einziges Mal denken würde: »Jesus, was mache ich hier? Und womit bin ich um Gottes willen beschäftigt? Ich muss weg von hier! Soll ich mich schon heute Mittag verdrücken oder erst heute Abend? Nein, ich tu es nicht. Ich habe nun einmal damit angefangen, und ich schließe es auch ab!«

Nichts davon, manchmal denkt man denselben unproduktiven Gedanken im Lauf einer halben Stunde wohl zehnmal, und das ohne jegliche Variation.

Dass dies nicht nur für mich, sondern für jeden galt – handelte es sich nun um einen hoch entwickelten Menschen oder um einen halben Wilden –, war nicht nur eine bestürzende Feststellung, sondern auch eine Erleichterung.

Insgeheim war ich über die Arbeitsweise meines Geistes bereits früher erstaunt und beschämt gewesen. Lange habe ich sogar gedacht, es handle sich um eine Besonderheit meinerseits. Die westlichen Philosophen hatten diese offenkundige Tatsache mit keinem Wort erwähnt. Sie hatten mir den Eindruck vermittelt, dass der Geist effizient und kreativ arbeitet.

Ich begann, geistige Erscheinungen wie Zweifel, Willenskraft, Konzentration und Hunderte andere immer besser zu begreifen.

Die östliche Tradition macht einen Unterschied zwischen verschiedenen Arten von Geist. Einer ist der obsessive Geist, der Geist, der nur für einen einzigen Gegenstand Konzentration aufbringen kann. Das kann Geld oder Sex sein, Familie, Alkohol, Drogen und alles mögliche andere. Es kam mir vor, als handle es sich dabei um eine Art von Geist, die momentan besonders üppig ins Kraut schießt.

Eine andere Sorte ist der abgelenkte Geist. Der schafft es eine

Zeit lang, sich zu konzentrieren, lässt sich davon jedoch schnell wieder ablenken.

So entsteht eine Hierarchie mit dem Konzentrationsvermögen als entscheidendem Faktor. Dieser Klassifikation zufolge haben die meisten Menschen einen ruhelosen Geist: einen Geist, durch den viel zu viel hindurchgeht, zum größten Teil Unsinn, doch ist es auch ein Geist, der sich konzentrieren kann, wenn man ihn dazu anhält.

Einiges kulminiert in dem so genannten »einspitzigen« Geist, der sich nach Belieben worauf auch immer, mit jeder gewünschten Zeitdauer, konzentrieren kann. Der Geist bekommt die Kraft eines Lasers, der überall hindurchgeht. Dies ist der Geist des echten Forschers.

Der Geist der Yogis besitzt die Kraft, in jede Körperzelle einzudringen und ihre Natur zu ergründen. Es ist jedoch erschreckend, wenn man bemerkt, wie viel Unrat im ungeübten Geist herumspukt. Traumata, Neurosen, Unsinn, Negativität, unproduktiver Zweifel, Wiederholungen, vielerlei Sorgen über den morgigen Tag, Schuldgefühle, Tagträume, Hass, Eifersucht, Kleinlichkeiten und so weiter, und das alles wild durcheinander gemengt.

Der ungeübte Geist wird häufig mit einem Affen verglichen, der ruhelos von Ast zu Ast springt, ohne jegliche Logik und dadurch gänzlich ungreifbar.

Besonders am dritten Tag des Retreats wurde klar, dass jeder denselben Gesetzen unterworfen war. Es wurde auch klar, dass der begleitende Mönch die Gesetze kannte; er sprach jeden Abend genau über das, was wahrscheinlich jedem während der langen Stunden der Meditation widerfahren war.

Nach drei Tagen Stillsitzen und Meditieren kommt das im Geist hoch, worüber man normalerweise nicht allzu viel nachdenkt, was jedoch tief in einem verankert liegt. Viele verdrängte Dinge, an die man lieber nicht erinnert werden will.

In der Mehrzahl der Fälle – auch in meinem – sind das alte Jugendtraumata. So musste ich mit Schrecken feststellen, dass sich ein tief verwurzelter Hass in Bezug auf meine Mutter in mir verbarg. Und ebenso fand ich heraus, wie sehr dies mein Denken und Fühlen beeinflusste. Ich begann zu verstehen, dass es meinen Geist vergiftete und wie dumm das eigentlich war.

Ich habe später, als ich wieder in den Niederlanden war, alles daran gesetzt, um meine Gefühle wieder in normale Bahnen zu lenken. Ich erinnere mich an den Augenblick, etliche Jahre später, wo ich mit Tränen in den Augen erkannte, dass der Respekt und die Liebe, die ich in der Zwischenzeit meiner Mutter gegenüber hegte, echt geworden waren.

Diese Entdeckung übte eine gewaltige Wirkung auf meinen Gefühlshaushalt aus. Die arme Frau hatte nur die üblichen Schwierigkeiten mit der Erziehung ihrer acht Kinder gehabt, von denen ich das schwierigste gewesen war. Sie ist eigentlich ein herzensguter, lieber Mensch, ebenso wie mein Vater.

Doch wären meine negativen Gefühle ihr gegenüber auch berechtigt gewesen, wäre es für mich dennoch auf jeden Fall besser, den Hass unverzüglich fallen zu lassen. Ich war hinter die Mechanismen des Hasses gekommen und hatte die Art und Weise gefunden, damit umzugehen. Allein schon deswegen werde ich dem Buddha ewig dankbar bleiben; das Retreat war eine unschätzbare Bereicherung meines Lebens.

Vielleicht hätte ich auch auf andere Weise herausgefunden, dass der Hass, den ich fühlte, äußerst schlecht für mich und für meine Mutter war, doch weniger schnell und wahrscheinlich zu spät. Ich begann mich zu fragen, warum mir nicht in jungen Jahren auf der Schule beigebracht worden war, wie man beispielsweise mit Hassgefühlen umgehen muss. Warum werden Kinder mit so viel Unsinn voll gestopft, wo doch genügend Zeit, Raum und Gelegenheit vorhanden sind, um ihnen die allerwichtigsten Dinge im Leben beizubringen?

Ich erkannte, dass ich mich während der ganzen Zeit auf falsche Weise mit dem Bewusstsein beschäftigt hatte. Ich hatte die Philosophen studiert, doch hatte keiner von ihnen mich gelehrt, wie ich auf eine systematische Art und Weise meinen eigenen Geist betrachten musste. Geschweige denn, wie ich ihn verändern konnte.

Und genau das tut der Buddha. Er tischt dir deine eigene Wirklichkeit auf, so wie sie ist, ohne schmückendes Beiwerk.

Ich hatte mich selbst immer als einen ziemlich heiteren Typ gesehen, doch als ich einmal meinen Geist zu analysieren begann, stellte sich heraus, dass doch entsetzlich viel Negativität in mir steckte. Das Einzige, das diesen Umstand mildert, ist, zu wissen, dass das für jeden gilt. Ein Mensch ohne jedwede Negativität in seinem Geist ist gerade der erleuchtete Mensch.

Diese Art des Analysierens ist gnadenlos, und manchmal wünschte ich, ich hätte niemals damit angefangen. Es ist jedoch sehr schwierig, wieder damit aufzuhören oder ihr zu entkommen. In jedem Augenblick begegnet man sich selbst. Alle deine Schwächen, alle Begrenztheiten und Fehler werden unter ein Vergrößerungsglas gelegt, und du kannst nur versuchen zu akzeptieren, was du siehst, denn allzu rasch musst du feststellen, dass das nicht so schnell zu verändern ist.

Schließlich geriet ich denn auch in eine enorme Identitätskrise. Nach all dem Herumanalysieren wusste ich nicht mehr, wer ich war. Ich veränderte mich dadurch natürlich auch, obwohl das sehr langsam, beinahe unmerklich geschah. Als ein im Grunde ziemlich zügelloser Mensch, der ich war, hatte ich versucht, mich selbst in jemanden umzubiegen, der nur noch äußerst diszipliniert versucht, ein heiliges Ideal zu erreichen. Es ist wahrscheinlich nicht ungewöhnlich, dass ich mich dadurch von mir selbst entfremdete.

Auch vereinsamte ich dadurch, dass ich mit wenigen Menschen darüber sprechen konnte. Meine Freunde haben mich lange misstrauisch beobachtet und dachten wahrscheinlich zuweilen, dass ich verrückt geworden sei.

Es hat mich einiges an Zeit und Mühe gekostet, um aus der Krise herauszufinden. Es hat mich auch an der Tauglichkeit dieser Methode für nichts ahnende westliche Laien zweifeln lassen. Ich glaube nicht, dass ich neurotischer bin als die meisten meiner Mitmenschen, jedoch weiß ich wohl, dass der westliche Geist im Allgemeinen ziemlich neurotisch ist, und dann scheinen diese Methoden allzu rigoros. Tauglich vielleicht für Nonnen und Mönche, jedoch nicht für einen dem Leben verbundenen Laien.

Es war natürlich auch ein knallharter Anschlag auf mein Ego. Dies entsprach natürlich genau der Absicht, aber es tat doch weh. Die östliche Philosophie spricht häufig über das Loslassen des Egos. Doch dein Ego aufgeben? Das ist doch wohl das Letzte, was du tust? Dann bleibt doch nichts von dir übrig? Dann gibst du dich selbst doch auf?

In allen Kursen über östliche Philosophie, die ich in Amsterdam gab, stieß ich niemals auf so viel Widerstand wie bei ebendiesem Thema, obwohl es auch im Christentum eine große Bedeutung hat: Nicht mein Wille, sondern dein Wille geschehe.

Ich erzählte meinen Kursteilnehmern, dass die Entstehung des Egos eine relativ junge Entwicklung sei. Eine Modeerscheinung nahezu. Sogar im modernen Japan ist noch immer mehr von einem Gruppenego die Rede als von einem persönlichen Ego.

Ich versuchte, ihnen zu erklären, dass es ebendieses Ego ist, das einen gefangen hält. Das Ego sorgt dafür, dass man die Wirklichkeit nie so sieht wie sie in Wahrheit ist.

Die Wirklichkeit, so wie sie ist, lautet Buddhas Umschreibung für Gott. Mit meisterlicher Präzision beschreibt er, wie das Ego, der persönliche Geist, arbeitet: Es ist nichts weiter als eine Mischung von Vorlieben und Abneigungen, die beim Menschen von Geburt an angelegt ist und die er während seines restlichen Lebens weiterentwickelt.

Wie ein programmierter Computer, Vikram, ganz dem binären System gemäß: dafür – dagegen, dafür – dagegen und so weiter und so fort. Wir werden jede Sekunde davon beeinflusst.

Das Ego ist nicht mehr und nicht weniger als ein Set von Bedingtheiten, das deinen Willen steuert. Der Buddha will, dass du das Wesen deiner besonderen Bedingtheiten beobachtest. Durch kühle Beobachtung verschwinden sie dann letzten Endes wie Schnee in der Sonne. Die Asiaten nennen diese Bedingtheiten Karma.

Da ist auch nicht die Rede von Freiheit. Die einzige Freiheit, die du hast, ist die Wahl frei zu sein, was bedeutet, dass du dich deiner Bedingtheiten entledigst. Du musst demnach deinen Willen aufgeben, genau wie es in der Bibel steht. Der freie Wille ist denn auch eine *contradictio in terminis*.

Erst ein aufgehobener Wille verleiht wahre Freiheit und kreiert ein Bild der Wirklichkeit, so wie sie ist. Die Wirklichkeit ist für jeden letztendlich gleich, sodass das Allgemeinste und das Besonderste in der Tat zusammenfallen.

Es beginnt mit einem subjektiven Erlebnis in der Meditation, du kommst in deiner höchstpersönlichen eigenen Wirklichkeit an, doch wenn du es verstehst, sie hinter dir zu lassen – dadurch, dass du in immer tiefere Schichten des Geistes eindringst –, wird die Wirklichkeit immer allgemeiner und ebenso gesetzmäßig wie die physische Wirklichkeit.

Das ist der Weg des Yogi, des Mönchs, der Nonne, des Sadhus und all der anderen, die der Welt entsagen.

Und selbst sie erreichen die Wirklichkeit nur selten. Doch diejenigen, die sie erreichen oder die ein ordentliches Stück auf diesem Weg zurückzulegen wissen, sind meiner Meinung nach die wahren Philosophen, die wahren Wissenschaftler. Manchmal sogar Götter oder Halbgötter. Was spielen Bezeichnungen schon für eine Rolle. Sie haben das Absolute wirklich gesehen und erfahren.

Ihnen will ich gern zuhören, und auf diesem Gebiet ist dein Land so groß, Vikram. Kein Land auf der Erde hat so viele Götter hervorgebracht. Indien als das auserkorene Land.

Doch abgesehen von dieser unheimlich harten Seite, die damit verbunden war, hatte ich auch so genanntes Anfängerglück. Hätte ich das nicht gehabt, wäre ich wahrscheinlich doch rasch aus dem Retreat geflohen.

Es stellte sich bereits in den ersten Tagen ein und kehrte während der Sitzperioden in Bodh-Gaya regelmäßig zurück. Es war das Gefühl vollkommenen Glücks, Friedens und der Freude, das verschiedene Male, ich weiß nicht für wie lange, Besitz von mir ergriff.

Ich spürte einen enormen Zuwachs an Kraft. Es war dann, als fiele ich plötzlich durch den Boden meines Verstandes, und ich erreichte eine Sphäre, die mich an das Nahtod-Erlebnis aus meiner Kindheit erinnerte. Vollkommene Ruhe, vollkommene Klarheit, vollkommene Freude am puren Sein, dem puren Nichts.

Es war eine Sphäre, die ich demnach bereits kannte, die Sphäre, wovon ich intuitiv immer gewusst hatte, dass sie der Beginn meiner Göttlichkeit war. Dass das mein wahres Wesen war, dass es ein Abglanz Gottes war und sich unendlich ausbreiten konnte.

Diese Sphäre bildete auch die enorme Anziehungskraft: Der Buddha hielt mir vor, dass ich immer in dieser Sphäre leben könnte, wenn ich das wollte und mich darum bemühte. Nicht allein während der Meditation, sondern auch im täglichen Leben. Und dass es mich nicht in abgehobenen Höhen schweben lassen würde, wie viele Menschen mich glauben machen wollten, sondern mein Handeln und Denken einfach effizienter machen würde. Ich würde nicht mehr von meiner Vorliebe oder Abneigung oder meiner Unwissenheit getrieben werden, sondern ich würde direkt aus dem intuitiven Wissen heraus, das diese Sphäre in Gang setzt, handeln können.

Ich war glücklich wie ein Kind, Vikram, und ich glaubte, wieder auf etwas gestoßen zu sein, das mir immer zur Verfügung stünde und wobei ich, genau wie damals als Kind, nur meine Augen zuzumachen brauchte, um dorthin kommen zu können.

Die Realität zeigte sich von einer anderen Seite. Es gestaltete das tägliche Leben zu Beginn nicht einfacher. Denn wie kannst du dich mit weniger als mit Vollkommenheit zufrieden geben, wenn du sie einmal kennst? Das ist so eine Gesetzmäßigkeit des Geistes, die du nicht verhindern kannst. Das Einzige, was du letztendlich tun kannst, ist, die Unvollkommenheit doch einmal zu akzeptieren. Denn je mehr ich mich nach diesem Seinszustand sehnte, desto mehr entglitt er mir.

Der Buddha drückt es folgendermaßen aus: Der »begehrliche Geist« verhindert, dass er sich manifestiert.

Doch war das Böse bereits geschehen: Ich hatte nun bewusst einen Schimmer der Wirklichkeit aufgefangen, nach der ich mein ganzes Leben lang verlangen sollte. Es wurde wie ein Heimweh nach etwas, das ich gut kannte, das sich für mich jedoch nicht mehr in Reichweite befand.

Diese Wirklichkeit stellt keine Halluzination dar, Vikram, sie ist mit den richtigen Techniken für jeden zugänglich, obwohl man sie auch spontan erreichen kann.

Von da an wusste ich, dass der Buddha auf meiner Seite war.

Bestätigte Sri Aurobindo die Richtigkeit meiner ersten intellektuellen Einsichten, so ließ der Buddha mich sie bewusst erfahren, gab ihnen einen Namen und platzierte sie in einen Gesamtzusammenhang.

Ich war glücklich, Vikram, so glücklich, wie ich selten in meinem Leben gewesen bin. Endlich Genugtuung. Endlich jemand, der mir erzählte, dass das, was ich einst erlebt hatte, keine Halluzinationen waren. Endlich der Beweis, dass so etwas wie ein Wissen und eine Wahrheit existierte. Endlich der Beweis, dass ich nicht verrückt war. Endlich nicht mehr allein.

Doch diese Erfahrungen waren nicht die einzigen, die ich machte. Der größte Teil dieses Retreats war eigentlich bloß schmerzhaft. Allein die Tatsache, dass man zwölf Stunden täglich im Lotussitz sitzen musste, war etwas, worauf der Körper heftig reagierte. Ich hatte das Glück, dass ich so viel Yoga geübt hatte, doch es waren Leute dabei, die noch nie meditiert oder Yogaübungen gemacht hatten, und für die war das alles noch viel schmerzhafter.

Ich erinnere mich an die etwas ältere Physiotherapeutin, die völlig ausrastete und mir erzählte, dass sie in ihrer Ausbildung gelernt hatte, dass das, was wir taten, unglaublich schlecht für den Körper sei. Sie blieb allerdings, und nicht nur das: Ein paar Jahre später begegnete ich ihr wieder in Father Bedes Ashram, wo sie dauerhaft wohnte und eine moderne Nonne geworden war.

Für mich jedoch gab es nicht bloß diesen physischen Schmerz. Neben den Glücksmomenten, die ich hatte, kehrten auch Bilder aus meiner Kindheit zurück. Bilder, die so tief in mein Unterbewusstsein gesunken waren, dass ich sie vollständig vergessen hatte. Doch sobald sie auf meiner Netzhaut erschienen, erkannte ich sie.

Hier war ich als Kind gewesen. Hier hatte ich herumgespukt, ohne mir bewusst zu sein, womit ich mich beschäftigte. Ich fühlte erneut die Kraft, die ich auch als Kind gefühlt hatte: das Wissen, dass alles zu meiner Welt gehörte. Dass meine Welt viel größer war, als sie im täglichen Leben zu sein schien. Unendlich groß. Und dass der Aufenthalt in dieser Welt dem Geist die Ruhe schenkt, die er benötigt, um normal funktionieren zu können und um nicht in Stress zu geraten.

Ich bin ernsthaft überzeugt, dass der Geist Orte der Ruhe benötigt, ebenso wie auch der Körper Ruhe benötigt. Dafür wurden das Gebet und die Meditation erfunden, obwohl es auch andere Konzentrationsformen sein können: im Garten arbeiten, malen, in der Natur wandern und alles, was den Geist zu seiner wahren Essenz zurückführt. So wie alles in der Natur letztlich nach Ruhe strebt. In meiner Kultur wird das nicht genügend beachtet, mit allen diesbezüglichen Folgen.

Die Erinnerungen kamen zurück und begannen, mein Leben in eine zusammenhängende Perspektive zu stellen. Auch dies wirkte klärend und beruhigend.

Doch kam mit der Freude auch der seelische Schmerz, über den ich soeben sprach. Der Schmerz über alles, was schief gegangen war, der Schmerz über die Unvollkommenheit meines Wesens, der Schmerz über die Unerreichbarkeit dessen, was ich kannte, der Schmerz des Verlustes, das Heimweh.

Ich weinte viel, damals in Bodh-Gaya, und ich war nicht die Einzige. Einige Leute schrien es heraus und mussten aus dem Tempel entfernt werden, um die anderen ungestört meditieren lassen zu können. Sie begannen, mitten in ihrer Meditation auf einmal zu schreien, dass sie es nicht länger ertrügen. Dass dies alles Unsinn sei und dass sie sich in einer Folterkammer befänden. Dass sie Hilfe benötigten.

Ich habe, wie jeder andere auch, während meiner Jugend Probleme gehabt, doch verglichen mit dem, was einige andere Leute während dieser Zeit durchmachen mussten, war es bei mir wahrscheinlich halb so schlimm. Ich kann mir auf jeden Fall noch viel schrecklichere Szenarios vorstellen. All die armen Leute wurden in dem Tempel gezwungen, da noch einmal hindurchzugehen.

Es war eine knallharte Methode, aber doch effizient. In drei Wochen lernte ich mehr über den Geist als in den vorangegangenen sieben Jahren zusammengenommen. Hätte ich in den Niederlanden einmal die Woche an einer Meditationsgruppe teilgenommen und zusätzlich vielleicht zehn bis zwanzig Minuten täglich allein meditiert, hätte es lange dauern können, bevor ich erfahren hätte, was ich dort in drei Wochen gelernt habe.

In den Niederlanden wäre ich wahrscheinlich wegen Mangels an Erfolg auf halbem Wege abgesprungen. Darüber höre ich viele Leute aus dem Westen klagen: Es passiert nichts. Es macht mich wohl ruhig, sagen sie, und das ist angenehm, doch abgesehen davon komme ich nicht viel weiter. Es wird häufig auch als unschädlicher Tranquilizer angepriesen, und warum auch nicht? Doch eine tiefere Einsicht stellt sich bei dieser Vorgehensweise meist nicht ein.

Ich fühle mich privilegiert, Vikram, dass ich Gelegenheit erhielt zu erfahren, worum es geht, obwohl ich es wiederum auch nicht jedem empfehlen kann.

Es war zu hart. Es ist eine vollständige Umkehrung deines normalen Lebens, das sich doch zum großen Teil um Lustbefriedigung dreht. Essen, Schlafen, Sex, Lesen, Sport, Fernsehen, unterhaltsame Dinge mit anderen Leuten unternehmen und selbst Arbeiten, all dies sind Formen von Lustbefriedigung.

Und dann wirst du plötzlich gezwungen, den ganzen Tag still zu sitzen und auf deinen eigenen Körper und Geist zu achten. Du bekommst wenig zu essen. Es gibt keine Gemütlichkeit, Ablenkung, Sex, Leckereien oder andere Dinge. Wirklich mühsam!

Es war ulkig zu sehen, wie einige Leute darauf reagierten. Als Küchendienst hatte ich das Austeilen der Mahlzeiten gewählt. Während der ersten Tage nahm jeder zum Mittagessen noch normale Portionen, die die letzte richtige Mahlzeit des Tages bildeten. Wirst du jedoch in allen Lustbefriedigungen eingeschränkt, versuchst du aus der einzigen Lust, die dir noch offensteht, alles herauszuholen: Essen.

Rasch wurden die Portionen größer und größer, bis sie anfingen, absurde Ausmaße anzunehmen. Turmhohe Berge auf den Tellern; immerhin war es die letzte Mahlzeit des Tages. Mit vollem Magen wurde die Meditation anschließend nur noch quälender.

Ich begann über den Einfluss von Essen auf den Geist nachzudenken und kam zu der Schlussfolgerung, dass (relativer) Hunger weniger schlimm ist, als sich zu überessen. Ich habe einmal zwei Wochen gefastet. Das Einzige, was ich zu mir nehmen durfte, war morgens ein Glas Orangensaft; während des restlichen Tages durfte ich nur Wasser trinken.

Ich tat dies auf Anraten eines deutschen Arztes, dem ich begegnete. Ich hatte Amöben und keine Lust auf eine weitere Antibiotikakur. Ich hatte für meine Fastenkur einen schönen Platz ausgesucht: ein abseits stehendes Hotel am Strand von Diu, eine Halbinsel in Gujurat. Leider war nur noch ein Zimmer frei, und das lag neben der Küche. Zwei Wochen lang fastete ich, umgeben vom Duft gebackener Fische und anderer Leckereien.

Im Nachhinein bin ich doch erstaunt über das Durchhaltevermögen, das ich damals besaß. Doch bemerkte ich während dieser zwei Wochen, dass Fasten eine besondere Wirkung auf den Geist hat. Es lässt den Geist immer leichter werden.

Du bekommst auch ungeheuer viel Energie, obwohl du nicht die Kraft hast, sie in viele Taten umzusetzen. So besaß ich zwar die Energie, auf der Insel herumzuradeln, doch verfügte ich angesichts steiler Hügel nicht über die Kraft, hinaufzukommen. Dieser unerwartete Effekt überraschte mich.

Dies ist nicht verwunderlich. Ich hatte von den Yogis gelernt, dass 75 Prozent der vorhandenen Energie für die Verdauung verbraucht wird, während wir 80 Prozent unserer Energie aus der Atmung holen. Ein Missverhältnis also.

Unterschiedliche Arten von Essen haben auch eine unterschiedliche Wirkung auf den Geist: von anregend bis schlafferdernd. Auch das haben die Hindus haargenau herausgearbeitet. So gibt es eine spezielle Diät für Leute, die sich vollständig auf den spirituellen Pfad begeben wollen.

Im Meditationskurs solltest du lernen, dir vierundzwanzig Stunden täglich bewusst zu sein, was du tust, denkst, fühlst und sogar träumst. Auch außerhalb der Meditationshalle.

In der Spülküche hing ein Schild, das verkündete, dass du, wenn du während des Abwaschens mit deinen Gedanken irgendwo anders warst, dich nicht im Jetzt befandest.

Du solltest dir die Tatsache bewusst machen, dass du eigentlich selten im Jetzt lebst. Du lebst in der Vergangenheit und in der Zukunft, die beide keinen echten Realitätswert besitzen, und selten im Jetzt. Du lebst demnach faktisch nicht in der Realität, nämlich der, die sich in jedem Augenblick in all ihrer Fülle manifestiert.

Ich begann zu verstehen, was ein Leben im Jetzt beinhaltete: eine unverminderte, streng durchgehaltene Konzentration auf alles, was *ist*. Das Jetzt, die einzige tatsächliche Realität, geht in dem Augenblick verloren, in dem die Konzentration nachlässt. Denn die Erinnerung oder die Erwartung bestehen aus nichts anderem als Bildern, Sprache, Zeichen und Projektionen – also aus allem außer der Fülle des Hier und Jetzt deiner Umgebung, deines Körpers, deiner Sinnesorgane.

Mit anderen Worten: Wir leben dauernd in einer Scheinrealität, unserer eigenen höchstpersönlichen Scheinrealität. Die wahre, eigentliche Realität aber gibt sich nicht ohne weiteres preis, dem Buddha zufolge musst du sie erobern. Die letztendliche Realität ist das Nirvana.

Es war aufschlussreich, Vikram, und es erschien mir sehr logisch.

Drei Wochen Schweigen zeigten mir auch die wahre Natur des Sprechens. Eine entsetzliche Energievergeudung! Dies wurde mir klar, als die drei Wochen vorbei waren und jeder wie ein Wahnsinniger zu quasseln anfing. Auch ich natürlich. Innerhalb einer Stunde war ich hundemüde. Ich musste mich ein Weilchen zurückziehen, um mich wieder zu erholen.

Nachdem wir den Tempel verlassen hatten und der schwere Druck, den uns das Programm auferlegt hatte, vorbei war, wurde mir die Wirkung meiner Anstrengung erst richtig klar. Ich war so entspannt, dass sich meine Wangen beim Laufen auf und ab bewegten. Eine Empfindung, die ich nicht kannte.

Damals wurde mir auch zum ersten Mal bewusst, was es bedeutet, ein moralisch entwickeltes Leben zu führen, das spontan und tief aus dir selbst entsteht.

Ganz selbstverständlich hat man alles und alle lieb, und das ist die höchste Form moralischen Lebens.

Dann ist keine Rede mehr von einem heiligen Müssen, wie Kant mich noch hatte glauben machen wollen. Es ging ganz von selbst. Alles badete in einer Sphäre von Wohlwollen.

Kurz gesagt, es war dasselbe, was ich später bei Sai Baba erfahren sollte. Bloß war es bei ihm nicht nur intensiver, ich bekam es auch geschenkt.

Beim Buddha bekommst du nichts geschenkt. Du musst hart dafür arbeiten. Du bist ganz auf dich allein gestellt. Kein Gott oder Guru, der dir etwas gibt oder dir mit etwas helfen kann. Es liegt wahrscheinlich an meinem bequemen Charakter, dass ich mich letztendlich für die Geschenke entschied.

Doch verstand ich nun, was es bedeutete, vollkommen losgelassen zu haben. Nichts berührt dich mehr. Nichts bringt dich mehr aus deinem Gleichgewicht. Du hast kaum noch Emotionen.

Ich verstand auch, was der Buddha meint, wenn er sagt, Emotionen seien die Krankheiten der Seele. Emotionen werden bei uns als etwas Schönes und Gutes betrachtet. Das kann wohl zutreffen, aber dann doch nur, wenn die Emotionen angenehm sind. Wenn das Gefühl Wut ist, ist das nicht nur unangenehm, auch können die Auswirkungen desaströs sein.

Wenn du vollständig losgelassen hast, ist tatsächlich alles schön. Es bestätigte meine Vermutung, dass der Mensch in seinem tiefsten Wesen gut ist, dass seine Essenz Liebe ist, dass das Böse etwas Abgeleitetes ist, nicht wesentlich, nicht essenziell.

Dieses Gefühl hielt tatsächlich ungefähr drei Tage an. Dann begann der Ärger von neuem.

Ich begann wieder, ausfallend gegenüber dreisten Rikschafahrern, bürokratischen Bankangestellten und aufdringlichen Bettlern zu reagieren.

Ich erinnere mich, dass ich einem Bettler einen 50-Rupien-Schein gab, ein exorbitantes Trinkgeld. Der Geldschein war ein bisschen eingerissen, und darüber können sich die Inder ganz schön anstellen.

Sie nehmen ihn üblicherweise nicht an, obwohl man einfach zur Bank gehen und ihn einwechseln kann. Der Bettler fing also an über den Riss zu nörgeln und wollte eine andere Banknote. Da wurde ich ihm gegenüber ausfallend und sagte ihm, dass er ruhig etwas für sein Geld tun könne. »Geh doch einfach zur Bank, Mann«, schnauzte ich ihn an.

Ich begann auch, wieder ungeduldig zu werden, wenn der Bus zu spät kam, und reagierte irritiert auf Hitze und Staub. Ich war schnell wieder zurückgekehrt in die normale Wirklichkeit, die durch die dreiwöchige Meditation tatsächlich ein anderes Aussehen angenommen hatte.

Jedes Ereignis, jeder Anlass wurde ein Test, und – Himmel! – wie sehr war ich an mein normales Leben gebunden. Obwohl ich mühsam gelernt hatte, wie ich auf bestimmte Situationen reagieren musste, hielt meine Konditionierung mich kraftvoll in meinen alten Mustern. Eine Tatsache, die ich erst mit der Zeit akzeptieren und schätzen lernte.

In Bodh-Gaya war ich angesichts der Möglichkeiten des Geistes so enthusiastisch geworden, dass ich fand, ich müsse mit der Meditation weitermachen. Ich betrachtete es als eine nützliche Ergänzung zum Yoga.

Das war in der Periode, als ich noch nicht so gut verstand, dass die radikale Praxis dieser Methoden nur für Mönche geeignet ist. Ich sagte es bereits: Es war erst meine dritte Reise, vieles begriff ich noch nicht. Es war mir während des Kurses auch nicht gesagt worden, dass eine solche Praxis nicht für Laien gedacht war, und im Nachhinein betrachte ich dies als großes Versäumnis.

Es wurde nicht deutlich zwischen dem, was für Mönche gut ist, und dem, was für Laien geeignet ist, unterschieden. Das meine ich mit der Verwirrung, die in Bezug auf diese Themen herrscht. Es ist kein Zufall, dass gewöhnliche Leute in buddhistischen Ländern selten oder nie meditieren. Das waren Dinge, hinter die ich erst nach und nach auf eigene Faust kommen musste.

Der Buddhismus verkündete, dass ich »meine Befreiung« aus eigener Kraft zuwege bringen konnte, dass ich nicht unbedingt einen Guru benötigte. Dann und wann ein Retreat, unter Leitung eines Lehrers, sei ausreichend. Ich müsse loslassen, mich Disziplin und Konzentration unterwerfen. Ich müsse meine Moral verbessern.

Ich wollte das wieder von A bis Z untersuchen, ohne mich durch Dinge ablenken zu lassen, die in diesem Augenblick weniger wichtig waren. Und das war viel, Vikram. Eigentlich alles. Glücklicherweise habe ich meine fanatische Einstellung nicht lange durchgehalten.

Das bedeutete nämlich auch, dass ich keinen Blick mehr für Männer hatte, für Verliebtheit, für Sex. Ich war praktisch eine moderne Nonne geworden, ohne das selbst so zu sehen. Ich sagte mir, dass ich noch immer forschte. Denn irgendwann einmal wollte ich wissen, was Bewusstsein, was Weisheit war. Na dann, nur zu; alles, was du brauchst, liegt vor dir.

Die Anhänger des Theravada beanspruchen für sich, die Lehre des Buddha so, wie er sie in all ihrer Einfachheit und Reinheit dargelegt hat, zu übermitteln. Was davon der Wahrheit entspricht, ist schwierig festzustellen. Deutlich hingegen ist, dass der tibetische Buddhismus nicht nur eine spätere Entwicklung darstellt, sondern obendrein stark mit der ursprünglichen tibetischen Religion verwoben ist, die voller *magic and mystery* ist. Und voller Götter.

Es handelt sich eigentlich um eine viel exotischere Ausprägung des Buddhismus, viel komplizierter als der Theravada, so wie ich ihn kennen gelernt habe. Doch ist es verrückterweise gerade die tibetische Variante des Buddhismus, die so viele westliche Menschen anspricht. Dies ist wahrscheinlich der Tatsache zu verdanken, dass die Chinesen die tibetischen Mönche mit Gewalt gezwungen haben, sich über die ganze Welt zu zerstreuen. So hat der Kommunismus doch noch für eine weltweite Verbreitung der Religion gesorgt. Das ist doch Ironie, nicht wahr, Vikram?

Tibetische Mönche sind in der Tat beeindruckende und einnehmende Erscheinungen. Sie sind wie die Verkörperung eines verlorenen Ideals, einer verloren gegangenen, doch prächtigen und geheimnisvollen Kultur. Sie scheinen die Schlüssel zu den großen Geheimnissen bewahrt zu haben.

Ihre Erscheinung und die romantische Tatsache, dass Tibet, dort, hoch oben im Himalaja, so viele hundert Jahre unzugänglich für Außenstehende gewesen ist, unerreichbar für einen normalen Sterblichen, haben zweifellos zur Popularität des tibetischen Buddhismus beigetragen.

Ich sollte mich davon jedes Mal wieder neu angesprochen fühlen, und obwohl ich mich wie gesagt nicht sonderlich von der Lehre der Tibeter angezogen fühlte, war ich doch gern in ihrer Gesellschaft. Es sind fröhliche Menschen; sie lachen gern, genau wie ich. Deswegen hielt ich mich auch so oft in Dharamsala auf, wo sich der Sitz des Dalai Lama und die Exilregierung der Tibeter befinden.

Der tibetische Buddhismus ist auch eine Religion, in der das musikalische Zeremoniell eine viel größere Rolle spielt als im thailändischen Theravada-Buddhismus oder im japanischen Zen-Buddhismus. Eigentlich ist er, verglichen mit anderen Religionen, die für uns exotischste.

Mir war er jedenfalls viel zu kompliziert. Darüber hinaus kam ich mit ihm in einem Augenblick in Berührung, als meine Zweifel am Buddhismus bereits eingesetzt hatten, und ich bin auch nie wirklich dazu gekommen, mich intensiver in ihn zu vertiefen, obwohl ich viel darüber las und monatelang Unterricht bei den Lamas genommen habe.

Doch habe ich ihn ausführlich von seiner Außenseite bewundert. Wie dem auch sei, der Buddhismus brachte mich an die eindrucksvollsten Orte Asiens: Ladakh, Tibet, Nepal, Sikkim und viele andere. Auf meiner Suche nach dem Kern der buddhistischen Lehre habe ich die Orte auf eine Weise erleben dürfen, die nicht nur einzigartig war, sondern vor allem ungeheuer inspirierend und überwältigend schön. Verglichen mit dem Theravada-Buddhismus hat der tibetische Buddhismus etwas Spektakuläres.

Der Unterschied ist, denke ich, vergleichbar mit dem zwischen den Katholiken und den Protestanten. Es gibt viel mehr Rituale. Es gibt die Feste, die Gewänder und die Masken, den Tanz und die Musik, die farbenprächtigen Tempel und die eindrucksvollen Würdenträger.

Die ganze Kulisse ist vorhanden und dann für gewöhnlich auch noch in einer so atemberaubend schönen Umgebung gelegen, dass sie tatsächlich einen enormen Eindruck hinterlassen muss.

Mein erstes großes buddhistisches Fest erlebte ich in Ladakh. Dieser indische Staat ist an und für sich schon ein Weltwunder. Es ist, als befände man sich auf einem anderen Planeten, der nicht viel mit der Welt, die man hinter sich – oder besser: unter sich – gelassen hat, zu tun hat; er beginnt erst auf dreitausend Meter Höhe.

Das Fest fand in einem winzigkleinen Dörfchen, Hemmis genannt, statt, in dem ein berühmtes altes Kloster steht. Es liegt nicht besonders weit entfernt von der Hauptstadt Leh, doch gab es keine Busverbindung. Wir wurden mit offenen LKWs befördert, und ich erinnere mich, wie staubig wir dort ankamen, denn durch seine hohe Lage ist Ladakh extrem trocken.

Bei unserer Ankunft führte auf dem Innenplatz des Klosters eine Gruppe Mönche in den farbenprächtigsten Gewändern soeben einen Tanz auf. Sie waren zudem mit Stöcken, Schwertern und Flaggen ausgerüstet, wodurch sie den Tanz noch ausdrucksvoller gestalteten. Mit diesem Tanz wurde eine buddhistische Erzählung in Szene gesetzt, begleitet von tibetischer Musik, die nicht annähernd der Musik, die wir kennen, gleicht, von der jedoch eine ungeheure Kraft ausgeht.

Als ich das Kloster selbst betrat, traf ich in einem der dunklen Gewölbe eine Gruppe alter Mönche an, die an langen, niedrigen Tischen auf dem Boden saßen. Das Zimmer war nur spärlich erleuchtet, doch durch eine Öffnung in der Decke drang das grelle Sonnenlicht wie ein glänzendes Schwert in den Raum, wodurch ich die einzelnen Mönche betrachten konnte.

Dort saßen sie, allesamt alt, kahl rasiert und in ihre charakteristischen weinroten Roben gehüllt. Und sie sangen, oder besser: Sie wiederholten das heilige Mantra »Om« so ungeheuer tief und so unglaublich lange, dass nicht nur der gesamte Raum, sondern auch ich selbst mit vibrierte.

Das zog sich stundenlang hin, und ich saß wie festgenagelt. Ich fand dies viel faszinierender als das Tanzereignis. Es schien, als habe die Zeit hier stillgestanden, als gäbe es keine Außenwelt mehr, als sängen diese Mönche schon jahrhundertelang. Ich spürte die Kraft, die von ihnen ausging, und war mir sicher, dass sie aus einer anderen Dimension kommen musste.

Einer ewigen Dimension, die unveränderlich ist.

In Ladakh musste ich ebenfalls herausfinden, wie es mit meinen Neigungen, Nonne zu werden, bestellt war, denn ich eignete mich natürlich qua Temperament absolut nicht zur Nonne. Ich bin ein irdisches Schwein, und ich konnte mich zwar bemühen, das zu verändern, doch benötigte ich dafür zumindest eine Art Berufung. Dass ich die nicht besaß, wurde mir dort klar.

Ich war an einem Punkt angekommen, an dem ich mich zu fragen begann, was ich eigentlich mit dem Rest meines Lebens anfangen wollte. Inwischen war ich vierzig geworden, und es war mir klar, dass ich mich nicht einer Karriere im üblichen Sinne zu widmen brauchte. Mann und Kinder waren auch nicht in Aussicht, was also konnte ich weiter noch finden, um meinem Leben einen sinnvollen Inhalt zu verleihen? Ich konnte doch nicht ewig herumvagabundieren und ein Doppelleben auf zwei Kontinenten führen?

Ab und zu spielte ich mit dem Gedanken, mich für immer in ein Kloster zurückzuziehen. Doch sicher war ich mir nicht. Ich würde mich von den Ereignissen leiten lassen, denn daran herrschte in meinem Leben für gewöhnlich kein Mangel.

Ich ging nach Leh zurück und schloss mich schon bald darauf einer Meditationsgruppe an, die von einem Mönch aus Ladakh gegründet worden war und im Gegensatz zur gängigen tibetisch-buddhistischen Tradition in Ladakh der Theravada-Tradition verpflichtet war.

Auch er war wieder so ein wunderbarer Mensch. Ein Riese von einem Mann, der immer Schwierigkeiten mit seiner Kutte hatte, die dann auch ständig schlampig um ihn herumflatterte und ihm das Aussehen einer gigantischen orangefarbenen Fledermaus verlieh.

Seine vollkommenen schneeweißen Zähne schenkten ihm ein Colgate-Lächeln, und er hatte immer ein Zwinkern in den Augen. Er hieß Sanghasena, und er kannte die Berge aus dem Effeff, denn er war dort groß geworden.

Sanghasena war nicht nur ein wunderbarer Mensch, er war auch ambitioniert. Er wollte in Leh ein internationales Retreatzentrum errichten, und zu meinem Schrecken und meiner Überraschung fragte er mich, ob ich es leiten wolle. Das ist es also, schoss es mir durch den Kopf. Ich bekomme es auf dem Silbertablett angeboten, das Einzige, was ich tun muss, ist Ja sagen.

War das nicht eine riesige, außergewöhnliche Chance? Ich konnte an dem von mir so geliebten Ort in den Bergen wohnen. Ich konnte zur Hälfte Nonne sein. Ich konnte mich für den Rest meines Leben dem Buddhismus und dem Erforschen des Geistes widmen. Was wollte ich mehr? Zu meiner eigenen Überraschung bat ich um Bedenkzeit.

Direkt im Anschluss schlug Sanghasena der Meditationsgruppe vor, ein Retreat abzuhalten, irgendwo hoch oben in den Bergen. Er kannte eine Grotte mit vorgelagertem Plateau. In der Grotte hatten bereits seit Hunderten von Jahren Yogis meditiert, und dieser Umstand werde unserer Meditation sehr zugute kommen, sagte er. Die Atmosphäre sei davon quasi durchtränkt. Sein Bruder werde mitkommen, um für uns zu kochen. Wir könnten in der Grotte schlafen und auf dem vorgelagerten Plateau meditieren.

Natürlich ging ich mit. Und zu meiner großen Freude ging Jozef auch mit. Ich hatte ihn in der Meditationsgruppe kennen gelernt und fand ihn für sein Alter nicht nur besonders klug, sondern auch sehr anziehend.

So gingen wir dann zu zehnt. Erst per Bus, danach zu Fuß den Berg hinauf zu der Grotte. Die Aussicht vom Plateau vor der Grotte war buchstäblich himmlisch, göttlich.

Kette um Kette gigantischer, schneebedeckter Berge, so weit das Auge reichte. Nichts weiter. Keine Bäume, kein Gras, keine Vögel, keine Geräusche, nichts. Tödliche, ohrenbetäubende Stille. Die majestätischen Berge schienen alle Farben zu haben, die man sich nur vorstellen konnte, was einen Ausgleich zur Kahlheit der Landschaft bildete. Und das alles unter einem strahlendblauen, wolkenlosen Himmel. Hier wird das Meditieren doch wie von selbst gehen, hier bekommst du es ohne weiteres geschenkt, dachte ich.

Durch die Berge zu laufen war für mich immer die effektivste Art zu meditieren. Was mich, als ich zum ersten Mal in Leh ankam, ungemein berührte, waren der Blick in den Augen und der Ausdruck auf den Gesichtern eines Mannes und einer Frau, die soeben von einer langen Wanderung zurückkehrten. Sie waren total still geworden, als hätte sich die Stille der Berge in ihnen festgesetzt.

Doch während des Retreats da hoch in den Bergen hatte ich wieder einmal die Rechnung ohne den Wirt gemacht, und der Wirt war ich selbst. Zu meiner Schande muss ich sagen, dass ich einzig und allein an Jozef dachte. Meine sabotierenden Hormone tobten dermaßen, dass ich nicht nur das Meditieren vergessen konnte, sondern auch definitiv zu der Schlussfolgerung kam, dass ein Leben als Nonne für mich nicht vorgesehen war.

Ich sah mich selbst bereits als Leiterin dieses internationalen Retreatzentrums in regelmäßigen Abständen auf einen anziehenden Mann hechten, einen nichts ahnenden Meditationsschüler, der etwas völlig anderes im Kopf hatte. Oder auch nicht, was noch schlimmer wäre. Nein, das ging nicht. Ich konnte ein Leben als Nonne getrost vergessen, das war mir klar.

Ich war gezwungen, mich neu zu orientieren, und das war keine einfache Aufgabe. Ich spürte sowohl die Anziehungskraft der physischen Liebe als auch die eines Lebens als Asket, der letztlich universellen Liebe. Beide Kräfte waren gleich stark, und das stürzte mich in große Verwirrung.

Es dauerte ein Weilchen, bevor ich erkannte, dass ich zwischen beiden Neigungen überhaupt nicht zu wählen brauchte. Dass es nicht sinnvoll war, diese beiden Lebensstile zu trennen. Dass es für mich eine Kunst werden sollte, sie nebeneinander existieren zu lassen.

So drang es mir in Ladakh immer mehr ins Bewusstsein, dass ich einen Mann brauchte und dass ich gern Kinder bekommen wollte. Meine Verliebtheit in Jozef, der nach dem Retreat wieder seinen eigenen Weg ging, hatte mir dies in einem entscheidenden Augenblick sehr bewusst gemacht.

Ich war zwar bereits vierzig, hatte mir selbst jedoch, wie du weißt, bis zu meinem zweiundvierzigsten Geburtstag die Zeit gegeben, Kinder zu bekommen. Ich fand also, dass es gerade noch eben möglich war.

Bei meiner Rückkehr aus Ladakh verliebte ich mich in Amsterdam tatsächlich in einen Mann, der sich auch in mich verliebte. Die Folgen der Beziehung mit diesem jüdischen Mann habe ich dir erzählt, Vikram. Sie endete in einer Therapie, und ich lernte mit dem Gedanken zu leben, dass ich wahrscheinlich nie jemanden finden würde, der zu meinem mittlerweile etwas ausgefallenen Charakter passte.

Doch bewahrte ich die tief verwurzelte Sehnsucht, jemanden zu lieben und geliebt zu werden, und widmete ihr immer mehr Aufmerksamkeit. Die Buddhisten predigen zwar Liebe und Mitgefühl allem gegenüber, doch ist bei ihnen wenig Raum für diese Art von Liebe, die die physische mit einbezieht.

Trotzdem, so einfach war es nicht. In Bodh-Gaya und auch beim Yogatraining in Kodai Kanal und anderswo hatte ich eine Liebe allem gegenüber gefühlt, die doch verdächtig stark jener anderen Liebe ähnelte.

Liebe ist eine Energie, die durch den Leib rast und Körper und Geist stark beeinflusst.

Diese Empfindung kann durch befriedigendes Liebesspiel mit jemandem, den man mag, erzeugt werden, doch offensichtlich auch dadurch, dass man drei Wochen lang meditiert, oder durch das Training eines guten Yogalehrers. Der Effekt ist derselbe. Eine chemische Veränderung im Körper, die großen Einfluss auf den Geist ausübt.

Doch ist dies schon wieder zu kartesianisch ausgedrückt. Der gesamte Körper ist von Geist durchdrungen, jede Zelle besitzt Bewusstsein. Dies spürte ich wieder, als ich zum dritten Mal mit knapper Not dem Tod entrann.

Ich befand mich auf einer Wandertour in den Bergen von Ladakh, wo der Himalaja am wildesten und unwirtlichsten ist, mit einem Führer, einem Esel und zwei neuseeländischen Ludern, denn als solche erwiesen sie sich.

Obwohl ich zuvor gewarnt hatte, dass meine Kondition noch nicht sehr gut war, da ich gerade erst aus Amsterdam in Ladakh angekommen war, lief ich den beiden Ekelstücken zufolge viel zu langsam, und sie ließen mich seelenruhig zurück.

Ich geriet ein wenig in Panik und tat mein Bestes, sie wieder einzuholen, hetzte mich dabei zu sehr und war nicht mehr trittsicher. Auf einem schmalen, bröckligen Pfad, der parallel zum steilen Abgrund lief, machte ich einen falschen Schritt und rutschte nach unten. Es gelang mir noch eben, mich an eine Felsspitze zu klammern, doch glückte es mir nicht mehr, mich nach oben zu ziehen.

Die Angst hatte mich gelähmt und mir meine Kräfte genommen.

Die Damen waren in weiter Ferne. Den Führer hatte ich schon eine Zeit lang nicht mehr gesehen. Ich schrie und brüllte, erschöpfte mich selbst total und wurde von heftiger Todesangst ergriffen. In diesem unangenehmen Augenblick spürte ich, wie alle Moleküle sich gleichsam in meinem Körper umdrehten und es mit mir herausschrien: Nein, nein, wir wollen nicht!

Wieder geschah ein kleines Wunder. Der Führer, von dem ich glaubte, dass er den Ludern weit voraus sei, tauchte auf einmal oberhalb von mir auf und reichte mir helfend die Hand. Ich war gerettet. Wieder war meine Zeit noch nicht gekommen.

Doch in den wenigen Sekunden wirklicher Todesangst war es mein ganzes Wesen, jede Zelle, jedes Molekül, die die Angst und den Widerstand registrierten.

Es gab weitere Situationen, in denen ich auf andere Art wahrnahm, dass jede Zelle im Körper Bewusstsein besitzt und dass es demnach keinen Unterschied zwischen Körper und Geist gibt.

Während meiner buddhistischen Lehrjahre zog ich von Kloster zu Kloster, von Retreat zu Retreat, und an jedem Ort wurde wieder eine andere Methode angewandt.

Eine mittlerweile ebenfalls berühmte Methode stammt von Goenka, einem erfolgreichen Geschäftsmann, der Meditationslehrer wurde, nachdem er in einem buddhistischen Kloster in Birma von seiner Migräne genesen war. Dieser Mann hat, ebenso erfolgreich, überall auf der Welt seine Meditationszentren errichtet und lehrt eine Methode, bei der man sich während der ersten drei Tage ausschließlich auf seine Nasenspitze konzentrieren muss.

(Wenn ich dies erzähle, Vikram, finde ich es nicht verwunderlich, dass es viele Menschen gibt, die Meditation als etwas Absurdes betrachten. Wer verbringt schon drei lange Tage damit, sich auf seine Nasenspitze zu konzentrieren? Wer hat dafür überhaupt noch die Zeit?)

Die Meditation fand in Igatpuri statt, dem Zentrum dieser Bewegung. Dort steht der Haupttempel. Unter diesem Tempel befinden sich unbeleuchtete, einen Quadratmeter große Zellen. Wollte man sich wirklich durch nichts und niemanden ablenken lassen, durfte man im Anschluss an die ersten drei Tage in einer solchen Zelle sitzen. Ein kleiner in der Zelle befindlicher Lautsprecher ließ Goenkas Stimme hören, der die Meditation leitete und einen anwies, was man tun musste.

Im Tempel selbst gab es natürlich viel mehr Ablenkung. War man dort einen Augenblick müde vom Meditieren – und manchmal ließ Goenka einen zwei Stunden ohne Unterbrechung sitzen – konnte man kurz um sich schauen, um zu erfahren, wie es anderen Leuten erging. Man sah dann genau, wer eingeschlafen war oder wer so ein bisschen vor sich hin starrte und wer wirklich in tiefer Meditation saß.

Natürlich wollte auch ich einige Tage in der unbeleuchteten Zelle verbringen, weil es wieder einmal etwas ganz anderes war. Und es war fantastisch. Es passieren seltsame Dinge, wenn man sich drei Tage lang auf einen und denselben Punkt konzentriert. Man hört und sieht nichts mehr. Es vereinfachte die Meditation tatsächlich, weil keine Reize von außen ablenkten.

Doch ging es mit dem Meditieren schlecht oder war man müde, fühlte man sich schon sehr klaustrophobisch. Man konnte nicht einfach aus der Sitzung aussteigen, das war die Voraussetzung gewesen. Ich höre noch die schwere, ein wenig singende Stimme Goenkas durch den Lautsprecher klingen, wie sie hin und wieder sagte: »Start again ...« Es hatte etwas Gespenstisches, Außerirdisches.

Der Tempel stand in einem sehr schönen Garten, der mit zahllosen Blumensorten bepflanzt war. Nach drei Tagen Konzentration auf meine Nasenspitze war mein Geruchssinn so sehr verbessert, dass ich sozusagen jede Blumensorte einzeln riechen konnte. Meine Nase war unendlich viel feiner geworden.

Ich musste daran denken, was Einstein über unsere abgestumpften Fähigkeiten gesagt hatte. Wie er dies herausfand, teilen die Annalen nicht mit, doch, Vikram, unsere Kräfte scheinen unbegrenzt zu sein. Sie werden durch das Bombardement von Eindrücken, dem wir beständig ausgesetzt sind, abgenutzt. Und damit stumpft unser Geist ab. Er nimmt faktisch immer weniger wahr. Die Wirklichkeit verflacht immer mehr.

Es ist ein doppelter Prozess, denn mit den geschärften – oder genauer: den nicht abgestumpften – Kräften scheint die Natur auch mehr zu leben, tiefer und tiefer zu werden, nahezu zu vibrieren.

Ich kann mir sehr gut vorstellen, dass so genannte primitive Völker glaubten, die Natur sei beseelt, göttlich. Ihre Sinne waren schlicht weniger abgestumpft als die unseren. Sie sahen keine Gespenster, jedoch »das, was Sache ist«, um mit Wittgenstein zu sprechen.

Wenn man es nicht einmal ausprobiert, ist es schwierig, sich eine Vorstellung davon zu machen. Das Experiment steht tatsächlich jedem offen und wird auch für jeden dasselbe sein.

Das Einzige, was man tun muss, ist, sich drei Tage Zeit dafür zu nehmen. Und was sind drei Tage, wenn es um die Erforschung der Wirklichkeit geht? Doch nichts?

Später wiederholte ich das Experiment auf eigene Faust mit meinen Ohren. Denn nach drei Tagen ging das Programm weiter mit einer einige Sekunden anhaltenden Konzentration auf jeden Teil des Körpers, beginnend beim Scheitel und bei den Füßen endend. Das Konzentrationsvermögen hat in den ersten drei Tagen enorm zugenommen und wird dann zur Erforschung des ganzen Körpers eingesetzt.

Man wird sich dabei aller Stellen im Körper bewusst. Einige sind lebendig, vital, andere halb schlafend und wieder andere so gut wie tot. Nach einigen Tagen spürt man, dass die eingeschlafenen oder toten Stellen wieder lebendig werden.

Das Retreat dauerte insgesamt zehn Tage, und das war für mich und die meisten anderen nicht lange genug, um das letzte Ziel zu erreichen, nämlich die Empfindungen im Rückgrat wahrnehmen zu können.

Den Hindus, Taoisten und Buddhisten zufolge befindet sich im Rückgrat eine schlafende Energie, die, nachdem sie einmal durch die Konzentration darauf zum Leben erweckt wurde, für eine derartige Energiezufuhr im Gehirn sorgt, dass 90 Prozent der Zellen, die dort schlafend liegen, lebendig werden und zu arbeiten beginnen. Man kann sich vorstellen, dass dies die Sicht auf die Wirklichkeit verändert.

Das Endergebnis habe ich also nicht erreicht, doch stellte sich wieder die totale körperliche Entspannung ein, die, wie gesagt, eine besondere Art von Freude mit sich bringt. Ich konnte mir gut vorstellen, wie es sich anfühlen musste, wenn es einem gelänge, bis ins Rückgrat durchzudringen und den Betrieb dort zum Leben zu bringen. Es ist eine weitere der unzähligen Methoden, um die Erleuchtung zu erreichen.

Ich bin glücklich, dass ich während meiner spirituellen Suche so vielen weisen Menschen begegnet bin, die eine Zeit lang meine Lehrer waren.

Einer von ihnen war Ajanbuddhadasa, der damals bereits sehr alt war und inzwischen verstorben ist. Er erzählte uns, dass er während der letzten Jahre viele Touristen nach Thailand hatte kommen sehen, die alles hatten: freie Zeit, Geld, schöne, teure Dinge, gutes Essen, viel Sex und so fort. Doch keinen *peace of mind*! Er beschloss, für diese Touristen sein Kloster zu öffnen, Retreats für sie zu organisieren und ihnen Unterricht zu geben.

Von ihm habe ich die Lehre des »Abhängigen Entstehens« ausgelegt bekommen, eine der tiefsinnigsten Theorien innerhalb des Buddhismus, worin der Buddha den Prozess der Wiedergeburt auseinander setzt.

Es handelt sich um eine Kette von Ursachen und Folgen. Am Beginn der Kette steht die Unwissenheit. Dem Buddha zufolge sind wir unwissend, was unsere wahre Natur angeht, und diese Unwissenheit bewirkt, dass wir falsch handeln. Durch dieses falsche Handeln sammeln wir negatives Karma an, was zur Folge hat, dass wir nach unserem Tod wieder zurückkehren müssen, um nochmals die Chance zu bekommen, uns von unserer Unwissenheit zu befreien. Das geschieht allein im Zustand von Meditation und Konzentration, die einen die wahre Natur der Wirklichkeit erkennen lassen.

Für die Deutung dieser Theorie nahm sich der alte Mönch drei Wochen Zeit, jeden Mittag von eins bis vier. Man merkte sofort, dass er aus Erfahrung sprach. Er verstand es, diese doch einigermaßen komplizierte Theorie in eine spannende Geschichte zu verwandeln, in der jedes Detail von großer Erfahrung und tiefer Weisheit zeugte. Ich bin sehr dankbar, dass ich das erleben durfte.

Dass ich von dem alten Mönch viel gelernt habe, steht fest. Er war sehr praktisch orientiert und gab uns konkrete Aufträge. Er ließ uns komplizierte Einkäufe im Dorf machen, während derer wir registrieren mussten, wie oft wir ungeduldig waren, böse wurden, gereizt reagierten, nicht die Wahrheit sagten und so weiter. Dann lehrte er uns, was man tun musste, um diese Emotionen verschwinden zu lassen.

Ich sagte es dir bereits, Vikram, es ist ein gnadenloser Prozess, bei dem alle deine Schwächen ans Licht kommen. Du wirst mit der Nase auf all deine Beschränkungen gedrückt und auf die Tatsache, dass es schwierig ist, eine jahrzehntelange Konditionierung wieder ungeschehen zu machen.

Noch schlimmer ist, dass man nie mehr zurückkann in den Stand der »Unschuld« vor diesem Prozess. Doch das ist es gerade: Die Unschuld ist alles andere als unschuldig. Dies ist an und für sich nicht so schlimm, denn schließlich sind wir Menschen, doch hatte ich in jener Zeit noch die Idee, es könne mir gelingen, mich davon zu befreien.

Ich lief noch immer mit *Übermensch*-Idealen herum, auch weil die Lehrer mir häufig den Eindruck vermittelten, dass es meine moralische Pflicht sei, diesen Idealen mein Leben zu widmen. Die westlichen Lehrer mehr als die östlichen, doch auch dies durchschaute ich erst nach einiger Zeit.

Nach und nach lernte ich, diese Art der Selbstbetrachtung wieder loszulassen, doch hat das lange gedauert. Schließlich befand ich mich auf der Suche nach Weisheit und Wahrheit, und dafür musste ich doch, wie ich glaubte, ein paar Opfer bringen.

Es gibt zahllose Meditationsmethoden. Die Osho-Bewegung hat einmal ein Büchlein publiziert, worin allein schon hundert beschrieben wurden.

Goenka lehrte, sich auf jeden Teil des Körpers zu konzentrieren, während der Lehrer in Bodh-Gaya und die Lehrer in dem thailändischen Kloster, in dem ich mich befand, beinahe ausschließlich mit dem Atem arbeiteten. Immer wieder lenkt man seine Konzentration auf den Atem, wobei man versuchen muss, seinen Geist frei von Anhaftungen zu bewahren. Doch da dies zu Beginn nicht gut gelingt, muss man erst alles, was durch den Geist strömt, benennen, bevor man sich wieder auf den Atem konzentriert. Entdeckt man also Faulheit, Schläfrigkeit, Lust, Wut oder welche Ablenkung auch immer im Geist, benennt man diese und lässt sie danach möglichst wieder verschwinden.

Als das offizielle Retreat in Igatpuri vorbei war und ich mich entschieden hatte, noch etwas länger im Kloster zu bleiben, führte ich Goenkas Experiment mit den Ohren weiter. Ich konzentrierte mich drei Tage lang ausschließlich auf meine Ohren und alle Empfindungen, die damit verbunden waren.

Auch das war wunderbar, Vikram. Nach drei Tagen schien die ganze Wirklichkeit zu singen. Oder eigentlich muss ich sagen: Sie begann eine Art Musik zu produzieren. Flüchtig, doch unverkennbar. Nicht kontinuierlich, doch oft genug. Und ich kann dir versichern, dass Bach verglichen mit dieser Musik grobes Gekratze war.

Ich dachte mir, dass es mit dem Phänomen, das man bei Musikgenies antrifft, zu tun haben musste. Ich begriff, was gemeint ist, wenn beispielsweise von Menschen wie Mozart behauptet wird, dass sie die Musik einfach aus der Luft pflückten oder sie in ihrem Kopf hörten. Das ist tatsächlich so. Das ganze Phänomen paranormaler Begabung beruht darauf. Manche Menschen werden damit geboren, doch ist es im Prinzip für jeden erlernbar.

Nach drei Tagen Ohrenmeditation hatte ich natürlich auch davon wieder genug – trotz meines kosmischen Walkmans –, denn es ist für einen ruhelosen Menschen wie mich keine leichte Aufgabe, sich tagein, tagaus auf seine Ohren zu konzentrieren.

Es war ein Experiment, und ich wusste, dass es funktionierte, doch sah ich nicht ein, warum ich damit weitermachen sollte. Ich war einfach wieder um eine Einsicht reicher.

Ich begriff nun die Aussage des Buddha, dass wir die Wirklichkeit nicht so sehen, wie sie ist, sondern immer durch unsere höchstpersönliche, gefärbte Brille. Faktisch durch unser Ego. Daher der Nachdruck des Buddha hinsichtlich des Loslassens dieses Egos.

Doch ich begriff auch – und dies hatten meine Philosophiedozenten in Amsterdam versucht zu leugnen –, dass eine Wirklichkeit unabhängig von dieser Brille besteht, eine Wirklichkeit, die nicht, so wie viele Philosophen mir einreden wollten, der Erkenntnis nicht zugänglich oder nur relativ ist.

In der Meditation kann man nach und nach diese Wirklichkeit durchdringen. Und je tiefer man sie durchdringt, umso weniger persönlich wird sie. Sie wird stets göttlicher. Das Wort göttlich ist hier auch ganz prosaisch gemeint, wie man sagt, dass Wein göttlich ist.

Der Buddha spricht nie über Gott. Er spricht immer über die Wirklichkeit, so wie sie ist, doch das ist faktisch dasselbe. Die Wirklichkeit, die letztlich dieselbe für die Hindus, die Buddhisten, die Taoisten, die Christen, die Juden oder die Muslime ist. Sie alle geben der ultimativen Wirklichkeit einen anderen Namen. Und alle lehren eine andere Methode, um sie zu erreichen.

Die Wissenschaft fängt an, sich immer mehr mit Religionen zu beschäftigen. Insbesondere die gläubigen Physiker aus der christlichen Tradition. Wegen ihres Hintergrunds lassen sie sich durch fiktive Dilemmas verwirren.

Sie stehen vor dem Problem, dass die Deutung, die die Wissenschaft in Bezug auf die Wirklichkeit gibt, nicht mit der Deutung, die ihre Religion ihnen gibt, vereinbar ist. Das bringt sie in einen inneren Zwiespalt. Denn wie soll man Gott und seine Schöpfung mit dem Urknall in einen Zusammenhang bringen?

Die östlichen Physiker haben damit überhaupt kein Problem, da sie keine Trennung zwischen Gott und der Welt vollziehen, zwischen der eigenen Seele und der kosmischen Seele, zwischen dem eigenen Geist und dem Geist schlechthin.

Die Verwirrung der westlichen Wissenschaftler wird primär dadurch verursacht, dass die christliche Glaubenslehre in mythische Formen gegossen ist. Die Lehre des Christentums war ja von Anfang an für das gewöhnliche Volk bestimmt. Das ist nicht abwertend gemeint. Im Gegenteil, das finde ich am Christentum oft sehr schön.

Der Buddha kam jedoch weder aus dem gewöhnlichen Volk – er war ein Prinz – noch predigte er ausschließlich für das gewöhnliche Volk. Er wurde an viele Höfe eingeladen und genoss ein enormes Ansehen.

Was die Wissenschaftler übersehen, ist, dass Buddhismus und Hinduismus auf einer rein wissenschaftlichen Basis beruhen. Betrachtet man die Wissenschaft, vereinfacht ausgedrückt, als ein Modell, das von der Erfahrung ausgeht, mit ihr experimentiert, sie deutet und schließlich prophezeit und beherrscht, dann geht es in Buddhismus und Hinduismus nicht anders zu.

Bloß wird nicht mit einer wehrlosen Natur, einem unschuldigen Tier oder einem nichts ahnenden Mitmenschen experimentiert, sondern mit dem eigenen Bewusstsein. Tja, gelehrte Herren, das ist etwas anderes. Machen Sie mal weiter mit Ihrem Experimentieren, nehmen Sie sich vor allen Dingen Zeit, bringen Sie eine große Portion Geduld mit, und warten Sie noch einen Augenblick mit dem Publizieren, denn ein Ende ist noch lange nicht in Sicht. Sie stehen stets vor neuen Überraschungen.

Langsam, aber sicher beeindruckte mich die Wissenschaftlichkeit des Hinduismus und Buddhismus immer mehr, obwohl sie bei den Tibetern nicht so offensichtlich ist. Vielleicht fühle ich mich deswegen vom tibetischen Buddhismus weniger stark angezogen, es gibt zu viel *magic and mystery*. Bei den Theravada-Buddhisten fand ich alles etwas einleuchtender und einfacher ausgearbeitet, das kann jedoch ein Vorurteil sein.

Jede Schicht des Geistes samt der korrespondierenden Wirklichkeit, jede Veränderung, jede Modifikation, jede Ursache einer Veränderung wurde mit wissenschaftlicher Präzision festgelegt und benannt. Ich sagte dir bereits: Der Buddha ist ein Psychologe, der Leute wie Freud vollkommen in den Schatten stellt. Freud spekuliert, der Buddha stellt fest, zeigt auf. Seine Befunde sind für jeden, der sich die Mühe machen will und die Geduld aufbringen kann, nachzuvollziehen und zu überprüfen.

Doch es gibt nicht so viele Leute, die sich diese Mühe machen oder die Geduld aufbringen können. Das tut jedoch der Tatsache, dass Buddhas Lehre durch und durch rational ist, keinen Abbruch. Sie enthält keine einzige Spekulation.

Die Frage, die ich damals in Berlin verarbeiten musste: »Ist Philosophie nach Auschwitz noch möglich?«, war jetzt in eine andere Perspektive gerückt worden. Mein erster Gedanke war wieder einmal richtig gewesen: Es ist nicht nur sehr wohl möglich, es ist auch eine Notwendigkeit geworden. Meiner Ansicht nach brauchen wir eine Philosophie, die wissenschaftlich und zugleich religiös ist. Die östliche Philosophie zeigt, dass dies möglich ist. Wenn die Philosophie eine Liebe für echte Weisheit entwickelt, kann sie in der Tat die Königin der Wissenschaften sein.

Ich war einmal bei einem Symposium anwesend, bei dem die Dilemmas gläubiger Physiker zusammengetragen wurden. An einige kann ich mich noch erinnern:

Das Leben wurde entweder geschaffen, oder es hat sich entwickelt.

Gebet ist entweder Kommunikation mit Gott oder ein psychologisches Auslassventil.

Das Universum ist entweder von spirituellen Kräften durchdrungen oder wird auf der Basis physischer Gesetze regiert.

Die Wirklichkeit, wie sie ist, darf nicht mit der Wirklichkeit, wie wir sie haben wollen, verwechselt werden.

Das ist nur eine Auswahl. Scheindilemmas sind es. Nichts als Unsinn. Um einmal mit dem letzten zu beginnen: Das ist ein altes Dilemma, das in der philosophischen Ethik auf vielfältige Weise behandelt wird. Geht man einmal davon aus, dass ein normaler Mensch will, dass die Wirklichkeit eine glückliche ist, dann ist die Wirklichkeit, so wie sie letztlich ist, genau so, wie wir sie gern haben würden. Das ist es, was der Buddhismus einem beispielsweise deutlich macht, sogar einem relativen Laien wie mir.

Die letztendliche Wirklichkeit, unabhängig von all unseren Interpretationen, ist der buddhistischen Sichtweise zufolge die Wirklichkeit des Nirvana: die einzige echte.

So kann man alle Dilemmas analysieren. Beispielsweise das zweite: Beten ist entweder Kommunikation mit Gott oder ein psychologisches Auslassventil. Die Kurzsichtigkeit dieser Problemstellung kann man sehr einfach bloßlegen. Man geht von dem vagen Bild eines Gottes aus, der unabhängig von unserer Psyche (oder unserem Geist, Bewusstsein, selbst unserer Seele; es ist alles dasselbe) existieren soll und mit dem man in Kontakt treten kann.

Man kommt nicht auf die Idee, dass die Psyche selbst göttlich sein könnte und dass Beten eine Methode sein kann, diese Göttlichkeit zutage treten zu lassen und zu kultivieren, genauso wie

Meditation, Atemtechniken, Konzentration oder Yogaübungen dies sein können.

Und je mehr die Psyche diese Dimension erreicht, umso besser arbeiten diese Techniken als Auslassventil für einen überreizten Geist. Lässt man sich nicht von einem Gottesbild verwirren, das von Beginn an mythologisch gedeutet wurde, ist es einfach und logisch.

Das Gleiche gilt für die beiden anderen Problemstellungen: Physikalische Gesetze und spirituelle Kräfte schließen einander nicht aus, sondern bedingen einander geradezu.

Die spirituellen Kräfte sind oberhalb der physikalischen angesiedelt, wie das einfache Experiment mit den Sinnesorganen aufzeigt. Spirituelle Kräfte sind umfassender, durchdringender, doch nichtsdestotrotz gesetzmäßig. Bloß auf einem anderen Niveau.

Die Wissenschaftler streben danach, das letzte Prinzip zu ergründen, das letzte, unteilbare Bausteinchen, wodurch alles andere erklärbar wird: *The Theory of Everything*.

Wie ist es möglich, dass man dieses Streben, dieses Verlangen nicht als eine Intuition interpretiert, dass es tatächlich so etwas geben muss? Und warum geht man nicht etwas tiefer darauf ein? Weil es außerhalb des Fachgebiets liegt, lautet stets die Antwort.

Das letzte Bausteinchen existiert tatsächlich, es ist bloß nicht außerhalb, sondern innerhalb des eigenen Selbst zu finden, im Menschen; im perfekten Zusammengehen von Geist und Materie, so wie alles ein Zusammengehen von Geist und Materie ist. Das letzte unteilbare Bausteinchen ist der Geist selbst.

*The Theory of Everything* der Wissenschaftler ist nicht mehr als *Everything of Theory*. Man sucht wieder nach einer Wissenschaft, die eine Ethik in sich birgt, ohne zu erkennen, dass es die bereits seit Tausenden von Jahren gibt. Im Osten. Man braucht sie lediglich aufzugreifen.

Eine Ethik ist wissenschaftlich nur zu verantworten, wenn sie als Teil eines Ganzen betrachtet wird. Eines wissenschaftlichen Ganzen, wohlverstanden.

Der Buddhismus und der Hinduismus bilden ein solches wissenschaftliches Ganzes. Ethik, Moral, gute Sitten sind für sich genommen kein Ziel, obwohl es sich erweist, dass eine hoch stehende Moral, unabhängig vom religiösen Kontext, ihren Lohn in sich trägt. Ein moralisch hoch stehender Mensch lebt mit weniger Verwirrung und besitzt mehr Seelenruhe als sein gewissenloser Bruder.

Doch soll eine Ethik auf eine wissenschaftliche Basis gestellt werden, dann muss sie als ein Mittel zum Zweck betrachtet werden. Für sich genommen ist Ethik nicht evident, sie widerspricht sich auch oft. Betrachte beispielsweise das Thema Selbstmord: Der christlichen Ethik zufolge gilt er als eine Todsünde, doch innerhalb der japanischen Ethik kann Selbstmord eine besonders ehrenvolle Angelegenheit sein. Es gibt sehr wenige Regeln, die für jeden Menschen in jeder Kultur gelten. Es gibt keine universellen Werte und Normen, doch das rechtfertigt ethischen Relativismus keineswegs.

Ethische Regeln sind dazu da, um einen Menschen zu vervollkommnen, und der eine Mensch hat andere Regeln nötig als der andere. Wenn Gott tot ist, ist alles erlaubt, sagte Dostojewski. Verstehst du jetzt, warum er so etwas sagen konnte, Vikram?

Ich versuche, dir meine kulturellen Hintergründe zu verdeutlichen. Ich versuche, dir zu erläutern, woher ich komme und was mich aus diesem Grunde beschäftigt, Vikram, weil ich mit dir zusammen meinen Weg weitergehen möchte. Es sind nicht deine Fragen, das weiß ich. Doch der moralische Verfall wird auch in Indien immer sichtbarer, vor allem in den großen Städten, wo der Glaube zu schwinden beginnt.

Die Frage, was gut und was schlecht ist, erwies sich für die westliche Philosophie immer wieder als eine unbequeme Frage. Der Buddha hatte darauf eine einfache Antwort: Alles, was zu deiner Erleuchtung beiträgt, ist gut, alles, was dich davon abhält, ist schlecht.

Darum ist beispielsweise Stehlen schlecht. Stehlen bringt Unruhe in den Geist durch die Angst, entdeckt zu werden, oder durch Schuldgefühle. Unruhe hält einen davon ab, sich zu konzentrieren, und verhindert auf diese Weise die Erleuchtung. Deswegen ist Stehlen schlecht. So einfach ist das.

Das Verbot zu stehlen, zu lügen und zu töten lässt sich anhand dieses Modells sehr einfach erklären. Das Verbot dieser Art von Handlungen bildet auch die moralische Basis jeder Religion und ist in diesem Sinne ganz bestimmt universell. Anhand dieses Schemas wird auch deutlich, warum auf einige ethische Fragen keine universellen Antworten möglich sind.

Betrachten wir beispielsweise Homosexualität, die in vielen Religionen als sündhaft abgetan wird, dann wird der Unterschied sofort deutlich. Homosexualität wird der betreffenden Person Unruhe bringen, wenn ihre Religion, die Gesellschaft oder ihr eigenes Herz diese Veranlagung nicht akzeptieren.

Oben genanntem Modell zufolge ist Homosexualität nur dann eine Sünde, obwohl der Buddha nie von Sünde spricht: Wenn es einen unruhig macht, wenn es den Geist in Verwirrung bringt, dann steht es der Erleuchtung im Weg und ist Buddha zufolge nicht gut.

Ich habe den Dalai Lama einmal der Reihe nach aufzählen hören, was der Buddhismus als inadäquate Formen von Sex betrachtet. Inzest fiel beispielsweise darunter, doch Homosexualität nicht. Denn in einer Gesellschaft, in der diese akzeptiert wird, wie in der frühgriechischen Kultur oder jetzt in den meisten europäischen Ländern, braucht Homosexualität auch nicht zu Unruhe zu führen und ist somit keine Sünde.

Früher sagte man einfach bloß: Stehlen ist nicht gut, weil Gott es nicht will. Und damit hatte es sich.

Du wirst dich vermutlich wieder fragen, worüber ich mich denn so aufrege. Dein Herz sagt dir doch, was gut und was schlecht ist? Dazu benötigst du doch keinen Gott, Religion oder Philosophie. Nein, das stimmt in den meisten Fällen nicht. Doch das Herz kann in Verwirrung geraten, was bei mir beispielsweise auf dem Gebiet der Sexualität passierte. Bei sehr vielen Menschen meiner Generation hat Sexualität für große Verwirrung gesorgt.

Sexualität interessiert mich nicht nur, weil sie mein persönliches Problem ist, sondern auch, weil sie eine herausragende philosophische Frage ist, worauf, wie ich bereits sagte, innerhalb der westlichen Philosophie keine Antwort gegeben werden kann.

Das ist es, was mich – diesmal als Philosophin – so ärgerte. Das kann doch nicht wahr sein, dachte ich. Diese Art von Problemen, darum geht es doch? Davon sollte Weisheit doch handeln? Das ist doch wichtig für das Leben? Dann ist die Philosophie doch bankrott?

Was hat ein normaler Mensch mit der Wahrscheinlichkeitstheorie, mit der Postmoderne oder den intrinsischen Beweggründen von Sprache zu tun? Und was kümmert das die Philosophie, solange sie noch keine Antworten auf Fragen gefunden hat, die nicht nur wichtig sind, sondern die inzwischen zu einem riesengroßen Problem angewachsen sind?

Wenn die Antworten der Religion wegfallen und die der Philosophie nicht genügen, wer soll diese Fragen dann lösen? Die westliche Wissenschaft kann es nicht.

Daher, Vikram. Ich werde jetzt nicht mehr länger darüber nörgeln. Ich weiß es ja jetzt. Ich brauche nicht mehr zu suchen. Ich brauche es bloß noch zu praktizieren, und das ist schwierig genug.

Du wirst dich inzwischen vielleicht auch fragen, da meine Bewunderung für den Buddha so groß ist, warum ich nicht Buddhistin geworden bin. Ich könnte seinen Fehltritt bezüglich der Frauenfrage doch gut als einen historischen Irrtum abtun?

Vielleicht bin ich ja eine Buddhistin, Vikram, innerhalb des Buddhismus ist letzten Endes alles möglich, denn der Buddha ließ vieles offen.

Wenn ich den Büchern Glauben schenken kann, kann allein »ein in den Stromkreis Eingetretener« sich als Buddhist bezeichnen. In dem Buch eines thailändischen Mönchs las ich einmal eine bildhafte Umschreibung davon:

> *Wie der Reisende in der Nacht die ihn umgebende Landschaft in einem Blitzstrahl plötzlich aufscheinen sieht und das so entstandene Bild noch lange Zeit danach vor seinen verblendeten Augen schwebt, so fängt der individuelle Sucher im Lichtblitz, der durch ihn selbst zuckt, einen Schimmer des Nirvana mit einer derartigen Klarheit auf, dass das Bild davon niemals aus seinem Geist verschwindet.*

In diesem Sinne sollte ich Buddhistin sein können; ich habe viele derartige Blitze erlebt. Sie waren klar genug, um die Sehnsucht nach dem Nirvana für immer wach zu halten. Ich werde mich letzten Endes immer wieder dem Licht zuwenden, ungeachtet meiner Faszination für das Dunkle.

Doch waren meine Eindrücke nicht stark genug, um meine anderen Begierden auszulöschen und mich einzig und allein auf diese Wirklichkeit zu konzentrieren. Ich bin keine Nonne oder Mystikerin. Mein Verlangen nach dir beispielsweise gebe ich nicht einfach so auf, obwohl ich weiß, dass auch diese Lust nicht ewig dauern wird.

»Alle Lust will Ewigkeit, will tiefe, tiefe Ewigkeit«, sagt Nietzsche. Ich werde also in der Zwischenzeit mein Begehren nach der Ewigkeit ebenfalls wach halten müssen. Doch sollte dieses Begehren exklusiv werden wie bei einer Nonne, dann müsste ich bereits jetzt alle meine anderen Begierden aufgeben, Vikram.

Doch warum sollte ich? Man kann seine Begierden nicht so einfach absterben lassen, wie viele religiöse Disziplinen es vorschreiben. Das führt zu Perversion oder Verrücktheit. Man kann seine Lüste allein auslöschen, indem man sie durch eine noch größere Lust ersetzt: das wirkliche Begehren nach der Ewigkeit, nach Gott, nach dem Nirvana. Das ist das Geheimnis des Aufgebens aller Lüste. So funktioniert der Geist.

Ich denke, dass die Kenntnisse, die ich inzwischen erworben habe, mich immer davor behüten werden, das Leben misszuverstehen, und das ist schon ganz schön viel. Ich kann den falschen Propheten vom echten unterscheiden. Auch das ist sehr nützlich, denn es wimmelt heutzutage von falschen Propheten. Sie machen von der herrschenden Verwirrung gierig Gebrauch.

Ich sprach in diesem Zusammenhang bereits von der üppig ins Kraut schießenden New-Age-Bewegung. Solange es bei nützlichen Therapien bleibt, ist dagegen nichts einzuwenden. Es gibt jedoch unzählige Leute, die sich als Propheten aufspielen und der Menschheit eine selbst gezimmerte Theorie verkünden. Sie machen dabei von östlichem Wissen, das sie hier und da aufgelesen haben, Gebrauch und vermischen es mit westlichen Weisheiten.

Natürlich enthalten ihre Behauptungen wohl einen Kern von Wahrheit, doch ist diese so entstellt, dass sie für den Suchenden unbrauchbar wird und eigentlich bloß die Taschen dessen, der sie verkündet, füllt.

Ich werde dir ein Beispiel geben: Im Westen werden vielfach Kurse unter dem Motto angeboten: Kreiere deine eigene Wirklichkeit!

Ich kannte eine Frau, die ich in vielerlei Hinsicht sehr nett fand, bis sie einen so genannten »Avatar-Kursus« belegte. Im Anschluss daran wollte sie gern, dass ich mit ihr zusammen diese Art von Kursen gab.

Ich brauche dir nicht zu erzählen, dass ein Avatar ein Fleisch gewordener Gott ist. Diesem Kursus zufolge sollte man wie ein Gott seine eigene Wirklichkeit erschaffen können, genau so, wie man sie haben wollte.

Sie fragte mich, ob ich mal eben tausend Dollar für einen Wochenendkursus hinlegen wolle und zehntausend Dollar für einen weiteren Wochenendkursus, um selbst Dozentin werden zu können.

Auf meinen Einwand, ich fände, das sei doch wohl sehr viel Geld für ein Wochenende obskuren Unterrichts, antwortete sie mir raffiniert: »Die Tatsache, dass du dir das selbst nicht gönnst, verrät ein Armutsbewusstsein, und diese Haltung wird dich immer arm bleiben lassen. Mein Kursus lehrt dich gerade, dieses Armutsbewusstsein gegen ein Überflussbewusstsein einzutauschen.«

Sie fügte noch hinzu, dass ich, wenn ich selbst Trainerin sei, das Geld ja in einem Wochenende wieder zurückverdient hätte. Sie wohnt jetzt tatsächlich in einem riesigen Haus, hat aber wahrscheinlich nie erkannt, dass sie mich eigentlich aufforderte, meine Seele für ein Luxusleben zu verkaufen.

Gerade weil ein Kern von Wahrheit in den Theorien dieser Pseudogurus enthalten ist, fallen viele Leute darauf herein. Das erinnert mich an Nisarghadatta, den Bidi-Heiligen aus Bombay, so genannt, weil er in den Straßen Bombays Bidi-Zigaretten rollte und verkaufte. Er sagte: »Diejenigen, die Geld für ihren spirituellen Unterricht nehmen, befinden sich noch im Stadium des Bettlers.«

Menschen wie der Buddha lehren Techniken, um deinen Geist, dein Bewusstsein, zu verändern, und mit der Veränderung deines Geistes verändert sich deine Wirklichkeit. Alles schön und gut, doch in den New-Age-Kursen wird verschwiegen, dass es sich dabei häufig um langwierige und schmerzhafte Prozesse handelt, die man nicht einmal kurz an einem Wochenende durchläuft.

Es wird dir auch nicht gesagt, dass du die Wirklichkeit niemals selbst in der Hand hast, dass du immer äußerlichen Einflüssen unterworfen bleiben wirst. Menschen sind (noch) keine Götter. Als Mensch wird man immer bis zu einem gewissen Grad Spielball seiner Umgebung bleiben.

Ich bin mir nicht sicher, Vikram, ob ich Buddhistin bin oder nicht, doch was spielt das für eine Rolle? Hindu kann ich jedenfalls nicht werden. Lord Tennyson hat einmal gesagt: »Es ist mehr Glaube in ehrlichem Zweifel als in allen Glaubensbekenntnissen der Welt.«

Auch dies ist ein tröstlicher Gedanke.

Tatsache ist, dass ich bei meinen Meditationsversuchen sehr undiszipliniert bin. Ich wünschte mir, dass es nicht so wäre, und ich hege weiterhin die Hoffnung, dass ich, wenn mein Leben wirklich einmal in ein etwas ruhigeres Fahrwasser kommt, die Disziplin doch aufbringen kann.

Es ist jedoch auch eine Tatsache, dass vieles im Buddhismus mir nicht so gefällt. Man ist beispielsweise einzig und allein auf sich selbst angewiesen. Es gibt keinen Gott, der einem ein wenig Hilfe und Gnade bieten kann.

Viele Leute empfinden dies als einen beruhigenden, schönen Gedanken. Vor allem die Leute, die von Gott enttäuscht sind. Viele ehemalige Christen fühlen sich vom Buddhismus angezogen, auch weil der Buddha dem Verlangen des Intellekts Gerechtigkeit widerfahren lässt. Doch habe ich gerade vom Buddha gelernt, dass es keine Rolle spielt, auf welche Weise man Ruhe in seinen Geist bringt, um den ersten Schritt auf dem Weg zur Erleuchtung machen zu können.

Mir geht es mit den Göttern vorläufig besser; der Gedanke, vollkommen auf mich selbst angewiesen zu sein, spricht mich nicht so an. Das wird vermutlich als Schwäche betrachtet. Doch was ist Schwäche? Ist vollständige Hingabe eine Schwäche oder eine Kraft?

Ich stelle mir lieber vor, dass es Götter gibt, die mir helfen können und mit denen ich kommunizieren kann. Beten gelingt mir denn auch oft besser als Meditieren. Ich denke zuweilen, dass der Buddha diesen weiblichen Aspekt in den Religionen übergangen hat: die vollkommene Hingabe.

Wie kann man sich an das vollkommene Nichts hingeben? Das ruft eher einen *horror vacui* wach!

Die Geschichte hat den Buddha in diesem Punkt übrigens auch eingeholt: Erst wurde aus ihm selbst ein Gott gemacht, und anschließend wurden in den buddhistischen Traditionen Tibets, Chinas und Japans beispielsweise die Götter aus allen Ecken und Winkeln hervorgezaubert.

Doch das unglaublich Starke am Buddha ist, dass er die Möglichkeit dazu geschaffen hat: »Sei dir selbst ein Licht«, waren seine letzten Worte. Er hat lediglich behauptet, dass sein Weg der sicherste sei. Nicht, dass er der einzige sei.

Die Lehre ist nichts weiter als eine Brücke, um auf die andere Seite zu kommen, sagte er, du musst die Brücke nicht weiter mit dir mit tragen.

Im Buddhismus ist die Toleranz anderen Religionen gegenüber ein wichtiges Thema geworden, das zu den ewigen Verdiensten des Buddhismus gezählt werden darf, obwohl auch hier wieder der Hinduismus das große Vorbild war.

Fragst du mich jetzt, wer meine Götter und Göttinnen sind, wie sie aussehen und was sie tun, kann ich bloß vage bleiben. Bin ich bei dir, ist es Kali, deine Göttin, die in deinem kleinen Haustempel wohnt. Warum soll ich nicht zu ihr beten, wenn ich ohnehin in deinem Tempel bete? Warum soll ich nicht davon ausgehen können, dass sie, wenn ich sie um etwas bitte, die Macht und das Wohlwollen besitzt, mir zu helfen?

Das angenehme und ruhige Gefühl, das es mir schenkt, ist auf jeden Fall so echt wie es nur sein kann, und ich habe nicht den Eindruck, dass ich mich selbst zum Narren halte. Was bedeutet es denn schon, sich selbst zum Narren zu halten? Hält man sich mit dem Einnehmen eines Tranquilizers nicht viel mehr zum Narren?

Natürlich gibt es Leute, die weder das Gebet noch die Meditation, weder Tranquilizer noch Antidepressiva, weder Alkohol, Drogen noch Sex brauchen, um zufrieden und glücklich durchs Leben zu gehen. Doch das sind nicht viele. Ich jedenfalls finde das Herumkramen mit den Weihrauchstäbchen, den Kerzen und Bildern herrlich, zweifellos auch aufgrund meines katholischen Hintergrunds.

Wählt man sich einen bestimmten Ort für das Aufrufen einer besonderen Stimmung, so geht das auf Dauer immer schneller. Der Ort arbeitet dann sozusagen mit, ebenso wie die dazugehörigen Attribute. Das sind nachweisbare Fakten, wovon jede Religion schon seit Tausenden von Jahren Gebrauch macht. Das hat nichts mit Glauben zu tun, sondern mit der Funktionsweise des Geistes.

Doch mein großer und vielleicht gleichfalls allzu vager Gott *for all seasons* – oder besser: meine Göttin – ist die Liebe. Ich bin trotzdem Christin geblieben, das zeigt sich jedes Mal wieder neu. Die Liebe in all ihren Ausdrucksformen, sie ist meine Göttin. Die Liebe ist ebenso wie die Weisheit und die Wahrheit weiblich, demnach muss es wohl doch eine Göttin sein.

Ich kann, will oder traue mich nicht, mich einer Religion ganz hinzugeben, doch wage ich es in Bezug auf die Göttin der Liebe. Simone Weil hat einmal bemerkt, dass eine Religion in dem Maße echt ist, in dem sie aus Liebe geboren ist und zu Liebe inspiriert. Wunderbar, findest du nicht?

Ich weiß nicht, wie Simone Weil über die physische oder erotische Liebe dachte. Sie hatte einen Hang zum Nonnesein und litt an Depressionen, demnach konnte sie damit vermutlich nicht so viel anfangen.

Wohl weiß ich, dass der Hinduismus der Erotik den Platz gibt, den sie verdient. Die physische Liebe (kama) ist eins der Lebensziele, die die heiligen Schriften – neben Gerechtigkeit, materiellem Wohlstand und Erleuchtung – vorschreiben. Und dabei wird ganz sicher nicht an die Fortpflanzung gedacht, sondern doch ganz bestimmt an das Vergnügen, das die Erotik verschafft.

Der Hinduismus ist am allerwenigsten eine Philosophie, die das Leben verachtet, wie zuweilen behauptet wird. Von allen Religionen hat er das schärfste Auge für die Komplexität der menschlichen Existenz.

Manu zufolge, dem Mann, der vor Tausenden von Jahren die Gesetze aufschrieb, ist es eine der Pflichten des Ehemannes, seine Frau regelmäßig zu »besuchen«, wie das so hübsch heißt.

In der zweiten Lebensphase des Hindus, der Phase des Familienmannes, ist die physische Liebe für ein angenehmes Leben notwendig. Sie steht der spirituellen Entwicklung nicht im Wege, im Gegenteil: Ein Mangel daran steht einer spirituellen Entwicklung im Weg, da er zu Perversionen und Neurosen führt. No wife, no life, sagt der Hindu.

Auch hier – auf diesem äußerst wesentlichen Gebiet – hat sich die christliche Lehre sehr gravierend geirrt. Es ist unverzeihlich, dass sie versucht hat, Sexualität exklusiv auf die Fortpflanzung zu beschränken. Was für ein tragischer Irrtum und was für katastrophale Folgen!

Kein Wunder, dass im christlich geprägten Westen so viel Perversion herrscht, kein Wunder, dass es hier so viele neurotische Menschen gibt. Und dass wir so durch und durch materialistisch geworden sind.

Kein Wunder auch, dass darauf in einem bestimmten Augenblick eine sexuelle Revolution folgte, erst vor hundert Jahren, eingeläutet durch einen Mann, der zwar über die physische Liebe zu sprechen und zu spekulieren wagte – das ist das große

Verdienst Freuds –, doch meiner Ansicht nach kein bisschen davon begriff.

Verstehst du jetzt, wie rückständig wir in Fragen sind, die den Geist betreffen? Bei euch sind diese Fragen nicht nur vor Tausenden von Jahren schon gestellt und beantwortet worden, auch die Erotik hat große, kreative Höhepunkte erreicht.

Die physische Liebe ist ebenfalls eine Göttin, die man nicht genug anbeten kann. Mehr noch, jede Form von Liebe ist göttlich. Liebe ist Religion, Religion ist Liebe. All you need is love.

# IX

Eine letzte Aufzeichnung, Vikram, über Liebe und Sexualität, die Themen meiner letzten offiziellen Vorlesung und des letzten Kurses, den ich gegeben habe. Damals hatte ich wieder einmal genug von der Philosophie. Und dann höre ich auch auf, dir zu erläutern, zu welcher Philosophie oder zu welchem Glauben ich mich nun wirklich bekenne. Denn wir werden einander rasch wiedersehen und zusammen über alle Themen, über die ich geschrieben habe, endlos weiter sprechen können.

Bezüglich meiner Philosophie kann ich mich kurz fassen: Ich glaube einzig und allein an die Liebe, und das ist es. Denn wenn alles eins ist, muss die Liebe ja das verbindende Prinzip sein. Was ist Liebe anderes als ein Streben nach Einheit?

Was für einen langen Umweg habe ich machen müssen, nicht wahr Vikram, um zu einer so einfachen Überzeugung zu gelangen. Ich sagte es dir bereits einige Male: In meinem Herzen bin ich Christin geblieben, ob ich will oder nicht, doch dauerte es sehr lange, bis ich es herausfand.

Wir Westler denken über Gott und die Liebe so wenig präzise. Obwohl die Bibel deutlich sagt, dass Gott Liebe ist, kommt dies in der Beschreibung der Liebe in den berühmten Versen aus 1. Korinther 13,4-7, doch gar nicht zur Geltung:

*Die Liebe ist langmütig und freundlich, die Liebe eifert nicht, die Liebe treibt nicht Mutwillen, sie blähet sich nicht;*
*Sie stellet sich nicht ungebärdig, sie suchet nicht das Ihre, sie lässt sich nicht erbittern, sie rechnet das Böse nicht zu;*

*Sie freuet sich nicht der Ungerechtigkeit, sie freuet sich aber der Wahrheit;*
*Sie verträgt alles, sie glaubet alles, sie hoffet alles, sie duldet alles.*

Eine eigenartige Liste, findest du nicht? Sie sagt in erster Linie, was Liebe nicht ist!

Sie beschreibt die Auswirkungen einer liebevollen Haltung dem Leben gegenüber, doch was ist die Liebe selbst? Das eigentliche Phänomen bleibt außerhalb des Blickfelds.

Die westliche Philosophie äußert sich ebenfalls nicht sehr deutlich über die Liebe, auch hier bleibt sie weitgehend außerhalb des Blickfelds, übrigens ebenso wie die Sexualität. Plato bildete hier eine große Ausnahme. Er widmete Liebe und Sexualität ein ganzes Buch. Darüber werde ich dir gleich berichten.

Erst als ich die östliche Philosophie zu diesem Thema studiert hatte, begriff ich, warum ich letzten Endes nicht mit ihm übereinstimmen konnte. Zu jener Zeit lehnte ich ihn bloß intuitiv ab. Auch Plato erweist der physischen Liebe nämlich keine Ehre. Auch bei ihm ist sie etwas, das überwunden werden muss.

Hierin seid ihr uns wieder weit voraus, Vikram. Die Geschichte unserer Sexualität ist die Geschichte einer Unterdrückung. Zweitausend Jahre lang, und die Auswirkungen sind noch immer fühlbar.

Als ich gerade mal eben das Ende meiner Pubertät erreicht hatte, brach dann schließlich eine sexuelle Revolution aus, die bewirkte, dass Sex zukünftig frei war. Doch ist Sex natürlich keineswegs frei. Sex ist in den meisten Fällen eine Notwendigkeit.

Es ist eigentlich ein lächerlicher Gedanke, doch ich war tatsächlich ein Versuchskaninchen in dieser Zeit sexueller Experimente. Ich will mich nicht als Opfer aufspielen, denn ich habe es auch sehr genossen. Ich schäme mich all meiner sexuellen Beziehungen auch nicht, Vikram. Wie kurz die Beziehungen auch immer waren, ich habe alle diese Männer gemocht.

Doch es hat mir sehr wohl klar gemacht, dass ich in Bezug auf Angelegenheiten, die den Geist betreffen, die westliche Philosophie oder Psychologie nicht zu Rate zu ziehen brauchte.

Die christlichen Wertvorstellungen waren solide in mir verankert, während sich die sexuelle Revolution natürlich nicht sofort mit einer gut fundierten Philosophie profilierte. Sie verkündete lediglich, dass Sex künftig nicht mehr an Heirat, Fortpflanzung oder einen einzigen Partner gebunden war.

In diesem Augenblick passte mir das natürlich ausgezeichnet. Ich wollte in diesem Alter absolut nicht heiraten oder ewig bei demselben Freund bleiben. Doch wollte ich sehr wohl erfahren, was Sexualität war. Zu der Zeit, als ich mich dann tatsächlich auf einen einzigen Partner beschränken wollte, war ich bereits so an diese Möglichkeit eines Abschieds gewöhnt, dass ich die Möglichkeit bewusst oder unbewusst immer offen ließ. Es passierte dann auch jedes Mal. Und jedes Mal tat es wieder weh.

Ich empfinde dir gegenüber immer eine gewisse Scheu, über meine sexuelle Vergangenheit zu sprechen, da du nicht so wie ich die sexuelle Revolution erlebt hast. Du hast bloß einige Frauen intim gekannt.

Dadurch bist du glücklicherweise bereits »moderner« als die meisten deiner Landsleute, die für gewöhnlich bei ein und demselben Partner bleiben. Nicht weil sie so monogam sind, sondern weil sie kaum die Chance bekommen, eine außereheliche Beziehung zu beginnen. Die soziale Kontrolle bei euch hat es in sich.

Einmal sah ich in Mahabalipuram einen Bettler, dem der rechte Arm und das linke Bein fehlten. Ich gab ihm etwas Geld und konnte es nicht lassen, ihn zu fragen, was mit ihm passiert war. »Train accident, madam.« Das muss ja ein äußerst kompliziertes Unglück gewesen sein, dachte ich bei mir.

Auf Nachfrage in einem Restaurant seinem Stammplatz gegenüber erzählte man mir, dass der Mann mit einer Frau aus seinem Nachbardorf fremdgegangen war. Seine Verstümmelung war die Folge von Rache.

Eine meiner niederländischen Freundinnen, die bereits seit Jahren ein Verhältnis mit einem attraktiven jungen Inder hat, hat in Indien regelmäßig Probleme, ein Hotelzimmer zu finden. Man betrachtet sie als Schlampe, die irgendwo einen jungen Inder aufgelesen hat. Und das, obwohl sie schon sechs Jahre zusammen sind und er ihre große Liebe ist. Doch mach das den Indern mal klar. Sie werden es nicht glauben oder verstehen.

Beim Ausbruch der sexuellen Revolution war ich, wie gesagt, gerade in der »geschlechtsreifen« Lebensphase. Jung genug, um die neuen Werte blindlings zu umarmen, und alt genug, um sofort damit zu experimentieren. Ich war auch jung genug, um noch von den katholischen Werten meiner Jugend stark geprägt zu sein.

Alles in allem eine prima Konstellation für viel Schmerz und Verwirrung. Und es gab niemanden, bei dem ich mir Rat hätte holen können. Ich musste allem selbst auf den Grund gehen.

Und, wirst du jetzt fragen, hast du es dann endlich begriffen? Weißt du jetzt, was Liebe ist? Weißt du jetzt, was Sexualität ist? Und weißt du jetzt, was das eine oder andere mit Gott und Religion zu tun hat?

Ich weiß inzwischen ein klein wenig darüber, denke ich, doch größtenteils muss es auch ein Mysterium bleiben.

Warum habe ich mich beispielsweise in dich verliebt und warum bleibe ich es, während es mir in Kalkutta doch alles andere als leicht gemacht wird?

Als ich auf die Einladung meiner niederländisch-indischen Freundin Ratoula einging, sie in Kalkutta zu besuchen, geschah dies nicht mit der Absicht, mich dort zu verlieben. Im Gegenteil. Ratoula hatte mir in den Niederlanden wohl erzählt, dass sie einen netten Freund in Kalkutta hatte, der geschieden und auf der Suche nach einer neuen Frau war. Sie fand, dass wir gut zueinander passten.

Niemals, dachte ich. Was soll ich mit einem Mann an einem so entlegenen Ort anfangen? Einen netten Mann in Delhi hätte ich möglicherweise noch in Erwägung gezogen, denn Delhi liegt mitten im Land, und ich passiere es auf meinen vielen Routen regelmäßig.

Doch einen Mann in Kalkutta? Ein lächerlicher Gedanke.

Trotzdem wollte ich Ratoula einmal in ihrem Elternhaus treffen, denn obwohl sie eine alte Freundin ist und jedes Jahr mindestens einen Monat in Kalkutta verbringt, hatte ich sie in all den Jahren dort nicht aufgesucht.

Ich verschob den Besuch bei Ratoula auf die letzte Woche meiner Reise. Komisch, nicht wahr, Vikram, dass du, der du einmal eine arrangierte Hochzeit verweigertest und zum großen Entsetzen deiner Familie eine Liebesheirat eingingst, nun eine arrangierte Verlobung hast.

Zwischen uns war es beinahe Liebe auf den ersten Blick. Es dauerte drei Tage, glaube ich, dann war ich gewonnen. Ohne dass wir uns einmal geküsst, geschweige denn miteinander geschlafen hätten.

Danach musste ich wieder in die Niederlande, meine Pflichten riefen mich zurück. Wir hatten keine Zeit, um unsere Gefühle zu vertiefen. Doch drei Monate später kam ich zurück, und mein erster Eindruck erwies sich als richtig. Wir verliebten uns stets mehr ineinander.

In Indien gilt Verliebtheit nicht als guter Grund für eine Hochzeit. Eine Hochzeit ist eine zu wichtige Angelegenheit, um sie jungen, unerfahrenen und verliebten Leuten zu überlassen. Gemeinsam mit dem Astrologen wird geprüft, wer als Partner geeignet sein könnte. Viele indische Bräute sehen ihren Mann auf der Hochzeit zum ersten Mal.

Die Hochzeit ist demnach eine Vereinbarung, worin jeder

seine eigenen Rechten und Pflichten hat. Die Liebe zueinander kann darin wachsen, doch sie ist keine Voraussetzung. Dennoch sehe ich in Indien viele gute Ehen. Vielleicht weil die Liebe mehr die Gelegenheit bekommt zu wachsen, wenn sie nicht vorausgesetzt wird.

Wir sind nicht mehr jung und unerfahren, und ich hoffe, dass unsere Liebe dadurch auch eine Chance erhält. Doch die Frage nach dem Warum unserer Verliebtheit wird wohl für immer ein Geheimnis bleiben.

Ich kann sagen: weil ich dich so fabelhaft finde. Ich kann dich stundenlang anschauen und deine Schönheit genießen. Doch habe ich schon öfter einen schönen Mann gehabt, und ich habe auch oft eine Vogelscheuche geliebt.

Ich kann auch sagen: weil du so lieb und sanft bist, beinahe weiblich, ohne ein Schlappschwanz zu sein. Darin gleichst du meinem Vater, auf den ich versessen war, demnach werde ich wohl so programmiert sein.

Vielleicht bist du so weiblich und sanftmütig, weil du eine Göttin anbetest. Schließlich übernimmt man die Züge des Gottes, den man anbetet. Darüber hinaus sind Hindus häufig etwas weiblicher als westliche Männer, allein schon physisch, insbesondere wenn sie weder Fleisch noch Alkohol zu sich nehmen.

Ich kann auch sagen: weil ich finde, dass du so ein wunderbarer Liebhaber bist. Du hast in deinem linken kleinen Finger mehr Sinnlichkeit als die meisten westlichen Männer in ihrem ganzen Körper.

Ich kann auch sagen: weil du auf eine so schöne, natürliche Weise spirituell bist. Es rührt mich, wenn ich sehe, wie du dich jeden Morgen vor deiner Göttin verbeugst und ich dich unter anderem für mein Wohlbefinden beten sehe.

Während unseres ersten Urlaubs in Sikkim habe ich mich einmal heftig geschämt. Ich trieb dich zur Eile an, als das Taxi vor dem Hotel wartete, denn ich dachte, dass du so ein bisschen vor dem Fenster herumtrödeltest. Ich kannte dich erst kurz und durchschaute nicht, dass du dort standest, um zu beten. Oder eigentlich dort standest, um dich beim Kanchenjunga zu bedanken, dieser mächtigen Bergkette, deren Anblick wir von unserem großen Hotelfenster aus so sehr genossen hatten.

Vielleicht sind es all diese Dinge zusammengenommen, Vikram. Und vielleicht noch mehr als das. Zumindest ist dies alles einzigartig für mich. Ich empfinde große Bewunderung dafür und bin sogar ein bisschen eifersüchtig darauf. So wäre ich auch gern.

Während die christliche Lehre nichts erlaubte, predigte die sexuelle Revolution das Gegenteil: Künftig war alles erlaubt. Davon wurde in den siebziger Jahren nur zu gern Gebrauch gemacht, vor allen Dingen natürlich von jungen Leuten. Deine Jungfräulichkeit bis zur Hochzeit bewahren? Warum? Das dauerte viel zu lange! Die Pille wurde erfunden, die Abtreibung mehr oder weniger legalisiert, wodurch Sex sich vor allem auf den Genuss richten konnte, ohne Angst vor Schwangerschaft.

Das Leben wurde ein großes Fest sexueller Experimente: Homosexualität, Heterosexualität, lesbische Liebe, Bisexualität, Gruppensex, Sadomasochismus, Partnertausch, Dreiecksbeziehungen, alles wurde ausprobiert.

Zwar nahm die neue sexuelle Moral im Lauf der Jahre einen etwas ruhigeren Platz in unserem Leben ein, doch war ganz unverkennbar eine große Freiheit entstanden, innerhalb derer man sich zielbewusst auf die Suche nach der eigenen sexuellen Identität begeben konnte.

Dank dieser turbulenten experimentierfreudigen Zeit und den darauf folgenden gesellschaftlichen Veränderungen war es keine Schande mehr, ungetraut zusammen zu wohnen, mehr noch, vor dem Gesetz haben zusammen wohnende Paare dieselben Rechte wie Verheiratete. Und sogar Homosexuelle und Lesben können einander im Rathaus, und, falls gewünscht, auch in der Kirche, das Jawort geben.

Seit dem Ausbrechen von Aids geht man mit Sex wieder vorsichtiger um. Im Fernsehen, im Internet, in der Werbung, in Zeitungen und Zeitschriften ist er wirklich sicher, und man wird denn auch damit überschwemmt.

Sex spielt jedoch in unserer Gesellschaft noch immer eine dominante, reißerische und häufig widerwärtige Rolle. Ich bekomme zuweilen den Eindruck, dass viele Menschen auf diesem Gebiet noch gehörig frustriert sind. Die Offenheit in Bezug auf Sex hat unverkennbar auch exhibitionistische Züge bekommen. Sex ist Volksvergnügen Nummer eins geworden, und jeder darf es sehen.

Doch vielleicht habe ich ein verzerrtes Bild, da ich im Hurenviertel von Amsterdam wohne. Jedes zweite Haus ist dort ein Bordell oder hat ein Pornogeschäft im Souterrain. Vierundzwanzig Stunden am Tag hat man da Zugang zu Sex, Pornofilmen und Peepshows.

Auf dem Weg zum Supermarkt muss ich mich durch ein Spalier geiler Männer zwängen. Einer von ihnen fragte mich einmal um acht Uhr morgens, um welche Zeit die Huren öffneten. Ich musste über das unbeabsichtigte Wortspiel lachen und sagte: »Um elf Uhr.« Das war bloß eine Schätzung, doch der Mann schaute auf seine Uhr, anschließend auf mich, verstand mein Lächeln falsch und fragte mich dann, ob er mit mir gehen dürfe. Die Not ist groß, Vikram. Sex ist ganz und gar nicht frei.

Ich hatte schon immer ziemlich viel Sexappeal und wurde demzufolge regelmäßig und ungefragt mit der männlichen Lust konfrontiert. Zu Beginn empfand ich es dann auch als große Erleichterung, in Asien für eine Weile von der aufdringlichen Aufmerksamkeit befreit zu sein.

Doch auch in Indien gehen die Männer jetzt etwas offener und aggressiver mit ihren Lustgefühlen um. In den fünfzehn Jahren, die ich Indien nun besuche, hat eine enorme Veränderung stattgefunden, wozu das Verhalten der vielen weiblichen

Touristen aus dem Westen sicherlich beigetragen hat. Und auch der gestiegene Alkoholkonsum sowie der groß angelegte Import von Pornovideos werden damit zu tun haben.

Auch bei euch werden die Sitten etwas lockerer, während vor zehn Jahren auf der Leinwand noch nicht einmal geküsst werden durfte.

Die Sinnlichkeit und selbstverständliche Körperlichkeit in Indien bezauberte mich immer sehr. Bei uns sind die Leute viel ängstlicher, einander anzufassen.

Herzerwärmend finde ich die Art, wie Männer, Frauen und Kinder gegeneinander gelehnt sitzen, hängen oder liegen. Total entspannt, ohne jede Scham. Oder die Art und Weise, wie Männer wie selbstverständlich Hand in Hand gehen oder wie die Leute sich, wenn sie irgendwo warten müssen, lang ausgestreckt hinlegen. Es herrscht eine unschuldige Sinnlichkeit, die man in Europa allein bei Kindern beobachtet.

Die Kultur Mutter Indiens ist in dieser Hinsicht viel weiblicher als die unsere. Westliche Männer erzählen mir oft, dass sie indische Frauen zwar schön, aber nicht aufregend finden. Das ist vielleicht kennzeichnend für das westliche männliche Denken: Wenn eine Kultur derart weiblich ist, wird ihre Männlichkeit ein wenig lächerlich.

Doch sehe ich beispielsweise die anmutigen Inderinnen vom Lande, mit ihren kerzengeraden Rücken, ihren nackten, geschmückten Füßen, die Blumen in ihrem Haar und ihre bunten, eleganten Saris, dann verstehe ich nicht, dass westliche Männer davon nicht beeindruckt sind.

Im Gegensatz zu den indischen Frauen scheinen wir westlichen Frauen in unserer Kleidung und unserem Verhalten ständig auf Sex aus zu sein, obwohl wir uns dessen oft nicht einmal bewusst sind und uns auch nicht damit gedient ist.

Mir scheint, als sei die sexuelle Moral bei euch viel gesünder als bei uns. Während der ersten zehn Jahre meines Aufenthalts in Indien habe ich sexuelle Aggression nie bemerkt. Männer waren auf mein Geld aus, nicht auf meinen Leib. Das ist für eine westliche Frau sehr angenehm. Als Mann kann man sich nur schwer vorstellen, was es bedeutet, unter einer ständigen Bedrohung leben zu müssen.

Bei euch ist der sinnliche Genuss eines der vier Lebensziele, und wie sollte Sinnlichkeit ohne Körperlichkeit bestehen können? Sexualität wird nie allein im Zusammenhang mit der Fortpflanzung gesehen. Es soll sogar Verordnungen gegeben haben, die dies dadurch zu verhindern trachteten, indem sie die geschlechtliche Liebe in spezifischen Intervallen stattfinden ließen.

Sexualität war von Beginn an auch für den Genuss gedacht. Doch schloss dies die Heiligheit nicht aus. Im Gegenteil, man wusste nur allzu gut, dass Sexualität ein Mittel zur Transzendenz sein konnte. Eine Art, das Göttliche zu erfahren.

Ihr habt denn auch eine jahrhundertealte Tradition erotischer Kunst und Literatur. Wir haben lediglich unsere platte Pornografie.

Bist du jemals in Kajuraho gewesen, Vikram? Hast du die unendlich sinnlichen Skulpturen auch so genossen, Mauer um Mauer, Tempel um Tempel? Die Abbildungen verbergen nichts. Gruppensex, Sex mit Tieren, Homosexualität, Masturbation, um nur ein paar Dinge zu nennen: Alles kommt dort vor.

Doch wird es keinem normal denkenden Menschen einfallen, diese Plastiken als pornografisch abzutun. Dafür ist diese Kunst zu eindrucksvoll, der Ausdruck auf den Gesichtern zu heiter und die Schönheit der Skulpturen zu erhaben.

Lange haben diese Tempel die von den Engländern beeinflussten Historiker in Verwirrung gestürzt. Was soll dieser ganze Sex auf den Mauern eines Tempels? Was hat Sex mit Gott zu tun?

Kürzlich wurde entdeckt, dass die Tempel bloß achtzig Kilometer entfernt von einem Ort liegen, der einst ein Bollwerk tantrischer Yogis war. Der Mäzen des Tempels war der König, und dieser ließ sich gern von den tantrischen Meistern einweihen, denn esoterischer Sex war natürlich lediglich einer Elite bekannt.

In meiner Verwirrung hinsichtlich dessen, was Sexualität für mich bedeutete, ging ich als Studentin regelmäßig zur psychologischen Fakultät, um dort unter anderem eine Vorlesung über Sexologie zu hören. Der Professor, der sie hielt, konzentrierte sich in erster Linie auf sexuelle Störungen und ihre Behandlung. Seine These lautete, dass die Ursache sexueller Probleme häufig die religiöse Erziehung sei. Was für ein Wunder. Ich fragte ihn, warum Religionen Sex so häufig verdächtigten. Warum glaubte man, Sex stehe einer spirituellen Entwicklung im Weg?

Er antwortete mir brüsk, dass die Psychologie mit derlei Fragen nichts zu schaffen habe, und betrachtete die Frage damit als beantwortet.

Ich war fassungslos. Sie soll nichts damit zu schaffen haben? Während er soeben festgestellt hatte, dass die meisten Störungen gerade durch die kirchlichen Dogmen verursacht wurden?

Dieser Zwischenfall wurde auch Anlass für meine Entscheidung, dem selbst auf den Grund zu gehen. Es konnte sich doch nicht um einen bösartigen Vorsatz der christlichen Lehre handeln, den Menschen das Leben sauer zu machen? So dumm waren sie doch auch wieder nicht?

Es musste auf einem Missverständnis beruhen. Oder Sex wurde nicht verstanden, oder der Prozess einer spirituellen Entwicklung wurde nicht begriffen, oder es gab einen zu beschränkten Gottesbegriff innerhalb der christlichen Doktrin. Wahrscheinlich waren es alle diese Dinge zusammengenommen.

Nach und nach sollte ich spüren, dass der Gottesbegriff aufs

Engste mit der Vorstellung, die man von Sex hat, zusammenhängt. Sex und Spiritualität sind innig miteinander verbunden. Dies findet man im Symbol der Schlange wieder, das sowohl für Weisheit als auch für Sexualität steht.

Die östliche Tradition hat Sexualität immer sehr ernst genommen. Auch hiermit wurde lange experimentiert, namentlich von den Tantrikern, doch auch von den chinesischen Taoisten. Und nicht auf der Basis von Spekulationen, sondern mit einer sehr wissenschaftlichen und kreativen Einstellung. Keine Unterdrückung, sondern Transformation!

Die christliche Lehre ist nicht besonders deutlich hinsichtlich der Frage, warum die Lust der spirituellen Entwicklung im Weg stehen soll. Vielleicht hat es deswegen so lange gedauert, bis eine sexuelle Revolution ausbrach. Doch hat sie in der Zwischenzeit ganze Volksstämme pervertiert und neurotisch gemacht.

Als ich jung war, hieß es beispielsweise, dass Masturbation das Rückenmark aufweiche. Unbeweisbar natürlich, doch standen derartige Theorien im Dienst der strengen Prüderie der christlichen Lehre. Jetzt glaubt niemand mehr an die Schädlichkeit von Masturbation. Es wird sogar eher das Gegenteil behauptet.

Einer der Tonangebenden innerhalb der christlichen Sexualmoral war Augustinus, Philosoph, Kirchenvater und ehemaliger Schürzenjäger. Ebenso wie viele ehemalige Raucher oft am vehementesten gegen das Rauchen auftreten, war Augustinus absolut gegen die Sexualität als Genussmittel. In einem seiner berühmtesten Bücher, den autobiographischen *Bekenntnissen*, schrieb er:

> *Was war es anders, das mich freute, als lieben und geliebt zu werden? Aber auf dem lichthellen Pfade der Freundschaft zu wandeln, da Seele sich zu Seele findet, genügte mir nicht. Nein, nun stiegen Dünste aus dem Sumpf fleischlicher Begier-*

*de, dem Sprudel erwachender Männlichkeit, und umnebelten und verdunkelten mein Herz, dass es den Glanz reiner Liebe nicht unterscheiden konnte von der Düsternis der Wollust.*

Das spricht Bände, findest du nicht, Vikram? Diese Selbstkasteiung, dieser Masochismus. Es war überhaupt nicht die Rede von Liebe geben und empfangen, einzig und allein von Sünde. Und die verdüstert das Herz und den Kopf.

Der andere Tonangebende ist Plato. Die christliche Lehre hat einiges von Plato übernommen, denn Jesus war kein Philosoph, so wie eure Rishis oder der Buddha.

Plato hat zur Theoriebildung der christlichen Sexualmoral wesentlich durch sein Meisterwerk *Symposion* beigetragen. Doch was wusste Plato von Sexualität? Selbstverständlich nimmt man an, dass er homosexuell war, eine weit verbreitete Vorliebe zu seiner Zeit, und im *Symposion* ist die Zuneigung vom Mann zum Knaben denn auch die treibende Kraft hinter der Suche nach dem Schönen und Guten.

Doch Plato ging es in erster Linie darum, die wahre Unendlichkeit zu erreichen. Plato kannte die Möglichkeit des Sex als mystischer Erfahrung nicht, obwohl er sie auf andere Weise kennen lernte. Er war schließlich Philosoph.

Er erwähnt es nicht, doch ist sein gesamtes Werk davon durchzogen. Hätte er die mystische Erfahrung über den Weg der Sexualität gekannt, dann hätte er meiner Ansicht nach ein völlig anderes Buch geschrieben.

Den Taoisten zufolge ist die mystische Erfahrung innerhalb gleichgeschlechtlicher Sexualität nicht möglich. Dafür sind eine Yin- und eine Yang-Energie notwendig, wie sie es nennen: zwei entgegengesetzte Pole, die miteinander verschmelzen.

Ich weiß es nicht genau, Vikram, ich bin keine Lesbe und kann demnach nicht aus Erfahrung sprechen. Doch kenne ich

Sex sehr wohl als mystische Erfahrung innerhalb der heterosexuellen Liebe. Sowohl spontan auftretend als auch mit besonderen Techniken zustande gebracht.

Auf einer meiner langen Reisen bin ich einmal einem Tantra-Adepten begegnet. Dieser junge Mann hatte einen Guru, der ihn die Techniken lehrte, um seinen Samenerguss zu unterdrücken und dennoch zum Orgasmus zu kommen. Der Guru wies ihn unter anderem an, Honig durch seinen Penis nach innen zu saugen, und auch die Atmung spielte eine große Rolle.

Der junge Mann half mir auf dem Weg zum kosmischen Orgasmus. Allzu lange habe ich ihn nicht genießen können, denn wir waren beide auf Reisen und mussten weiter. Doch war es lange genug, um einen Eindruck zu bekommen.

Diese kosmischen Orgasmen, wie Osho sie nennt, können auch spontan auftreten, doch kennt die östliche Philosophie besondere Techniken, um sie bewusst entstehen zu lassen. Osho ist dadurch ungeheuer populär geworden.

Die östliche Lehre könnte, denke ich, für eine weltweite wahre sexuelle Revolution sorgen, wenn diese Techniken auf breiter Basis praktiziert würden. Doch sie sind sehr schwierig und erfordern eine enorme Disziplin.

Plato sagt an irgendeiner Stelle seines *Symposions*, dass dort, wo die sexuelle Liebe uneingeschränkt ist, dies eine Folge der Trägheit und Rückständigkeit der Gesellschaft sei. Nun, das war's dann wohl. Doch hat er wahrscheinlich Recht. Etwas Derartiges sagt die östliche Lehre nämlich auch.

Tatsächlich ist im Osten damit explizit der Samenerguss selbst gemeint. Nicht der Sex oder die Erotik an sich. Zu viele Samenergüsse würden einen Mann nicht nur schwächen, sondern auch seine spirituelle Energie vergeuden.

Die Faulheit und Rückständigkeit, über die Plato spricht, können schlicht auf die Tatsache verweisen, dass viele Männer nicht wissen, wie und warum sie einen Samenerguss verhindern müssen, oder sie sind dafür zu faul. Das erfordert nämlich eine enorme Disziplin.

Viele Männer haben mir erzählt, dass sie den Samenerguss als Beruhigungsmittel benutzen. Ein Orgasmus, wie kurz er auch anhält, soll sie von einem Übermaß an Spannung befreien. Es ist tatsächlich die Frage, ob Sex als Tranquilizer für den Organismus nicht genauso schädlich ist wie der Tranquilizer aus der Apotheke.

Die meisten Männer scheinen in jungen Jahren viel zu masturbieren. Ich weiß es nicht, Vikram, ich bin kein Mann, und Männer sind darüber im Allgemeinen auch nicht so offen. Doch ist es eine Tatsache, dass die Mehrzahl der Menschen die Erfahrung der Masturbation früher machen als die Erfahrung des Liebesspiels.

Leider ist danach für viele Männer die Masturbation Modell für den tatsächlichen Liebesvollzug. Sie sind in der Tat häufig zu faul und zu rückständig, um zu verhindern, dass der Koitus sich zu einer Masturbation innerhalb der Vagina auswächst. Vielleicht habe ich mit meinen Liebhabern Pech gehabt, doch die Erfahrungen meiner Freundinnen scheinen meine Vermutung zu bestätigen.

Als ich bei der Vorbereitung meiner Philosophievorlesungen die anthropologischen Kenntnisse über Sexualität studierte, fand ich eine Reihe von Konstanten vor. Eine davon ist, dass Männer immer eine gewisse Angst vor Frauen haben, und zwar aus zwei Gründen. Erstens haben sie Angst, durch den Umgang mit Frauen zu feminin zu werden und dadurch ihre Männlichkeit einzubüßen. Zweitens fürchten sie, durch zu viele Samenergüsse ihre Kräfte zu verlieren.

Was Ersteres angeht: Vielleicht haben sie diesbezüglich Recht, doch stellt sich die Frage, ob das so schlimm ist. Was den zweiten Punkt betrifft: Da könnten sie den östlichen Theorien zufolge durchaus Recht haben.

Diese Theorien sind natürlich äußerst komplex, doch werde ich versuchen, dir in Kürze zu erklären, worum es meiner Meinung nach geht, dann erkennst du den Zusammenhang mit meinem Denken, Vikram.

Eines der bemerkenswertesten Bücher, das ich einmal in einer Buchhandlung in Delhi entdeckte, war *Kundalini* von einem gewissen Gopi Krishna, einem ganz gewöhnlichen Beamten aus Jammu. Dieser Mann meditierte jeden Morgen, bevor er zur Arbeit ging. Er beschreibt, wie er während einer seiner Meditationen plötzlich eine Energie sein Rückgrat entlang in Richtung seines Kopfes strömen fühlte: »Plötzlich fühlte ich einen Strom flüssigen Lichts mit einem Tosen wie das eines Wasserfalls durch das Rückenmark in meinen Kopf eindringen.«

Ohne dass es seine Absicht war und ohne dass er sich darauf vorbereitet hatte, war er auf das am besten gehütete Geheimnis der Yogis gestoßen: das Aufsteigen der *Kundalini.* Obwohl die Erfahrung unsagbar schön war, ließ sie ihn erschöpft zurück.

Während der darauf folgenden Tage wiederholte sich das Ereignis mit demselben Ergebnis. Gopi Krishna wurde dadurch tatsächlich so krank, dass er nicht nur seine Meditation einstellen, sondern auch das Bett hüten musste.

Das Buch berichtet von der Suche, die er unternahm, um herauszufinden, was mit ihm los war. Schließlich begegnete er einem Yogi, der begriff, was ihm geschehen war, und der ihm sagte, was er tun musste, um diese Erfahrungen in gute Bahnen zu lenken.

Die Kundalini – eines der Worte für Schlange – ist eine Energiequelle, die am unteren Ende der Wirbelsäule eingelagert liegt. Das Bemühen der Yogis besteht darin, diese Energie von der Basis zum Gehirn zu transportieren.

Hierfür wurden viele Techniken entwickelt, doch eine der ersten Voraussetzungen ist, dass man seinen Körper und Geist gereinigt hat, um die ungeheure Energieflut sicher transportieren zu können, ohne die Hindernisse der Unreinheiten.

Diese Energie erweckt die 90 Prozent schlafender Gehirnzellen zum Leben, woraufhin die Erleuchtung stattfinden kann. Das Symbol hierfür ist der tausendblättrige Lotus auf der Spitze des Kopfes, ein in der indischen Ikonographie häufig anzutreffendes Symbol.

Die Tantriker arbeiten häufig mit Techniken, bei denen eine plötzliche Erleuchtung stattfindet, doch bereiten sie sich lange darauf vor. Gopi Krishna hatte sich nicht vorbereitet und erkrankte deshalb auch ernstlich, da sein Körper die ungeheure Energiezufuhr nicht bewältigen konnte. Die Sicherungen brannten durch.

Der Yogi lehrte ihn, seinen Körper mit Diäten, Atemtechniken und Yogaübungen zu reinigen, sodass er den Energiestoß verarbeiten konnte.

Der Rest des Buches beschreibt, auf welche Weise ihm das nach und nach glückt und was die Folgen davon sind. Gopi Krishna macht dabei eine wundersame Erfahrung nach der anderen und verändert sich langsam, aber sicher in einen *Übermenschen.*

Gopi Krishna bemüht sich in seinem Buch, der Welt diese Urenergie, die jedem zur Verfügung steht, nahe zu bringen, die, einmal in Gang gesetzt, dem Menschen ein unendliches Potenzial verleiht. Er tut dies so aufrecht und überzeugend, dass auch einer unserer berühmtesten Kernphysiker, Carl Friedrich von Weizsäcker, so davon beeindruckt war, dass er Gopi aufsuchte und sich von ihm »bekehren« ließ. Weizsäcker beschäftigte sich zwar allein auf theoretischer Ebene mit Energie, konnte dies jedoch offenbar mit den östlichen Theorien über Energie in Einklang bringen.

Freud bezeichnet die sexuelle Energie als Urenergie: die machtvollste in unserem Körper. Sein Schüler Wilhelm Reich versuchte sogar, sie mithilfe komplizierter Apparate zu messen – und wurde danach nicht nur für verrückt erklärt, sondern sogar ins Gefängnis geworfen.

Die östliche Lehre sagt, dass diese Energie, wenn sie sich in latentem Stadium am Ende des Rückgrats befindet, auf unterschiedliche Arten eingesetzt werden kann, nicht nur für die Sexualität. Der Laie bedient sich ihrer für den Geschlechtsakt, lässt sie jedoch sofort im Orgasmus entweichen, der sehr kräftig sein kann, doch nur relativ kurz anhält. Wenn keine Befruchtung stattfindet, geht sie dann auch unverzüglich verloren.

Der nichttantrische Yogi, oder welcher Gottsucher auch immer, versucht diese Energie allmählich – ohne Sex – mittels äußerster Disziplin und besonderer Techniken zu seinem Gehirn zu leiten, wodurch sie zu einer spirituellen Kraft wird, die zur Erleuchtung führt. Da Freud auch nicht viel von Spiritualität verstanden hat, konnte er in dieser Urenergie jedoch nichts anderes als lediglich sexuelle Energie sehen.

Der tantrische Yogi, der spontane Erleuchtung sucht, versucht, die Energie während des Geschlechtsakts direkt in sein Gehirn zu leiten. Hieraus resultiert sein sexy Ruf, obwohl dies nur eine der Methoden ist, die ihm zur Verfügung stehen. Oft wird er eine andere wählen, doch bei uns wird der Tantriker ein für alle Mal mit der Erleuchtungsmethode über den Weg der Sexualität identifiziert.

Die sexuelle Energie – oder vielleicht muss ich sagen: diese Liebesenergie – kann in eine Energie verwandelt werden, die einen möglicherweise nicht sofort zur Erleuchtung bringt, die jedoch den Liebesakt in eine mystische Erfahrung transformiert.

Bei dieser Erfahrung verlieren die Partner das Bewusstsein ihres Selbst und ihrer Körper, und beide gehen für kurze oder längere Zeit in einem Meer von Energie auf. Das ist der kosmische Orgasmus. Sind der tantrische Workshop oder der taoistische Lehrmeister gut, werden einem die Techniken auf die richtige Art beigebracht, wobei das Verzögern des Samenergusses eine wesentliche Rolle spielt.

Nachdem ich dies alles gelesen hatte, begriff ich auch, warum die Sexualität heilig erklärt wird. Sex kann einen, genau wie Meditation, Yoga und dergleichen, ebenfalls einen Schimmer der Unendlichkeit, des Transzendenten, Göttlichen auffangen lassen.

Sex bringt auch den Laien damit in Kontakt. Der Heilige oder der Priester dagegen konzentriert sich vollständig auf die Erleuchtung. Und wenn er dies ernst nimmt, wird er die Energie nicht im kurz dauernden Orgasmus verloren gehen lassen.

Darauf basiert auch das Zölibatsgelübde.

Hier wird der Zusammenhang zwischen Religion und Sexualität deutlich. In beiden Fällen geht es um die eine Urenergie. Im einen Fall manifestiert sie sich als das neu erzeugte Leben oder als der kurz währende Orgasmus und im anderen als vollständige Erleuchtung. Es ist ein und dieselbe Energie, die sich unterschiedlich manifestiert.

Man könnte es auch Liebesenergie nennen. Die Energie der Liebe für den Einen oder die der Liebe gegenüber allem. Faktisch gibt es nur einen quantitativen Unterschied.

Die Yogis unterscheiden verschiedene Energien im Körper. Es sind insgesamt fünf: eine beispielsweise für die Verdauung und eine für die Atmung und demzufolge auch eine für die Sexualität und die Erleuchtung.

In der Meditation wird dieselbe Urenergie mobilisiert, doch auf eine andere und viel allmählichere Weise. Für den Asketen hat die Enthaltsamkeit also durchaus Sinn, jedoch nicht für den Laien. Der Laie soll den Liebesakt genießen. Dieser hält ihn nicht nur gesund, sondern kann ihm auch die Augen für das Spirituelle öffnen und ihn damit in Kontakt bringen.

Die christliche Lehre hat dies meiner Ansicht nach nicht gut begriffen. Nicht die Lust selbst ist verwerflich – die Lust hält uns im Leben –, sondern die Art und Weise, wie der Lust Ausdruck verliehen wird, kann verwerflich sein.

Dieser tantrische Aspekt des Sex hat viele Vorteile. Er ist beispielsweise eine ausgezeichnete Art der Empfängnisverhütung. Er ist auch so intensiv, dass man nicht das Bedürfnis hat, ihn täglich zu wiederholen, denn die Wirkung hält lange an.

Freud spricht über die Traurigkeit, die nach dem Orgasmus auftritt. Das kann doch nicht die Absicht sein? Das würde doch alles verderben? Darüber habe ich die Orientalen noch niemals sprechen hören, und ich selbst kenne das auch nicht. Doch scheint es oft vorzukommen und verweist meiner Ansicht nach auf einen falschen Umgang mit Sex. Will man die Liebe besser verstehen, muss man sie als eine chemische Reaktion im Körper betrachten, die unter anderem durch Sex erzeugt werden kann. Die Engländer drücken das sehr plastisch aus: »to make love«. Wir verwenden den Ausdruck selten, doch ist es sehr wohl das, worum es geht. Liebe kann man machen.

Wie ich dir bereits erzählte, landete ich vor allen Dingen durch mein Sexualleben in ethischen Dilemmas. War es gut oder war es schlecht, mit jemandem zu schlafen, den man erst vor einer Stunde kennen gelernt hatte, an dem man sich jedoch erfreute? War es gut oder schlecht, mit Homosexualität zu experimentieren? War es gut oder schlecht, mehrere Verhältnisse gleichzeitig zu haben, wenn jeder damit zufrieden war?

Es waren nur scheinbare Dilemmas, Vikram, doch begriff ich das damals nicht. Meine Erfahrungen verstörten meine Seelenruhe, und das ist das Einzige, was zählt.

Während der sexuellen Revolution war alles möglich, und alles war gut. Doch es wäre noch revolutionärer gewesen, wenn auch die östlichen Methoden, Sex zu haben, bei den Experimenten mit einbezogen worden wären. Doch Plato hat gesagt: Dafür sind wir zu faul und zu rückständig.

Die weibliche Lust sei unendlich, wird gesagt. Die des Mannes ist es auch, doch auf eine andere Art. Die meisten Frauen wünschen sich die Unendlichkeit innerhalb eines einzigen Zusammenseins, sie wollen Qualität. Männer suchen die Unendlichkeit eher in der Quantität, in der Anzahl von sexuellen Höhepunkten und in der Anzahl von Frauen. Die perfekte Quelle ewiger Uneinigkeit.

Wie ich dir bereits sagte, ist es ziemlich unwahrscheinlich, dass Plato die Sexualität als Möglichkeit mystischer Erfahrung vertraut war. Das *Symposion* ist ein Buch über den Eros. Für Plato war Eros der älteste und ehrwürdigste Gott. Er war die beseelende Kraft im Kosmos.

Im Buch findet nach und nach eine dramatische Degradierung statt. Eros wird vom höchsten Gott zum Halbgott, der bloß noch nach dem wahren Göttlichen verlangen kann. Dieses Gottverlangen nennt Plato dann Liebe.

Anders ausgedrückt: Gott und Liebe sind zu zwei verschiedenen Dingen geworden, sie sind nicht mehr ein und dasselbe, so wie es die Philosophen vor Plato noch beschrieben haben. Leise wird hier die Liebe von ihrem Sockel geworfen!

Plato entwarf dann eine Hierarchie, innerhalb derer die erotische Liebe auf dem niedrigsten Niveau und die Liebe zu Gott auf dem höchsten Niveau steht.

Die christliche Lehre folgte dieser Theorie, denn auch die Christen hatten Gott außerhalb des Menschen platziert anstatt im Menschen. Der Apostel Paulus hatte Sex bereits anrüchig gemacht, und dazu passte Platos Überheblichkeit hinsichtlich der erotischen Liebe wunderbar. Nicht die Lust, sondern die Liebe zu Gott musste entwickelt werden. Sexuelle Liebe wurde als Lust betrachtet, die der Liebe zu Gott im Weg stand. Man ignorierte, dass die Lust selbst auch göttlich ist. Dass alle Liebe eins ist, welche Form sie auch annimmt. Sie ist der eine Urbrunnen, aus dem alles entsteht und in den alles zurückfließt.

Doch das Unglück war geschehen, Vikram. Zweitausend Jahre Unterdrückung waren die Folge. Zweitausend Jahre Schmerz und Leid, Neurose und Perversion. Zweitausend Jahre

Missverständnisse in Bezug auf Liebe, auf Gott, auf Weisheit, auf spirituelle Entwicklung.

Kein Wunder, dass sich bei uns keine echte erotische Kunst entwickeln konnte oder eine gediegene Sexualwissenschaft. Die Form von Sexualität, die im Westen entstand, ist in vielen Fällen vielleicht durchaus sündig zu nennen.

Bei euch ist die Sexualität zwar an die Ehe gebunden, doch schließt sie die Lust nicht aus, im Gegenteil: Die Lust wird zu einer Kunst erhoben.

Und, Vikram, wie steht es nun mit unserer Liebe? Ich habe dich einfach lieb, und – was mich betrifft – für immer.

Ich danke Gott auf meinen bloßen Knien, dass ich dich gefunden habe, dort in der *City of Joy*.

Du bist Hindu und willst gemäß der alten Tradition leben. Wir befinden uns von unserem Alter her beinahe in der dritten Phase der Hindutradition: der der Einsiedler, die sich allein oder zusammen aus dem sozialen Leben zurückziehen. Diese dritte Phase beginnt irgendwann zwischen dem fünfzigsten und sechzigsten Lebensjahr.

In Kürze werde ich fünfzig, und ich möchte das mit dir in Kalimpong, in Nord-Bengalen, hoch im Himalaja, feiern. Ich kenne da ein fantastisches Hotel; es wird von einem alten englischen Ehepaar geführt, das dort während all dieser Jahre geblieben ist. Das Hotel ist noch ganz stilecht und steht voll mit alten Möbeln aus der Kolonialzeit. In den Zimmern hängen echte buddhistische Thangkas, denn wir befinden uns dort auf buddhistischem Territorium.

Hast du einmal den Tempel von innen angeschaut? Er ist einer der wenigen Tempel mit tantrischen buddhistischen Fresken an den Mauern, die die Zeiten überdauert haben. Buddhas in inniger Umschlingung mit nackten Göttinnen (Yab Yum genannt, in Amsterdam ist dies der Name eines der berühmtesten Bordelle!) und wilde Buddhas mit Erektionen, die fast bis zur

Brust hinaufreichen. Das perfekte Zusammengehen von Sex und Religion.

Doch lass uns noch ein Weilchen damit warten, uns aus dem sozialen Leben zurückzuziehen. Ich finde es noch zu früh. Lass mich dich noch ein wenig genießen. Wir können immer noch in einen Ashram ziehen, um uns auf die letzte Phase unseres Lebens vorzubereiten: die des Asketen, der sich nicht nur aus dem sozialen Leben zurückzieht, sondern aus dem gesamten weltlichen Leben. Allein und Auge in Auge mit dem Tod richtet er sich nur noch auf das Göttliche aus.

Ich habe nichts dagegen, meine alten Tage mit dir in einem Ashram im Himalaja zu verbringen, das haben wir nach Kalkutta sicherlich verdient. Lass uns schon mal einen aussuchen. Die allerletzte Phase werden wir vielleicht nicht erreichen, doch was bedeutet das schon. Deiner Tradition zufolge haben wir noch viele Leben zu leben. Wir probieren es das nächste Mal einfach wieder neu.